本研究受到国家社会科学基金项目"'环境规制、技术创新、产业结构'三位一体的绿色转型机制研究"（编号：15CJY035）、中国博士后基金面上资助项目"环境规制对产业结构生态化转型的倒逼传导机制研究"（编号：2016M600868）和黑龙江省普通本科高等学校青年创新人才项目"基于'环境规制－创新驱动－绩效提升'视角的生态环境协同治理框架与机制研究"（编号：UNPYSCT-2017145）的资助

HUANJING GUIZHI DUI QIYE JISHU CHUANGXINDE
YINGXIANG JILI JI SHIZHENG YANJIU

环境规制对企业技术创新的影响机理及实证研究

张倩　著

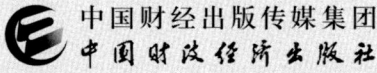

图书在版编目（CIP）数据

环境规制对企业技术创新的影响机理及实证研究／张倩著．—北京：中国财政经济出版社，2017.10

ISBN 978 – 7 – 5095 – 7725 – 7

Ⅰ.①环… Ⅱ.①张… Ⅲ.①企业环境管理 – 影响 – 技术革新 – 研究 Ⅳ.①F273.1

中国版本图书馆 CIP 数据核字（2017）第 218222 号

责任编辑：段　钢　　　　　责任印制：杨　军
美　　编：孙俪铭　　　　　责任校对：胡永立

中国财政经济出版社 出版

URL：http://www.cfeph.cn

E – mail：cfeph@cfeph.cn

（版权所有　翻印必究）

社址：北京市海淀区阜成路甲 28 号　邮政编码：100142

营销中心电话：88190406　北京财经书店电话：64033436　84041336

北京财经印刷厂印刷　各地新华书店经销

710×1000 毫米　16 开　15.5 印张　300 000 字

2017 年 11 月第 1 版　2017 年 11 月北京第 1 次印刷

定价：58.00 元

ISBN 978 – 7 – 5095 – 7725 – 7

（图书出现印装问题，本社负责调换）

本社质量投诉电话：010 – 88190744

打击盗版举报热线：010 – 88190492、QQ：634579818

前　　言

　　资源约束趋紧、生态环境严重恶化，迫使人们逐渐从单一追求经济绩效转向高度关注污染治理、生态补偿和环境保护工作。面临生态化转型诉求的迅速高涨，加强环境规制成为提升经济社会发展质量的重要选择之一；企业技术创新是解决环境污染和经济增长矛盾的根本所在，成为实现环境保护和经济发展"双赢"的有效途径。此前，缺乏环境规制对企业技术创新影响机理的深入研究，多基于单一视角侧重于实证检验，较少考虑交互效应，研究结论不统一。鉴于此，为了深入贯彻落实生态文明建设和创新驱动发展战略，本书回顾了环境规制与技术创新的相关关系研究，力求在环境规制、技术创新与环境保护之间寻求一种联动互利机制，深入研究环境规制对企业技术创新的影响机理，并分析不同规制政策和强度对其影响的差异；以我国各个省区规模以上工业企业面板数据资料为样本，实证检验其非线性关系，弥补当前研究的不足。主要研究内容包括以下几个方面：

　　首先，界定相关概念、理论基础并构建理论研究框架。运用文献查阅法和规范分析法，界定环境规制、技术创新等相关概念，提出"波特假说"、外部性理论和制度理论等理论基础。通过分析环境规制对企业技术创新动力机制和成本-效益的影响，结合"进入-退出"壁垒，探讨面对环境规制约束的企业技术创新响应策略；揭示环境规制作用下的企业技术创新动态演化特征和轨迹。构建了基于均衡分析、动态演化和数理模型研究环境规制对企业技术创新的影响机理和政策影响差异的理论框架。

　　其次，基于重塑的供求均衡分析和动态演化博弈，研究环境规制对企业技术创新的影响机理。本书分析了来源于"补偿效应"和"抵消效应"综合作用下环境规制对企业技术创新的直接影响效应；结合SCP范式、数理推导等探讨了环境规制基于产业集中度、企业环境管理、FDI和公众环境偏好的间接影响效应。运用经济学的供需理论，分析环境规制对企业技术创新边际效用和边际成本、需求和供给的影响，结合均衡分析模型，找到最佳均衡点，以研究环境规制约束下的企业技术创新路径。从演化经济学的视角，运用动态演化博弈理论，构建政府和企业的两方博弈模型以及政府、企业和公众的三方博弈模型进行理论分析，并通过数值模拟进行检验，发现环境规制与企业技术创新战略选择是一场混合战略均衡的博弈过程。

再次，通过研究不同环境规制政策对企业技术创新的影响，揭示规制政策的技术创新影响效果差异。基于基本假设前提下的模型构建，分析社会福利最大化决策，并结合具体的命令控制型和市场激励型环境规制政策工具进行最优均衡决策推导，以比较不同环境规制政策类型发挥作用的条件、途径及对企业技术创新作用的效果差异。

最后，构建动态回归模型，实证研究环境规制对企业技术创新、创新效率的直接和间接交互影响。本书基于不同的环境规制政策和企业技术创新类型，选取并建立了相应的指标体系，采用基于方向性距离函数的GML生产率指数方法，对我国不同省区环境规制下的企业技术创新效率进行测度，以我国各个省区及东中西部的规模以上工业企业2003~2011年的面板数据资料为样本，实证检验环境规制对企业技术创新的非线性关系类型，并通过中介效应检验分析了环境规制基于中介变量对企业技术创新的交互影响。文章结合实证分析结果提出了激励企业技术创新并提升创新效率、完善环境规制政策体系的对策建议。

作　者
2017年6月

目　　录

第1章　绪　　论 ……………………………………………………… 1

 1.1　研究背景及问题提出 …………………………………………… 1
  1.1.1　研究背景 …………………………………………………… 1
  1.1.2　问题提出 …………………………………………………… 4
 1.2　研究的目的及意义 ……………………………………………… 5
  1.2.1　研究目的 …………………………………………………… 5
  1.2.2　研究意义 …………………………………………………… 6
 1.3　国内外研究现状综述 …………………………………………… 8
  1.3.1　环境规制对企业技术创新的影响效果 …………………… 8
  1.3.2　环境规制对企业技术创新影响的政策异质性 ………… 13
  1.3.3　研究现状综合评述 ……………………………………… 15
 1.4　研究内容和研究方法 ………………………………………… 17
  1.4.1　研究内容 ………………………………………………… 17
  1.4.2　研究方法 ………………………………………………… 18
  1.4.3　技术路线 ………………………………………………… 19

第2章　环境规制影响企业技术创新的基本理论分析 …………… 21

 2.1　相关概念界定 ………………………………………………… 21
  2.1.1　环境规制的内涵及政策类别 …………………………… 21
  2.1.2　技术创新的内涵 ………………………………………… 26
  2.1.3　技术创新效率的概念界定及测度 ……………………… 28
 2.2　相关基础理论 ………………………………………………… 29

2.2.1　波特假说 …………………………………………………… 29
　　2.2.2　环境规制与外部性理论 ……………………………………… 30
　　2.2.3　制度理论 …………………………………………………… 33
2.3　环境规制约束下的企业技术创新行为及动态演化 ……………… 34
　　2.3.1　环境规制与企业技术创新的决策行为 …………………… 34
　　2.3.2　环境规制下企业技术创新的动态演化 …………………… 42
2.4　研究理论分析框架的构建 ………………………………………… 51
2.5　本章小结 …………………………………………………………… 53

第 3 章　环境规制对企业技术创新的影响机理研究 …………… 54

3.1　环境规制对企业技术创新的影响效应分析 ……………………… 54
　　3.1.1　环境规制对企业技术创新的直接影响效应 ……………… 54
　　3.1.2　环境规制对企业技术创新的间接影响效应 ……………… 57
3.2　环境规制对企业技术创新的影响路径 …………………………… 81
　　3.2.1　环境规制作用下企业技术创新的价值提升 ……………… 81
　　3.2.2　环境规制约束下企业技术创新的供求曲线重塑 ………… 83
　　3.2.3　环境规制下企业技术创新的供需均衡分析 ……………… 84
3.3　基于动态演化博弈的企业技术创新均衡策略研究 ……………… 87
　　3.3.1　基本假设和演化博弈模型描述 …………………………… 87
　　3.3.2　模型的演化及稳定性分析 ………………………………… 91
　　3.3.3　数值分析及结论 …………………………………………… 97
3.4　本章小结 …………………………………………………………… 109

第 4 章　不同环境规制工具对企业技术创新的影响差异 ……… 111

4.1　命令控制型环境规制对企业技术创新的影响效果 ……………… 111
　　4.1.1　政策工具概述 ……………………………………………… 111
　　4.1.2　基本假设和模型设定 ……………………………………… 112
　　4.1.3　模型推导及最优决策分析 ………………………………… 113
　　4.1.4　结果分析与比较 …………………………………………… 116
4.2　市场激励型环境规制对企业技术创新的影响效果 ……………… 117
　　4.2.1　政策工具概述 ……………………………………………… 117
　　4.2.2　基本假设和模型设定 ……………………………………… 119

4.2.3　模型推导及社会福利最大化 …………………………………… 121
　　4.2.4　最优决策分析与比较 …………………………………………… 125
4.3　命令控制型与市场激励型环境规制的作用效果比较 ………………… 137
　　4.3.1　基于供求的均衡分析 …………………………………………… 137
　　4.3.2　基于边际成本的均衡分析 ……………………………………… 139
　　4.3.3　结果比较与拓展 ………………………………………………… 139
4.4　本章小结 …………………………………………………………………… 141

第5章　环境规制和企业技术创新变量的指标测度 …………………… 143

5.1　环境规制指标的衡量 …………………………………………………… 143
　　5.1.1　指标选取及体系构建 …………………………………………… 143
　　5.1.2　指标数据的初步统计分析 ……………………………………… 149
5.2　企业技术创新指标的测度 ……………………………………………… 151
　　5.2.1　指标选取 ………………………………………………………… 151
　　5.2.2　指标测度 ………………………………………………………… 152
5.3　基于GML指数的企业技术创新效率测算 …………………………… 154
　　5.3.1　企业技术创新效率分析与模型描述 …………………………… 154
　　5.3.2　变量处理与数据来源 …………………………………………… 160
　　5.3.3　效率测算与结果评价 …………………………………………… 165
5.4　本章小结 …………………………………………………………………… 170

第6章　环境规制影响企业技术创新的实证研究 ……………………… 172

6.1　研究与设计说明 ………………………………………………………… 172
　　6.1.1　计量模型的设定 ………………………………………………… 172
　　6.1.2　回归方法选择 …………………………………………………… 175
　　6.1.3　指标选取与数据来源 …………………………………………… 176
6.2　实证检验与结果分析 …………………………………………………… 179
　　6.2.1　关键变量的描述性统计 ………………………………………… 179
　　6.2.2　对企业技术创新单一指标影响的实证检验 …………………… 180
　　6.2.3　对企业技术创新效率影响的实证检验 ………………………… 206
6.3　实证研究结论及对策建议 ……………………………………………… 210
　　6.3.1　实证研究结论 …………………………………………………… 210

6.3.2　对策建议 …………………………………………… 211
　6.4　本章小结 ………………………………………………… 214

第7章　结论 …………………………………………………… 215

参考文献 ………………………………………………………… 218
后记 ……………………………………………………………… 239

第1章 绪　　论

1.1 研究背景及问题提出

1.1.1 研究背景

自改革开放以来，中国经济突飞猛进，2015年的国内生产总值增长到676708亿元，与1978年的3678.7亿元相比，整整翻了7倍之多。但是在经济崛起的背后隐藏着"高投入、高耗能、高排放"的问题。当前中国经济迈入了以"增长速度换挡期""结构调整阵痛期""前期刺激政策消化期"为特征的"三期叠加"为主导的经济发展新常态，生态文明建设提升至重要战略地位，纳入"五位一体"的总体战略布局。环境污染和治理具有很强的外部性，仅仅依靠市场机制难以解决复杂的环境问题，而政府指导和政策压力对企业环保行为具有显著影响，因此亟须政府出台相关政策弥补市场机制的不足，推动经济向绿色、低碳化转型。面临趋紧的环境约束和转型压力，技术创新成为权衡环境保护与企业经济绩效的重要决定因素，是调整"保增长、促减排"这一"两难"格局的必然要求和内在动力，是贯彻落实科学发展观、坚持"统筹兼顾"基本原则的重要体现；是走新型工业化道路，建设资源节约型、环境友好型、自主创新型国家的有效途径。技术创新尤其是绿色技术创新，是支撑我国的生态文明建设，提升国家综合竞争力的必然战略选择。但是技术创新和转化应用存在障碍，在很大程度上延缓了绿色转型进程。因此，如何既能鼓励企业进行技术创新并将创新技术市场化，又能降低资源消耗和减少环境污染，是环境规制政策的主要目的；提高技术市场化竞争力，实现可持续发展，是制定环境规制政策的重要目标。具体来讲，本书是基于以下背景展开的。

（1）环境问题日益突出。

从全球范围看，以能源消耗、环境破坏、生态服务功能下降为代价的粗放模式在创造经济增长奇迹的同时，也给经济发展和社会进步带来巨大的生态环境压力，环境污染加剧、资源收益分配失衡导致可持续发展危机重重。目前，我国集中面临着发达国家在上百年工业化发展历程中出现的环境问题。许多学者认为中国经济增长尚未突破环境库兹涅兹曲线（EKC）倒"U"型的两难区间。国家能源局资料显示，2014年我国一次能源消耗总量与2013年相比降低了1.4个百分点，约为38.4亿吨标准煤，经济社会发展依然属于能源驱动型增长方式，经济繁荣、资源短缺和环境破坏难以调和。《中国环境状况公报》显示2014年全国仅有16个城市空气质量年均值达标，145个城市空气质量超标。环境承载能力已经接近或达到上限，环境问题使经济的可持续发展难以为继，社会和谐受到威胁，居民高质量的生活难以保障，环境治理和生态补偿出现较大难度。耶鲁大学发布的《2016年环境绩效指数报告》中显示，我国总体指数倒数第二，分项指标也趋于垫底，PM2.5平均值和超标指数均居全球首位。

（2）环境治理进入鼎盛阶段。

1972年，联合国在瑞典举行人类环境会议拉开了人类环境保护的大幕。自1992年签订《联合国气候变化框架条约》、1997年达成《京都议定书》，可持续发展问题就开始受到广泛关注。2002年约翰内斯堡世界可持续发展首脑会议将全球环境治理推向鼎盛阶段，呈现机制化、一体化、复杂化和刚性化特征。2007年的哥本哈根气候大会公布表明气候变化的绿皮书，诞生了取代《京都议定书》的《哥本哈根议定书》。2012年6月，召开联合国可持续发展大会，积极倡导绿色经济转型，又一次将环境治理推向新高潮。

在我国，"十一五"期间设计了节能减排、发展低碳绿色技术、建设"两型社会"的美好蓝图。"十二五"规划构建了明确量化资源节约和环境保护的约束性指标，《"十二五"节能减排综合性工作方案》要求2015年与2010年相比，全国万元国内生产总值能耗下降16%，在控制化学需氧量、二氧化硫的基础上新增氨氮和氮氧化物控制指标。党的十八大将生态文明建设纳入经济、政治、文化、社会"五位一体"的总体布局，着力推进绿色发展。十八届三中全会和四中全会从完善体制机制上作了进一步部署，并明确了创新驱动的战略地位。这些重大决策的本质，就是要解决发展过程中的资源约束和环境污染问题，提高经济发展质量，增强可持续发展能力。近年来，我国在治理环境污染方面的投资总额逐年增长。数据显示：2003~2012年全国污染治理投资占GDP的比重由2003年的1.20%增长至2012年的1.59%，平均比重为1.437%，实现了年均3.18%的增长率；其中，工业污染治理投资占比较高。2000~2012年，工业污染源治理完成投资年均增长6.5%。但是，与中国2001~2012年名义GDP10.1%的年均增长率相比，污染治理投资依然有很大不足。在这种情况下，若要实现我国的生态文明建设，必须依靠先进的技术水平提高治污效率。2015年中央经济工作会议明确提出，必须加大政府环境治理力度，"积极稳妥化解产能过剩，促进形成绿色生产方式"，加快淘汰"高污染、高能耗、资源消耗型"产能，是推进"供给侧改革"的重要途径。

(3) 我国环境规制提上日程并迫切需要合理化。

自20世纪70年代起，我国相继出台了多项环保政策措施，综合运用了"三同时"制度、环境影响评价、环境行政处罚、环境标准、环境保护目标责任、排污收费制度、排污许可等多种环境规制工具，以改善环境质量，并取得了一定的成效。90年代初，我国针对工业污染防治问题实施了"三个转变"。2000年以后，开始提倡可持续发展观。2005年，国务院颁布《关于落实科学发展观加强环境保护的决定》。2006年，提出将行政、经济、法律、技术手段综合纳入环保措施。2007年，进一步强化激励和约束机制，积极运用价格、财税、金融等激励政策。2008年，环境保护部由全国人大批准设立。2009年，正式施行《循环经济促进法》，为可持续发展奠定了法律基础。"十一五"期间的环境治理工作虽然有了一定进展，但是并未完全实现环境目标。"十二五"规划再次将环境与经济协调发展提上日程，"绿色发展以及建设资源节约型、环境友好型社会"成为国家建设的重要内容，中国政府力图从根本上扭转以牺牲环境、浪费资源为代价的粗放型增长方式。2013年9月，《大气污染防治行动计划》明确指出：为改善环境质量将提高工业行业尤其是高污染行业环境规制的强度。随着经济社会的发展，环境政策体系日趋丰富，工具手段也更加灵活，但是仍然存在诸多方面的问题，需要进一步完善和合理化。2014年，重新修订了《中华人民共和国环境保护法》，国家发改委等发布《关于调整排污费征收标准等有关问题的通知》，要求加大环境规制力度，提高排污费收缴率，建立有效的约束和激励机制。2016年12月，政府明确规定按照"税负平移"原则将排污费改为环境保护税，2018年1月正式开征环境保护税。

(4) 我国企业技术创新及应用能力不足。

科技进步与创新是从根本上解决经济社会发展与生态环境之间矛盾的关键动力。但是长期以来，我国高等院校和科研院所成为科技活动的集中所在，企业通常被边缘化。技术创新成果无法通过企业实现成果转化，企业未能真正成为技术创新主体，制约了先进技术的发展。企业技术创新的动力机制、时机、条件等成为提高企业技术创新能力和效率的基本前提。面临政府环境规制，现阶段我国多数企业仍以被动防御型环境战略为主，环境管理积极性不高，多侧重于末端治理技术而忽视源头治理和过程治理，导致企业的生产经营成本居高不下，而且不能满足消费者对绿色产品的需求，企业竞争力难以提升。企业应以政府环境规制为契机，积极转变发展模式，制定自愿环境管理战略，利用技术创新和扩散，实现经济和环境的协调可持续发展。

1.1.2 问题提出

随着经济周期波动的增加，生态环境破坏日益严重，为了遏制环境污染造成的雾霾等问题，在哥本哈根气候大会上，我国政府承诺至2020年实现单位GDP的CO_2排放下降40%~50%。李克强总理在2015年政府工作报告中指出，要打好节能减排与环境治理攻坚战，不断研发绿色技术和产品。中共十八届五中全会明确提出"创新、协调、绿色、开放、共享"的发展理念，为经济发展和保护环境的"双赢"指明了方向，而制定合适的环境规制政策则是关键。环境规制的一个重要目标是激励企业进行技术创新，并促进技术创新的应用及市场化。随着环境规制政策工具不断创新和增强，导致企业污染型生产的要素价格上升，环境规制费用占企业利润的比重较大，环境污染治理成本较高，如果忽视环境规制政策和经济发展之间的相互作用就会忽视某些重要的反馈效应。因此，环境规制政策与经济社会发展之间的相互作用日益受到关注。企业为了实现利润最大化必须相应调节自己的生产行为，如产品区位、管理战略、组织结构等，进而驱动技术水平的提高，这种微观基础正是企业技术创新的内在激励。如何通过建立健全宏观制度和微观机制，从宏观层面妥善处理经济增长与环境问题的矛盾，从微观层面处理清洁生产与提升企业竞争力的矛盾，是当前面临的棘手问题。当今社会，生态补偿、环境保护和创新驱动已经成为世界各国共同关注的话题之一。生态补偿和生态文明建设不仅涉及实物、资金，还涉及技术支持及政策指导[1]，环境税等政府环境规制政策具有资金配置和创新行为激励的功能[2]。目前学者们分别讨论了环境规制对技术创新、产业结构、碳减排、能源消费及FDI的影响，从多个角度对环境规制的创新效应和技术创新驱动因素进行了研究，但缺少将环境规制、技术创新、产业结构、碳减排、能源消费及FDI等纳入同一分析框架体系内，分析环境规制对企业技术创新的影响机理和路径。

因此，为了优化我国总体及各区域环境规制政策，增强技术创新能力，提高企业的绿色核心竞争力，推动经济社会可持续发展，需要结合时代变迁、制度更迭、经济发展、区位环境、基础设施建设以及资源禀赋等因素，探讨环境规制约束下企业的技术创新策略；研究环境规制对企业技术创新的直接影响机理，并分析基于产业集中度、企业环境管理战略、公众环境偏好和 FDI 等中介变量的间接影响效应；探究环境利益相关者对企业技术创新的影响，有效利用环境规制手段，提高绿色技术创新能力；论证总体及不同区域环境规制与企业技术创新的关系；分析环境规制对企业技术创新在规制政策工具、创新技术类型、省域及区域划分等方面的影响差异。

本书主要解决以下几个问题：

第一，环境规制是否影响企业的技术创新行为？直接作用机理和间接影响效应如何？

第二，环境规制强度与企业技术创新及创新效率之间存在线性关系还是非线性关系？

第三，不同环境规制政策工具对企业技术创新的影响效果是否存在差异？

第四，环境规制政策对不同类型技术创新的影响是否存在差异？

第五，环境规制政策对企业技术创新的影响是否存在区域差异？

通过解决上述问题，有利于依照具体国情制定相应的环境规制政策，从而实现经济持续发展与生态文明建设协调统一。

1.2 研究的目的及意义

1.2.1 研究目的

本书以新古典经济学、规制经济学、演化经济学和环境经济学、生态经济学、系统动力学等理论为基础，响应创新驱动的总体要求，丰富并拓展生态补偿、环境保护和生态文明建设内涵，以经济增长和环境保护的协调发展为目标，以提升企业动态竞争力为核心，将环境规制和技术创新统一于整合的、逻辑一贯的研究框架下，将环境规制作为企业外部的制度约束，借鉴国外先进经验，综合运用前瞻性的理论与方法，通过明确相近或相关概念、基础理论，寻找环境规制激励企业技术创新的关键要素和作用机制。从规范视角分析环境规制对企业技术创新的影响效应、路径和动态博弈策略选择，比较不同环境规制政策和强度对企业技术创新的影响差异；基于不同指标体系的构建和指标测度，采用计量统计方法实证检验环境规制对企业技术创新的倒逼传导机制。本书力图在大量数据和资料积累的基础上构建一个完整而系统的研究框架，运用严谨的理论推导和先进的实证方法，重点弥补环境规制对企业技术创新影响机理的不足，并比较分析不同规制政策工具、强度及其组合的适用性和必要性，打破单一指标的局限性，结合中介效应分析，丰富实证检验结论，为我国制定更合理有效的环境规制政策以推进企业的技术创新活动提供理论和实证依据。

1.2.2 研究意义

研究环境规制对企业技术创新的影响机理，对于激发环境规制对企业技术创新的促进作用，提升企业核心竞争力，促进经济可持续发展具有重要的理论与现实意义。

（1）理论价值。

第一，提供企业技术创新研究的新思路。研究环境规制下企业技术创新的动机、时机、程度、作用方式等问题，将环境规制作为影响企业技术创新的制度变量，突破了单一技术创新决定论，弥补了立足企业自身研究技术创新决策的不足，以充分实现生态补偿和生态文明建设中的技术创新驱动，为国内外对该领域的理论研究提供新思路做出了一定的学术贡献。

第二，拓展环境规制对技术创新影响的维度和深度。综合运用规制经济学、行为经济学、演化经济学、公共经济学、生态学、管理学、制度理论等多学科迁移理论与研究方法，深化环境规制对企业技术创新影响的系统化研究，结合多指标体系构建，推进环境规制对企业技术创新影响机理的深入研究，为完善环境规制政策、推动企业技术创新奠定坚实的理论基础。

第三，从理论上充实环境规制效应的内涵。基于环境规制理论，考虑省际环境规制政策和强度差异，研究环境规制与企业技术创新的动态变化关系，测度环境规制的技术创新效率，进一步丰富了环境规制的效应内涵，充实了环境规制的有效性检验。

第四，为政府环境规制和企业技术创新的动态性和生态性变革提供理论支撑。通过规范研究和实证检验，研究环境规制对企业技术创新的作用机理及动态影响，揭示企业在环境规制约束下的技术创新策略动态演化结果，有助于构建合理的环境规制多中心治理结构，激励企业技术创新行为，促使环境规制与企业技术创新向动态性和生态性变革，为提高经济绩效、环境绩效和社会绩效提供最终的制度保障。

(2) 现实意义。

第一，有助于提高政府环境规制的质量和水平，保证规制目标的实现。处理好政府与市场、宏观与微观的关系，才能保障市场机制的有效运行和规制目标的实现，以及微观经济主体竞争力的提高。通过对动态影响过程的分析，在宏观方面为政府决策者提供环境规制如何影响企业技术创新的信息，引导政府应重视市场经济的内在规律，制定合理有效的规制政策并不断调整改进方向，采用综合规制手段发挥指导作用；在微观方面激励企业正确评估环境规制对企业造成的影响，在战略上重视环境问题，在技术创新决策行为上兼顾资源节约和减少污染的环境绩效目标，为环境规制目标的实现指明方向。

第二，有利于提升企业的技术创新能力，并提高其竞争力。企业应遵循"动态匹配"的战略思想，适宜地调整、整合和重构内外部组织技能、资源和职能能力。制度约束有助于推动企业持续不断地开展技术创新活动，将潜在的知识形态转化为现实生产力，推动经济与技术的结合，也促使企业核心竞争力的形成。政府可以通过调整环境规制政策、改变环境规制强度，引导企业选择前瞻性的自愿环境战略，通过技术创新形成先动优势，通过"创新补偿优势"实现企业保值增值，提高经济、环境和社会的综合绩效。

第三，有利于提供企业技术创新决策行为的支持力。企业技术创新行为影响并决定着可持续竞争优势的提升，但技术创新类型、方向、规模和效率都会受到环境规制政策的制约和激励。政府通过设计各种环境规制政策和工具组合，可以改变企业技术创新的供给和需求曲线形态、创新价值。为企业结合技术创新的时机选择和模式匹配，动态调整技术创新决策提供支持。

第四，有利于发展循环经济，实现经济的绿色转型，促进可持续发展。通过环境规制作用下企业技术创新策略的动态调整，可以优化企业资源配置，合理改善投入组合，加快企业的技术创新步伐，提高技术效率，最大限度地节约资源、降低污染排放，减少环境破坏，实现从严重环境污染的"马拉松霾"向清洁社会环境的"APEC蓝"转化，转变粗放式经济增长方式，实现绿色转型和生态文明建设。

1.3 国内外研究现状综述

国内外学者关于环境规制对技术创新的影响研究颇为丰富,本书结合研究主题,梳理了有关影响方向和不同政策影响差异等方面的成果。

1.3.1 环境规制对企业技术创新的影响效果

环境规制对技术创新的影响是发展经济学、产业经济学、制度经济学和技术创新经济学的研究热点之一,主要有"促进论""抑制论"和"双刃剑"论三种观点。

1.3.1.1 环境规制削弱企业技术创新

很多学者认为环境规制增加企业成本、挤占资源,制约经济的发展,阻碍技术创新(Gray[3]、Dension[4]、Conrad and Wastl[5]、Leonard[6]、Gray and Shadbegian[7])。Rhoades[8]认为,环境规制迫使企业改变污染严重的生产工艺和流程,引导企业开展兼顾控制污染和提升经济绩效双重目标的技术改造,在竞争激烈的市场条件下,复杂的绿色技术改造要求势必妨碍企业技术创新。Fisher和Schot[9]认为,在抵制性的遵守阶段(1970~1985年),环境规制增加生产成本,企业以不合作的态度被动遵守并抵制环境规制;在不需依靠创新解决环境问题的阶段(1985~1990年),随激励性环境规制的强化,企业注重环境管理,但是忽视具体的技术路线。Slater和Ange[10]研究发现,高强度环境规制会降低企业总体研发水平,创新效应难以弥补成本效应。

许多学者从实证角度检验了环境规制制约技术创新的观点。Jaffe等[11]通过研究发现,美国环境规制导致制造业企业额外成本增加,降低了竞争力,削弱了技术创新能力。Jaffe假说认为大多数的环境规制阻碍技术创新,刺激性规制也并未完全提高创新。Nakano[12]通过计算日本纸浆和造纸业的Malmquist指数发现,环境规制并未明显推动技术进步。Wagner[13]以德国制造业企业为研究对象,研究发现环境规制的实施水平与企业总体专利申请呈现负相关关系。Chintrakarn[14]认为环境规制对美国制造业技术创新产生了负面影响;Ramanathan等[15]利用结构方程模型分析了美国16个工业部门2002~2006年的数据资料,结果发现,在短期内环境规制抑制技术创新行为。Kneller 和 Manderson[16]运用创新行为动态模型研究 2000~2006 年英国制造业的数据发现,环境规制对企业环境创新起到激励作用,但并未对企业总研发支出产生积极影响。

我国学者赵细康[17]对 Jaffe 等的观点展开深入分析,认为环境规制的实质是实现环境外部成本的内部化,企业通过提高产品销售价格,向消费者转嫁所支付的环境破坏防治费、排污费、环境影响评估费等环境成本,进而抑制了产品的市场需求,降低企业竞争力,弱化了企业的技术创新能力。解垩[18]采用省际面板数据实证分析发现,环境规制降低了企业生产技术进步程度。

1.3.1.2 环境规制促进企业技术创新

设计得当的环境规制政策工具能优化资源配置效率,促进技术进步和技术扩散,激发企业的"创新补偿"效应(Berman and Bui[19]、Brunnerrmeier and Cohen[20]、Hamamoto[21]、Ruhashkina et al.[22]、Ramanathan[23]、黄德春和刘志彪[24]、赵红[25]、黄平和胡日东[26]、张成等[27]、李斌等[28]、李拓晨和丁莹莹[29]、童伟伟和张建民[30]、张倩[31,32]、张同斌[33])。通常情况下环境规制政策的严厉程度与技术创新的研发支出动机、开发和采纳程度存在单调正向关系,环境规制政策越严格,越有利于减排技术的扩散[34~36]。最具代表性的观点是 Porter[37]提出的"波特假说",他认为从动态角度来看,设计得当的环境规制有利于产生"创新补偿效应"和"先动优势效应"[38]。Xepapadeas 和 De Zeeuw[39]等学者将研究推向了更深层次,构建了 X-Z 模型,以机器年限的长短来衡量技术水平,以污染税衡量环境规制政策和强度,指出严厉的环境政策产生技术进步效应,引入环境规制政策会降低企业的利润水平和排污量,产生利润/排污效应。环境税激发设备更新,而且减排效应大于利润下降幅度。Ambec 和 Barla[40]建立六阶段的博弈模型来分析企业和管理者之间的博弈,认为环境规制政策可以达到提高企业 R&D 产出和预期利润的双重目的。Warhurst[41]认为环境规制目标的实现需要企业通过创新提高资源的利用率,并指出 REACH(Registration, Evaluation, Authorization and Restriction of Chemical)对创新的积极作用。Palmer 和 Portney 假设产业处于完全竞争状态,随着污染税的提高,企业采纳排污技术的动机越来越强烈。

此外,很多学者从实证的角度验证了波特假说。Lanjouw 和 Mody[42]通过分析环境成本与环境技术专利数量的影响发现:提高环境成本有利于增加环境专利的数量,但存在 1~2 年的时滞效应;发展中国家的技术策略是倾向于改进原有技术或者引进绿色技术;严厉的环境规制政策大大增加环境专利数量;在美、德和日三国,环境规制带来的环境支出与绿色技术专利存在正相关关系。Jaffe 和 Palmer[43]以及 Yang 等[44]分别使用美国 1973~1991 年和中国台湾 1997~2003 年的工业企业面板数据作为研究样本,结果发现,严格的环境规制政策迫使制造业企业追加研发投入,进而刺激技术创新行为。Jaegul[45]、Greenstone 和 List[46]以及 Horbath[47]、Johnstone[48]分别研究了美国汽车排放控制技术、美国制造业、德国和 25 个国家可再生能源领域的专利产出数据,发现环境规制工具可以诱发该领域的技术创新。Cesaroni 和 Arduini[49]研究了欧洲化学工业发现,提高环境规制政策的严厉水平及公众参与程度有利于激发绿色技术创新,但过于严厉会导致企业难以承担增加的成本。但 T. Francesco、I. Fabio、F. Marco[50]和 Johnstone N.[51]、Frondel 等[52]分别以欧洲建筑业资料和经合组织(OECD)国家的数据资料为样本,研究发现环境规制强度的增大会促进新技术的开发,激励环境研发活动,从而提升经济绩效。Murty 和 Kumar[53]通过研究印度产业污水规制政策对企业生产效率的影响发现,提高环境规制强度可以提升厂商的技术效率。Daron 等[54]认为动态环境规制可以促进低排污机器相关的技术进步。Greaker[55]分析发现严厉的环境政策提高上游市场的竞争程度,最终降低上游企业环境创新的成本。Meier 和 Cohen[56]、Domazlicky 和 Weber[57]、Carrión-Flore 和 Innes[58]、Johnstone 等[59]、Lanoie 等[60]、Lee 等[61]、Kneller 和 Manderson[62]、Yana Rubashkina[63]通过研究环境规制强度与环境专利数量的关系,发现环境专利与环境规制存在显著的正相关关系,环境规制政策激励企业创新。Lanoie[64]指出,环境规制既可以促进环境创新也可以在满足条件下引发生产工艺的创新。Hascic[65]认为环境规制的作用效果与创新类型有关,环境税等规制措施能显著提高综合治污技术创新水平,污染排放标准等对二次燃烧治污技术起到更明显的激励作用。

在我国,曲如晓[66]利用技术差距论①解释了波特的"先动优势"理论。张嫚[67]分析了波特的"双赢"理论,指出环境规制不利于中小企业获得创新补偿收益,而对大企业或主导企业有正面影响。王斌义[68]在探讨环境规制对技术创新的直接影响机制基础上,利用 SCP 范式分析了间接影响。赵红[69]、黄平等[70]、张中元[71]等学者运用工业企业面板数据实证研究结果显示,环境规制对技术创新有一定的促进作用;李强[72]、王动和王国印[73]、沈能等[74]等学者的实证研究显示,环境规制对以专利数量衡量的技术创新产生了显著的正影响。李旭

---

① 该理论由波斯纳(Posner, 1962)提出。

颖[75]从概念层面论证了环境规制对自主创新的促进作用。江珂[76]利用我国1995～2007年的省际面板数据实证分析认为，在中长期，环境规制与区域创新能力存在正相关关系，对东部地区创新能力的激励效应较为显著，在中西部和东北地区不明显，王动和王国印[73]也认为"波特假说"在东部地区成立，中部地区不成立。马海良等[77]利用SCP框架分析环境规制对技术创新的作用，发现在即期和滞后期都具有显著的促进作用，即期的激励效果最好。李树和陈刚[78]、白嘉等[79]、陈强等[80]、景维民和张璐[81]、余东华和胡亚男[82]、张旭和王宇[83]实证研究发现适宜的环境规制对技术创新有促进作用，"波特假说"在我国总体成立。蒋为[84]研究发现，环境规制不仅推动中国制造业企业的研发活动，也有助于激发产品创新并改进生产工艺流程。陶长琪和周璇[85]的研究结果表明，加强省域环境规制力度是促进环境技术高效、提升技术创新能力的关键。郑晖智[86]和刘萍萍[87]通过研究环境规制对不同污染水平的企业总体技术水平和分类技术创新的影响，证实了"引致创新假说"，作用的大小却因行业而异，重污染行业企业的技术创新主要靠外部环境规制驱动，环境规制更可能促进企业引入新技术和新的生产流程而非新产品；而任胜钢等[88]认为环境规制对中度污染行业、轻度污染行业的技术创新具有显著促进作用，但对重度污染行业的影响并不显著。曹霞和张路蓬[89]基于利益相关者视角，通过仿真分析表明，政府污染税费征收对企业绿色技术创新有促进作用；高强度污染税收与适度的创新激励补偿对企业绿色技术创新的促进效果最为明显。

随着人们对环境问题的日益重视，一些环保组织和经济组织也展开了相关研究。英国产业联合会（Confederation of British Industry）认为合理贯彻实施适当的环境规制政策，能刺激企业创新，有助于经济增长与环境保护的协调发展。欧洲环保机构（European Environment Protection Agencies）认为环境规制增加消费者对环境友好产品和服务的需求，刺激创新活动，提高资源利用效率，提升企业竞争优势。土地使用顾问有限公司（Land Use Consultants Ltd）研究发现，政府环境规制增加新的投资机会，为企业创新提供机遇。

1.3.1.3　环境规制与企业技术创新之间存在显著的非线性关系

欧洲产业和就业联盟（UIECE）对欧洲14个国家超过2500个企业进行问卷调查，发现环境规制对技术创新具有抑制和激励双重作用，抑制占主导地位。Calel[90]、Brechet和Meunier[91]认为环境规制与绿色技术创新程度之间存在非单调关系。Lanoie、Patry和Lajeunesse[92]以1985～1994年加拿大17个制造行业的资料为研究对象，发现环境规制对生产率的长期动态影响为正，而短期为负。

沈能和刘凤朝[74]、蒋伏心等[93]认为环境规制强度与技术创新呈现非线性的"U"型关系，环境规制强度一旦跨越特定门槛值，则"波特假说"成立。涂红星、肖序[94]实证研究发现环境规制与自主创新之间呈现"U"型关系，在东部和西部地区表现出显著的负效应，中部地区不显著；东部环境规制对自主创新的影响弹性要高于西部。刘金林、冉茂盛[95]利用系统 GMM 估计方法，实证分析环境规制对中国 30 个省区市工业企业中 17 个行业生产技术进步的影响，发现存在明显的行业异质性，有的行业呈现显著的"U"型或倒"U"型关系，有的行业不存在显著关系。董直庆、焦翠红[96]研究发现我国环境规制与绿色技术创新呈现非线性关系，并具有双重门槛特性。张成等[97]认为环境规制强度增长率适中有助于引致理想的生产技术提升率，两者存在门槛效应。王杰和刘斌[98]认为适宜的环境规制有利于提升中国企业生产率水平，并呈现倒"N"型。陶长琪[99]基于金融发展的视角研究表明，环境规制强度与技术开发呈现倒"U"型变化，而且只有适当的环境规制强度才有助于技术转化。杜威剑和李梦洁[100]研究表明，环境规制与企业产品创新呈现"U"型关系，而且对于不同污染程度的行业和企业而言，拐点存在差异。李巍和郗永勤[101]认为加强环境规制可以提升创新能力，但受创新"瓶颈"和技术基础影响，对低碳发展的调节作用在最先进地区和最落后地区失效。李璇[102]以供给侧改革为理论出发点，分析了不同时期环境规制强度对绿色技术创新的影响，认为环境规制对技术创新存在阶段化差异影响。刘伟等[103]结合异质性行业进行实证研究表明，环境规制对技术创新的影响趋势呈现"U"型曲线特征。李玲[104]从环境规制控制程度与环境规制激励程度两个方面进行实证研究，结果表明，环境规制的激励程度有利于提高企业的绿色技术创新绩效，而环境规制的控制程度对绿色技术创新并不产生促进作用。

1.3.1.4 环境规制对企业技术创新没有显著影响

国内外有部分学者认为，环境规制与企业技术创新之间既不存在显著的线性关系，也不存在显著的非线性关系，两者相关关系并不明显，环境规制政策并不会显著促进技术创新与扩散（Nakano[105]、Aiken et al.[106]）。Jaffe 等[107]认为专利数量与环境规制政策之间并不存在明显的联系。Boyd 和 McClelland[108]、Domazlicky 等[109]分别实证分析了美国环境规制对纸浆和造纸业以及化工行业生产率的影响，发现环境规制既有可能带来潜在产出损失，也可能在增加产出的同时降低污染，对生产率的影响并不确定。部分学者认为衡量环境规制的技术创新效应难度较大。Schmutzler[110]认为环境规制对创新补偿的作用机理非常复杂，创新补偿收益不一定会超过成本。另外，也有学者主张分析环境规制技术创新效应时应结合市场结构及具体政策。

我国也有学者得出类似的结论。赵细康[111]认为环境规制与技术创新之间不存在明显相关关系，环境规制政策对技术扩散的促进作用并不显著。江珂和卢现祥[112]实证检验发现，环境规制对中国以三类专利衡量的技术创新能力的影响存在"人力资本门槛"，否则对技术创新的促进作用并不明显，而且区域差异明显，中东部的推动作用显著、西部影响微乎其微。Lin[113]认为我国命令控制环境规制并不能始终激励企业重视环境保护。

1.3.2 环境规制对企业技术创新影响的政策异质性

大多数研究认为，在竞争市场条件下，以行政命令手段为主的环境规制对企业技术创新的激励效果不及市场环境规制工具；在不完全竞争市场结构下，经济水平、产业特征和企业属性等都会影响不同环境规制政策工具对企业技术创新的作用效果，自我约束的环境规制工具比较受到推崇[49]。

在国外，Weitzman最早展开相关研究，并为后来的研究奠定了基础。Weitzman[113]从理论上证明，当预期边际收益曲线较为平坦时，排污税比单纯采用行政命令手段更有利于激发技术创新行为。Magat[114]研究认为五种环境规制政策（税收、技术性及非技术性的排放标准、市场手段、政府补贴）对企业技术创新均具有显著的促进作用，技术性排放标准的激励效果最弱。Downing和White[115]、Jaffe等[116]、Requate[117]和van den Bergh等[118]认为市场激励型环境规制（如补贴、排污交易许可等）比命令控制型环境规制（如排污限额）更能刺激绿色技术的发展。许多学者认为，一些命令控制型环境规制手段（如排放标准等）通常基于末端治理技术[119]，对技术创新缺乏足够的激励[120]。Milliman和Prince[121]提出了更权威的观点，他们研究了五种环境规制政策手段（排放标准、政府补贴、排污税、配额和拍卖的排污许可）对技术创新的影响，发现拍卖的排污许可和税收手段对技术创新的激励效果最好。Jung等[122]研究了针对不同产业环境规制政策对技术进步的影响，刺激作用从大到小排序为：拍卖的配额、污染税和补贴、分配的配额、标准。Montero[123]研究发现，在古诺竞争市场结构下，排污标准和排污税对环境研发的正向刺激效果最好。Alessio D'Amato和Bouwe Dijkstra[124]比较了排污税、减排补贴和可交易排污许可对技术采纳的不同影响，结果发现，价格政策和数量政策的区别受边际减排成本曲线（MAC）和边际环境损害成本曲线（MDC）的影响。Mendelsohn[125]、Krysiak[126]和Storrøsten[127]研究发现，内生性技术变化减少长期MAC的斜率，使数量型环境规制更具有吸引力。

也有学者持相异的观点。Malueg[128]认为，由于可交易配额对技术创新的刺激作用取决于企业是配额的购买者还是出售者，因此并不优于单一的环境标准。Parry[129]从产业组织理论视角，对税收和污染排放限额的创新效应进行研究发现，若创新范围一定，排污许可市场较为完善，则庇古税和总量许可对减排技术的激励作用相似。Kemp[130]和Walz等[131]研究发现，所有环境规制工具都需要在特定条件下发挥对技术创新或扩散的约束作用，且存在某一条件使每种手段发挥的作用相差无几。Fisher等[132]认为不同环境规制政策工具对内生技术创新的作用效果与企业排污量和技术创新能力等有关。若能预见预期环境规制强度时，规制工具对创新的激励效果差别很小。Mickwitz、Hyvättinen和Kivimaa[133]以纸浆、造纸业以及船舶引擎业为例，研究发现环境规制除了直接作用于技术创新之外，还通过企业环境战略影响绿色技术创新行为，且作用效果各异。Johnstone等[134]认为数量型工具（如排污许可证）促进风力发电技术创新；而价格型工具（如排污税）促进了太阳能和生物质能的技术创新。BLIND[135]认为，强制性的环境规制政策与企业环境技术创新存在明显关系，弱强制性的环境规制政策（如企业社会责任披露政策等）对企业技术创新无显著影响。Stranlund[136]比较了排污税和设置价格上下限的混合排污权交易发现，当减排成本与环境损害呈负相关关系时，排污税优于排污权交易。

国内相关研究起步较晚。马士国[137]、聂爱云和何小钢[138]认为设计科学合理的环境规制能积极引导技术创新，市场化规制手段比行政命令手段节约信息，更有利技术进步。马富萍等[139]和贾瑞跃等[140]研究认为命令控制型环境规制与技术创新的正相关关系不显著，而自愿型环境规制政策表现出明显正影响。周华等研究发现环境规制政策对企业技术创新的激励作用由大到小依次为补贴、排污费、排污许可证、排放标准[141]；排污费、排污许可证和补贴三种环境规制政策对企业技术创新的激励作用取决于排污费率、排污许可证交易价格和单位补贴额度的大小，孰大孰优；排污标准的作用取决于对企业生产能力的制约程度[142]。许士春等[143]通过比较分析三种环境规制措施（排污税、拍卖及可交易的排污许可证）对企业绿色技术创新的影响效果，发现提高排污税率和排污许可价格激励企业绿色技术创新;如果政府不控制可交易排污许可数量,则拍卖排污许可对企业绿色技术创新的激励效果等同于排污税,而可交易排污许可效果最弱;若政府对可交易排污许可数量施加控制,则排污税、拍卖及可交易的排污许可对绿色技术创新的影响效果并无二异。原毅军、刘柳[144]通过实证研究表明,费用型环境规制难以显著推动经济增长,而投资型环境规制却发挥了明显的促进作用。曾世宏和王小艳[145]研究表明排污交易许可的技术激励效应最强;环境污染税和减排补贴工具造成社会净福利的损失;排污标准政策的激励效应需要协同环境规制者的监管。李停[146]研究认为,在同质产品市场结构下,排污权交易对 R&D 的激励低于排污税手段,甚至低于简单排放标准。而在异质产品市场上,使用排放标准对 R&D 激励最低。娄昌龙和冉茂盛[147]研究发现,内生环境规制对企业技术创新具有激励作用,而外生环境规制则对企业技术创新具有不显著的负面影响。王红梅[148]实证研究结果表明,命令控制型和市场激励型环境规制工具是当前激发企业创新效果最为有效的政策工具,公众参与型工具和自愿行动型工具的有效性相对较差。周海华和王双龙[149]研究发现,正式环境规制与非正式环境规制对企业绿色创新均具有显著的影响作用。潘宏亮[150]研究结果表明,命令控制型环境规制对企业创新能力演化具有显著正向影响;市场引导型环境规制对企业创新能力演化具有显著正向影响;信息披露型环境规制与企业创新能力演化未呈显著相关关系。孟凡生和韩冰[151]分析发现,低碳技术创新投入补贴、碳税和碳排放权交易三种环境规制工具对企业低碳技术创新行为的影响效果各不相同,三种环境规制工具的合理组合带来的效果最佳。

1.3.3 研究现状综合评述

目前学术界对环境规制与技术创新的相关关系已经做出了一定的理论研究和实证检验。普遍被认可的观点是:在满足一系列假设条件下,合理的环境规制政策激励企业技术创新行为,且市场激励型、自愿型环境规制政策与命令控制型规制政策相比,带来更显著的创新激励效应;在一定范围内,环境规制强度与企业技术创新能力存在正相关关系,但激励效果受外部环境因素、创新主体特性和技术创新内在特征的共同作用,具体包括政策制度、经济发展水平、行业和区域特征、技术创新类型和阶段、企业性质和规模等。

但是仍然存在一些尚未解决的问题,主要表现在以下几个方面。

(1) 有关核心概念的界定和关键变量的测量具有一定的局限性。对于环境规制及企业技术创新的概念定义及维度构成尚无统一的观点，测量问题也具有一定的局限性。以往实证分析在确定环境规制政策指标时多以环境成本、治污投资等单一指标衡量；创新指标包括生产绩效指标（如企业产出、财务绩效等）与技术绩效指标（如绿色技术 R&D 投入、专利、产品数等）两个方面。而环境规制政策和技术创新都存在不同的类型，仅以其中一个指标来衡量难免存在随意性，影响实证检验结果。因此需要构建综合指标体系对变量进行测度。

（2）有关波特假说的有效性研究结论不统一。学者们从不同角度通过定性模型或者定量计算研究了环境规制和企业技术创新行为的关系，在理论上莫衷一是，经验分析结果也存在争议。环境规制到底激励还是抑制企业的技术创新？随规制强度的调整呈现怎样的动态关系，线性还是非线性？是否存在影响的规制政策异质性？是否受组织特性和技术自身特性的影响？是否存区域异质性？对于这些问题的回答目前还存在多种不同观点。

（3）环境规制影响企业技术创新的微观理论机制研究不足。有关环境规制对企业技术创新的影响研究，尤其是我国，大多采用跨国数据、区域数据、行业数据以及企业数据从实证的角度进行检验，忽视了作用机理的研究。即便是从理论角度探讨影响机理，也不够深入，且大多侧重直接效应，虽对中介变量和调节变量有所考虑，但对是否有调节作用尚未得到广泛关注。

大多研究要么以一个综合指标笼统地度量环境规制整体强度；要么针对某一具体环境规制政策展开研究。而系统地研究不同环境规制政策工具对企业技术创新差异化影响的文献少之又少。环境规制政策工具对企业技术创新的影响可能不仅依赖于政策设计的特性，也依赖于政策类型的选择，这些特性包括规制的严厉程度、政策的可预期性和时效性等。这为本书从不同角度丰富环境规制对企业技术创新影响的综合研究提供了新思路。本书从环境规制下企业的行为决策出发，基于更一般的环境规制视角，为环境规制倒逼企业技术创新寻找合理的微观基础。

（4）环境规制与企业技术创新的关系研究缺少动态联系。国内外学者大多侧重于环境规制对企业技术创新影响的静态分析，缺乏动态关系研究，尚未深入分析环境规制政策调整对企业技术水平动态变化的冲击，以及两者的动态均衡策略。目前文献有关环境规制对技术创新影响的实证分析大多采用静态面板模型或 OLS 估计方法展开，而技术创新是一个累积的过程且影响因素较多，采用静态面板模型是有偏的，数据来源及变量选取受限导致内生性问题的存在，使静态估计结果存在较大偏差。在依靠技术创新大力提倡生态文明建设的今天，迫切需要将环境规制纳入企业技术创新的动态行为决策，结合动态数理模型和计量模型分析不同环境规制政策和强度对企业技术创新的影响和动态冲击。

本书立足国内外学者的相关研究成果和不足，从丰富环境规制对企业技术创新的作用机理和实证检验视角展开了相关研究，以更好地解释环境规制对企业技术创新及效率的影响效果，完善相关理论体系，并指导我国制定健全的环境规制政策和提升企业技术创新水平的实践活动。

1.4 研究内容和研究方法

1.4.1 研究内容

本书从五个主要方面展开具体研究：

（1）环境规制影响企业技术创新的基本理论分析。首先，明确环境规制和技术创新等相关概念，主要包括环境规制的内涵及政策类别、技术创新的概念和分类、企业技术创新效率的测度等。其次，分析波特假说以及外部性理论，明确研究的理论基础。再次，探索企业在环境规制下如何通过关键因素识别、成本效益分析、"进入—退出"壁垒效应，做出面向环境规制的企业技术创新策略反应并实现动态研究。最后，结合环境经济学、演化经济学理论和内生增长理论，做出本书的研究假设并构建环境规制影响企业技术创新的理论分析框架。

（2）环境规制对企业技术创新的影响作用机理研究。该部分解决环境规制对企业技术创新的影响效应、产生怎样的影响、是如何影响并实现动态均衡策略演化的，以研究环境规制作用下企业技术创新的阶段、内容、时机、程度、规模等方面的问题。首先，从补偿效应和抵消效应两个层面分析环境规制对企业技术创新的直接影响效应；考虑产业集中度、企业环境管理战略、公众环境偏好和外商直接投资（FDI）的传导作用，分析环境规制对企业技术创新的间接效应。其次，基于环境规制对技术创新边际成本和边际收益影响的价值创新，以及供需曲线的重塑，采用供求均衡理论探讨环境规制对企业技术创新的影响路径。最后，利用动态演化博弈，构建政府与企业的两方动态博弈模型，以及政府、企业和公众三方动态博弈模型，分析政府环境规制和企业技术创新的动态混合策略均衡选择。

（3）不同环境规制政策工具对企业技术创新的影响差异研究。结合不同环境规制政策工具的作用条件,在基本假设的基础上,构建生产函数、效用函数,结合均衡分析、数理模型推导、"标准树"和博弈分析,研究环境规制对企业技术创新影响的政策差异化。首先,通过比较环境质量标准和排污标准,以及强制性技术标准对企业技术创新的作用效果,考察不同命令控制型环境规制政策工具对企业技术创新的影响差异。其次,通过比较排污税费和排污权交易对企业技术创新的影响,探讨不同市场激励型环境规制工具对企业技术创新的作用方式和效果差异。最后,通过比较污染物排放标准和排污权交易对企业技术创新的影响并进行拓展,以研究命令控制型环境规制政策和市场激励型环境规制政策对企业技术创新影响的差异性。

(4) 环境规制和企业技术创新变量的测度。随着环境规制政策的不断完善和演化,以及技术创新的复杂性,测度方法更加多种多样,但是准确测度变量是实证研究的关键,因此在展开实证研究之前必须明确关键变量的度量。首先,结合环境规制政策的分类,分别对命令控制型环境规制和市场激励型环境规制的衡量方法进行了梳理,提出度量两类规制政策强度的指标体系,并结合我国2003~2011年30个省区市的规模以上工业企业数据资料进行了量化分析。其次,确定了从价值链角度和技术实施的应用对象划分的技术创新四分类测度指标,并结合样本数据进行了测算比较。最后,依据经济增长效用理论,采用基于方向性距离函数(DDF)的Global-Malmquist-Luenberger(GML)生产率指数方法测算全要素生产率(TFP),评价环境规制作用下的企业技术创新效率,通过计算并分解全要素生产率,衡量环境规制的技术创新效果,并挖掘不同区域存在效率差异的内在原因。

(5) 环境规制影响企业技术创新的实证研究。为克服内生性与异方差的影响,选择动态面板数据模型的系统GMM方法,以我国2003~2011年30个省区市规模以上工业企业面板数据资料为样本,构建分析环境规制对企业技术创新和创新效率的直接影响和交互影响的二次曲线和三次曲线理论模型,结合其他重要的控制变量,在中介效应检验的基础上,实证分析环境规制对企业技术创新指标及技术创新效率的非线性影响,并分析区域差异,为政府完善激励企业技术创新的环境规制政策工具体系提供实证依据。

1.4.2 研究方法

由于本书涉及多个学科领域的基本理论,因而综合运用了以下多种具体研究方法：

(1) 文献研究与分析法。通过查阅大量的中外文最新文献，对相关理论进行归纳、分类、整理、批判和引用，主要包括环境规制和技术创新的概念、特征，企业技术创新的动力机制，以及环境规制对企业技术创新的影响机理和传导机制，为本书的研究打下坚实的理论基础。

(2) 采用交叉学科综合分析法。应用规制经济学、行为经济学、计量经济学、公共经济学、管理学、生态学、制度理论等学科内容，将技术创新理论、协同学理论、数理模型等前沿理论、方法交叉运用和融合，构建"多维理论分析构架"的基本分析方法体系。运用规制经济学的需求—供给理论，结合效用函数和目标函数的数理模型推导，研究环境规制对技术创新的影响路径；运用演化经济学理论，基于企业的异质性特征，采用演化博弈论分析政府与企业之间以及政府、企业和公众之间的动态博弈，根据演化的仿生学研究，通过理论演化以及 Matlab 数值仿真模拟，展开相关动态分析。

(3) 规范分析与实证分析相结合的方法。首先，从规范视角，通过均衡分析、动态演化博弈模型等方法研究环境规制对企业技术创新的影响机理。其次，使用 STATA、MaxDEA、Matlab 等软件，对环境规制和企业技术创新指标进行测度以及动态回归。采用数值仿真分析探讨政府与企业的动态策略选择；运用包括"非期望产出"的 DEA 方法，基于 DDF 的 GML 生产率指数方法计算 TFP 以测度技术创新效率；运用基于系统 GMM 的动态面板数据模型，实证检验环境规制对企业技术创新的影响效果和效率。

(4) 动态分析法。采用逻辑演绎和数学建模的方法，剖析环境规制作用下企业技术创新的演化路径；运用博弈论分析政府、企业与公众之间策略选择的动态博弈过程，研究环境规制强度与企业技术创新动机和程度的变化；在实证部分，构建动态回归方程检验环境规制政策对企业技术创新的影响，以解释变量之间的动态函数关系。

(5) 系统分析法。生态环境问题是一个复杂系统，环境规制对企业技术创新的影响作用错综复杂，因此必须以系统理论为指导，基于生态系统和规制理论的系统性，深入分析各要素的相互联系、相互作用、相互制约关系，以对其影响机制进行系统分析。

1.4.3 技术路线

本书具体技术路线如图 1-1 所示。

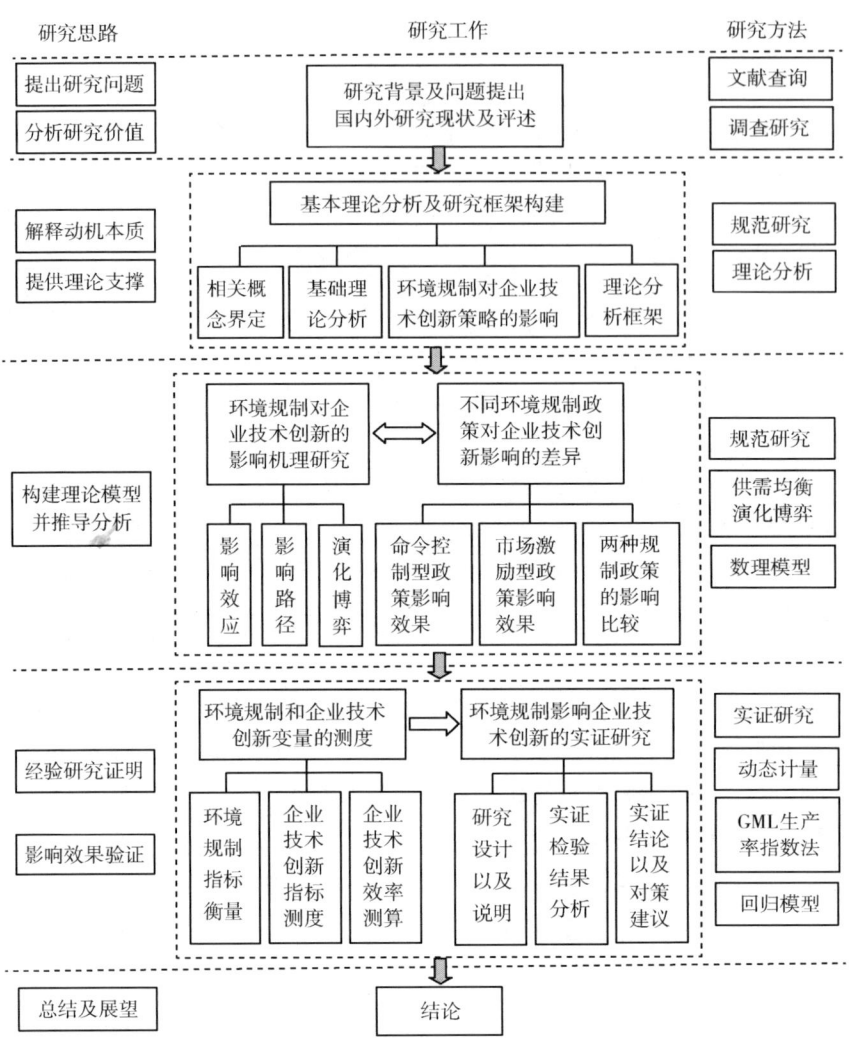

图 1-1 研究技术路线

第2章 环境规制影响企业技术创新的基本理论分析

2.1 相关概念界定

2.1.1 环境规制的内涵及政策类别

2.1.1.1 环境规制的内涵

日本学者植草益[153]认为，规制是指按照一定的规则限制特定社会人和特定经济主体活动的行为。此后，施蒂格勒[154]对规制概念的界定被广泛认可，他认为规制是为满足利益集团要求而设计和实施的强制权。通常来说，规制分为私人规制和公共规制，公共规制按照职能划分为经济性规制和社会性规制。传统规制理论认为，环境规制（environmental regulation）既是纠正环境外部性、影响市场资源配置效率的经济性规制，也是一种社会性规制。目前对于环境规制的内涵尚无明确、权威的界定。在国外文献中，"环境规制"与"环境政策"（environmental policy）经常互换使用。最初环境规制被看作是：为预防和控制污染排放、保护生态环境、控制环境资源的利用，政府职能部门做出干预或约束市场经济活动的一系列行为和环境管理的主要手段，包括禁令、不可转让的许可证等。随着市场机制作用的发挥，环境规制的含义被修正为：政府兼顾行政措施和经济手段，对资源开发利用和环境污染施加直接或间接干预，逐渐强调发挥市场机制的作用。自20世纪90年代以来，环境规制的内涵得到进一步发展和完善，自愿型手段充实了环境规制的政策工具选择，如生态标签、环境认证等。

国内很多学者也从不同视角界定了环境规制的内涵。潘家华[155]认为环境规制是政府以非市场手段直接干预环境资源利用的行为。李康[156]提出，从本质上来看，环境规制是通过诱导、约束、协调被规制对象的观念和行为准则，实现可持续发展和环境保护战略目标的具体措施和管理手段。沈芳[157]、傅京燕[158]、李旭颖[159]、熊鹰和徐翔[160]、赵红[161]、张红凤等[162]等认为环境规制是解决因外部性产生的社会成本与厂商成本之间的差异、内部化环境污染的负外部性、调整和控制厂商经济行为的综合政策和措施，包括环境法律、政策法规及相关的规章制度等，目的是实现环境保护和经济社会发展的"双赢"。赵玉民等[163]从环境规制目标、性质、主体、对象、手段五个维度，提出环境规制是为保护环境以有形制度或无形意识为规制手段的社会性规制，规制对象包括个体和组织。肖璐[164]从行政决策模型角度，认为环境规制是为保障生态环境的可持续利用，调节并规范市场经济主体行为和环境污染行为，政府制定实施的法律制度、政策以及环境质量标准等；从市场机制模型的视角，认为环境规制是各环境利益相关者博弈的过程和结果。董敏杰[165]认为环境规制是指政府调节经济主体的经济活动、治理与控制新增污染物的行为。刘伟明[166]认为环境规制是为实现环境保护与经济的协调发展，通过制定相应法律制度和政策，调节经济行为主体、禁止并限制环境污染破坏行为、改善环境质量的措施。

结合国内外的研究成果和本书的研究对象，笔者将环境规制界定为：在全社会制定或形成的、一切有利于预防和控制环境污染的各种引导性、规范性和约束性规则的总和，包括政府职能部门制定的环境法律法规、政策、措施和标准条例等正式制度，也包括信息披露制度、公众参与、价值信念、伦理道德等非正式制度。环境规制的目的在于通过约束或者干预市场经济主体及活动，将环境污染的负外部性内部化，激励企业通过技术创新手段实现生态补偿、降污减排、控制新增污染物并提高竞争力，推动和促进有效环境管理，实现经济、社会和生态环境的和谐发展。

2.1.1.2 环境规制政策实践发展体系及类别

20世纪70年代以前，政府是主要的规制主体，通过制定强制性的行政规制政策和强化环境保护宣传约束企业行为，命令控制型环境规制是主要的规制形态，规制方式比较单一，规制成本较高且效率低下。到了七八十年代，随着市场经济的发展，以市场为基础的激励性环境规制成为命令控制型环境规制的有效补充；社会公众的环保意识增强，消费者对产品或服务表现出绿色消费偏好，隐性环境规制有了明显增加。90年代以来，环境教育更加普及，社会公众的环保意识进一步提升，环境信息披露、公众参与机制、环境标志等自愿性环境规制成为制约企业行为的重要方式，环境非政府组织（environmental non-government organization，ENGO）也使企业面临更大的环境规制压力。

由于政治和经济背景不同，各国环境规制政策各有侧重，作用方式也存在差别，应用环境规制政策工具推动技术创新的组合与效果各异。美国、日本和欧盟主要依靠同一机制，即税收、财政补贴、风险资金等，但各有侧重。日本偏重于以成本补贴方式为主的"政府干预"发挥对技术创新的作用。美国更强调市场机制配置技术创新资源的重要性，主要通过税收减免降低企业绿色技术研发成本。欧盟更强调完善税费政策（如丹麦的废物处置税，德国和法国的废水排污收费制度等），注重经济手段与其他措施的配合，环境规制对技术创新的激励效果十分显著，但欧盟的税费制度管理成本高，难以推行。

我国环境规制的主要特征表现在四个方面：其一，环境规制政策体系初步形成，强度逐年加大。1979年通过《环境保护法（试行）》标志着环境立法的开始。环境法律法规体系和政策各包括八个层次，分别指宪法、法律、行政法规、规章、地方性法律法规、环境标准、环境保护条款和国际环境公约，综合性环境政策、经济、管理、技术、产业、贸易、国际合作。随着体制的日趋完善，政策总量大大增加，严格程度得到强化，环境标准更加苛刻。其二，与其他国家相比仍有较大差距。2012年环境绩效指数（EPI）数据显示，我国在参评的132个国家和地区中仅排在第116位；2014年在178个国家和地区中排名第118位。这表明我国环境规制仍然需要加大力度并改进实施绩效。其三，在规制方式上，由直接规制向间接规制转变。我国逐步由命令控制型向市场激励型和自愿型转变。其四，地区间环境规制水平差异较大。2012年，各省、市、自治区环境污染治理投资显示，污染投资治理占GDP比重的变异系数为0.73，新疆污染投资治理占GDP比重最大，为3.4%，而广东仅有0.46%，环境规制水平存在显著的区域间不平衡性。我国2003~2012年部分环境规制类型及执行情况如表2-1所示。

表2-1　　我国部分环境规制类型及执行情况（2003~2012年）

项目	年份	2003	2004	2005	2006	2007	2008	2009	2010	2011	2012
环境法制	（1）环境保护部门规章（件）	5	6	6	7	8	5	3	13	—	—
	（2）环境保护地方性法规（件）	25	2	30	38	20	21	22	22	—	—
	（3）环境保护地方性政府规章（件）	56	58	40	41	32	29	17	20	—	—

续表

	项目 \ 年份	2003	2004	2005	2006	2007	2008	2009	2010	2011	2012
环境法制	（4）环境行政处罚决定的案件（起）	92818	80079	93265	92404	101325	89820	78788	116820	119333	117308
	（5）受理的环境行政复议案件数（起）	230	271	211	92404	520	528	661	694	838	427
环保系统能力建设	（1）环保系统机构数（个）	11654	11555	11528	11321	11932	12215	12700	12849	13482	13225
	（2）各级环境监测站数（个）	2305	2289	2289	2322	2399	2492	2535	2587	2703	2742
	（3）各级环境监察机构数（个）	2795	2800	2854	2803	2954	3037	3068	3068	3121	2898
	（4）各级环境科研所数（个）	263	266	273	260	243	244	241	237	244	326
排污费	（1）排污费解缴入库数（万个）	103	73.3	74.6	67.1	63.6	49.65	44.6	40.1	37.1	35.1
	（2）排污费征收金额（亿元）	73.1	94.2	123.2	144.1	173.6	185.2	172.6	188.19	189.9	188.9
其他	（1）"三同时"执行率（%）	98.88	99.31	99.05	99.38	96.95	98	92.9	98	—	—
	（2）污染源监督性监测重点企业（个）	—	—	—	—	36873	49391	11264	48024	56684	57136
	（3）当年颁布地方环境标准数（项）	25	16	12	24	26	13	11	103	—	—
	（4）组织宣传活动（次）	—	—	—	—	9321	9269	11713	11296	13913	10209

我国目前环境规制政策工具仍以行政命令手段为主，包括环境保护法、节约能源法、关停并转、排污许可、总量控制等；市场经济手段包括资源税、环境保护税、绿色信贷和排污费、排污权交易、环境污染强制责任保险试点。随着企业环境意识的提升和居民支付意愿的增加，自愿环境管理协议逐步发展起来。今后环境规制主体将更加多元化，包括政府部门、企业组织、行业协会、社会团体或其他主体等；规制手段也呈现灵活多样的综合化特征，包括法律、法规、标准、

协议和环保意识、环保态度等；环境规制强度逐步增强。我国环境规制体系包括环境法律法规、环境监管机制以及环境辅助机构等，如图2-1所示。

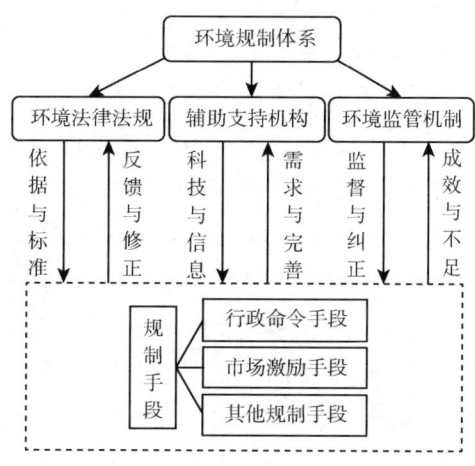

图2-1 环境规制政策体系

从不同角度将环境规制划分为不同种类。（1）从环境规制目标导向来看，主要包括三种模式：一是环境污染控制目标导向的环境规制，如严格的排放标准和总量控制措施；二是环境质量改善目标导向的环境规制，通过实施严格的环境质量标准，改善环境质量目标，"倒逼"技术创新、产业结构调整和绿色经济转型，以环境保护优化经济增长；三是环境风险防控目标导向的环境规制，注重风险预警和防范。（2）按照规制政策约束方式的差异，分为正式和非正式环境规制两种，正式环境规制包括命令控制型和市场激励型[141,167~168]。（3）基于政府角色的不同，分为行政型、市场型和公众参与型三种[169]。（4）基于国际贸易视角，分为出口方、进口方和多边环境规制。（5）从环境规制含义的界定，分为以各种有形的法律或规定约束的显性环境规制和以无形环保意识、态度、认知及观念自主约束的隐性环境规制，其中，显性环境规制可划分为命令控制型、市场激励型与自愿环境规制三种[163,170]。（6）按照经济效益或者资源消耗类型可以分为费用型和投资型两类[145,171]，其中，投资型环境规制按照资金用途可分为城镇环境基础设施建设投资、老工业污染源治理投资和建设项目"三同时"投资。

基于政府规制政策工具和手段方法的不同，本书将环境规制划分为三类：命令控制型环境规制、市场激励型环境规制和自愿型环境规制。命令控制型环境规制政策是指根据相关法律、法规与标准等对环境行为进行规制，以控制环境污染和破坏，实现环境保护的目的，主要以环境法、环境质量标准、生态技术规范、产品标准、生产禁令、生产工艺管制、排污许可、配额等为代表。例如，我国目前颁布的《中华人民共和国环境保护法》及其他相关部门法、《环境保护法》（2014）规定排污必须先申领排污许可证、环境影响评价制度、"三同时"制度、污染物排放浓度控制、超标排污罚款、环境行政督察等。市场激励型环境规制是指利用市场机制和经济手段调节市场主体的行为，以实现经济发展、社会进步与环境保护"多赢"的激励与约束机制，政府通过提高污染企业的排污成本，迫使污染主体能自觉找到治污成本最小的策略，主要以排污收费、环境税费、资源税费、使用者税费、财政补贴、排污权交易、押金退还制度、生态补偿试点等为主。例如，扶持清洁生产的技术进步专项资金、节能节水专用设备企业所得税优惠政策（2008年版）、2012年试点的碳排放权交易等。自愿型环境规制是指行政主体与生产主体在双方协商基础上按照一定标准开展的环境保护自愿行动，主要涉及信息披露、公众参与机制、自愿环境协议、网络构建、环境认证、环境标志、政府与公众协商、环境审计、环境协议等。例如，我国1993年3月31日开始实施的环境标志、1995年的ISO 14000质量认证和2003的清洁生产和全过程控制等，以及2008年的信息公开办法等。

通常认为，命令控制环境规制政策工具具有权威性和强制性的特点，但经济效率偏低，企业偏向采纳末端治理技术或政府指定的技术；市场激励型环境规制政策工具强调环境成本的内部化，以成本收益原则引导经济当事人进行理性选择，考虑经济绩效、社会绩效和环境绩效的协同，激发企业通过技术创新降低环境治理成本，实现排污达标，提升市场竞争力；自愿型环境规制政策具有导向性、自愿性、责任性和公开性等特点，企业注重技术的持续创新和改进，积极采纳产品创新。

2.1.2 技术创新的内涵

2.1.2.1 国内外学者对技术创新内涵的界定

1912年，熊彼特（J. A. Schumpeter）首次提出了创新概念和理论[172]，1939年将创新划分为技术创新和非技术创新。美国学者曼斯菲尔德（M. Mansfield）把技术创新看作是新产品或新工艺首次被社会所采用或引进市场的行为。1951年，索罗（S. C. Solo）从技术创新的条件提出"新思想来源、实现与发展"的技术创新观点；G. 林恩（G. Lynn）基于创新时序过程将技术创新界定为"将技术的商业潜力完全开发，转化为市场化产品的整个过程"。1962年，伊诺思（J. L. Enos）基于技术创新的过程指出，技术创新是"包括发明选择、资本要素投入、组织机构建立、人员配备、计划制定和市场开拓等综合行为结果"。从创新内容来看，美国国家科学基金会（NSF）在1969年将技术创新界定为：始于新思想和新概念，通过不断克服难题，最终成功应用于有综合价值的新项目的复杂过程；《1976：科学指示器》中提到，技术创新是指"将新开发或改进的产品或服务引入市场的过程"。弗里曼（C. Freeman）在1973年将技术创新定义为"技术、工艺和商业化的全过程，可以增加新产品的市场供给，促进新技术工艺与装备的商业化应用"；此后于1982年进一步明确技术创新的概念，归纳为"新产品、新过程和新服务的首次商业化"[173]，经合组织（OECD）在1998年也提出了类似的观点。2005年OECD将技术创新修订为"显著改进的新产品或工艺、市场运作方式、组织方式"。谬尔塞（Mueser）[174]认为"一系列构思新颖与成功实现的非连续事件，即为技术创新"。

国内对技术创新的研究较晚。项保华和许庆瑞[175]提出，技术创新是指从新思想的形成到生产出满足市场上消费者所需的新产品与服务的整个过程，强调了新技术开发、成果应用、扩散与推广等阶段的关系。傅家骥等[176,177]从技术创新动机、内容和过程定义了技术创新，包括开发新产品、采纳新工艺、开辟新市场、获取新原材料、构建新组织等一系列综合过程，其观点与熊彼特的企业综合活动学说类似。吴贵生等[178]认为技术创新是指发明或研发成果的首次商业化应用，包括引入新产品、新工艺、新设备、新材料、新技术组合、新管理方法等，是将科研成果转化为现实生产力、实现新技术与经济协同的关键一步。雷家骕[179]在总结国外研究的基础上提出，技术创新需要付出努力才能实现效果；并从技术创新源、对象、新颖性等方面对技术创新进行了分类。

2.1.2.2　本书对技术创新内涵的界定

本书将技术创新界定为：一项技术、工艺、产品或服务从创意到研发、设计和试制，继而生产出满足市场需求的创新产品或服务，最后实现商业化的多阶段企业决策过程，不包括制度和文化创新等内容。企业是技术创新主体，涉及研究开发、产业化应用和市场运作三个必不可少的阶段。因此，从价值链的角度包括技术开发和技术转化。技术开发阶段是从R&D资源要素投入到实现技术成果的阶段，反映了企业利用创新资源和技术要素的能力；技术转化阶段是指从技术成果到实现经济效益和社会价值的转化阶段，反映了技术成果商业化的转化水平。

企业技术创新是实现经济社会可持续发展的根本动力，是改变高能耗、高污染，走低碳经济发展模式的基本措施。在可持续发展思想指导下，企业技术创新转向以环境友好为主要特质、以保护环境和节约资源为主要目的绿色技术创新。当前，全球正面临严峻的经济、社会、生态环境、能源等多重危机，以绿色技术创新为基础的生态文明建设是拯救多重危机的必然选择，在这种形势下，本书将研究重点确定为：在市场经济条件下，面向可持续发展和生态文明建设，以减少排污量和资源消耗、提高生产效率、增加环境效益和经济效益等综合效益为目的，在设计、采购、生产、销售等各个环节都与自然环境协调的绿色技术创新。依据OECD，从技术实施的应用对象将其划分为绿色工艺创新和绿色产品创新。绿色工艺创新是指清洁工艺技术和有助于降低污染排放的环境治理技术的创新；绿色产品创新是指顺应绿色化和生态化趋势，低耗高效地开发、生产并向市场提供那些节省资源和能源、减少或消除环境污染且满足消费者环境偏好的产品或服务，是谋求可持续发展的重要途径。绿色产品创新既可以满足客户功能性需求，又可以在整个产品生命周期中符合环保要求。

2.1.3 技术创新效率的概念界定及测度

技术创新效率的测度与评价是研究技术创新效果的重要方面。Afriat[180]最早提出技术创新效率概念，指出技术创新效率即研发活动的技术效率，满足可行的投入产出向量时，称其为技术是有效的，此时若不增加要素投入（或减少产出），增加产出（或减少投入）在技术上是不可行的。国内学者对技术创新效率概念的界定也做了大量研究工作。柳卸林[181]、虞晓芬等[182]、潘雄锋和刘凤朝[183]分别用企业技术创新的相对投入和产出、投入产出率和投入产出的转化效率衡量企业技术创新效率；池仁勇[184]认为技术创新效率是衡量企业一定要素投入下产出与前沿生产面的距离，距离越小，效率越高。本书所研究的企业技术创新效率是指从投入产出角度来衡量的相对效率，是环境规制约束下技术创新活动的投入产出转化效率，既涉及技术进步水平也涉及纯技术效率，用包含非期望产出的全要素生产率及分解指标来测度。全要素生产率指标大于1说明技术创新效率提升；分解出的技术进步指数表示技术可能性边界的移动，大于1表示提升；技术效率表示现有效率状态距离技术边界的大小，衡量创新过程投入产出的规模效率，值为1时表示技术的规模效率没有发生变化，大于1表示离最优的技术可能性边界的距离越来越近，而非最优。

2.2 相关基础理论

2.2.1 波特假说

2.2.1.1 波特假说的提出

环境问题引致了全球生态化实践的发展,创新作用逐渐得到凸显,环境规制与技术创新的关系问题成为焦点。生态环境维度的加入给技术创新带来了新的显著特性,如"生态环境"和"技术创新"的双重外部性[185]、技术推动与市场需求拉动效应的特殊性[186]以及环境规制的推/拉效应[38,187]。以新古典微观经济理论为依据的传统主流经济学派认为,环境规制会增加企业的私人成本,降低企业的竞争力,进而对一国的经济发展和国际竞争力产生负面影响。早在17世纪,有经济学家就曾认为污染控制有助于降低资源浪费。20世纪80年代,很多学者开始检验若不影响企业竞争力,环境规制是否与企业技术创新存在正向关系。1991年,哈佛大学的波特(Michael Porter)指出环境规制可以提高企业的环保意识,迫使企业在规制压力下,认识到资源的无效利用问题和潜在的技术改进方向,合理的环境规制政策工具和强度水平可以激励企业的技术创新行为,弥补环境规制带来的成本负担,通过"创新补偿"取得"先动优势",既可以增加环境绩效也可以增加经济绩效,提升企业的市场竞争力。这种观点被称为"波特假说"(Porter hypothesis)[37]。1995年,他与林德(Van der Linde)详细剖析了环境规制下创新提升竞争力的过程,并进一步解释和完善了波特假说[38]。环境规制导向下的技术创新能改善企业的环境绩效,但未必能提升企业竞争力。因此,波特假说在逻辑上实际包含"弱"与"强"两个层面:第一个层面是"弱"波特假说,重点解析环境规制与技术创新的关系,认为恰当的环境规制政策和强度激励企业开展创新活动;第二个层面是"强"波特假说,解释技术创新与企业竞争优势的关系。波特假说示意图如图2-2所示。

2.2.1.2 波特假说的理论基础

行为参数论和市场失灵理论构成了波特假说的理论基础。

行为经济学的行为参数论认为企业管理层的目标通常偏离企业利润最大化。

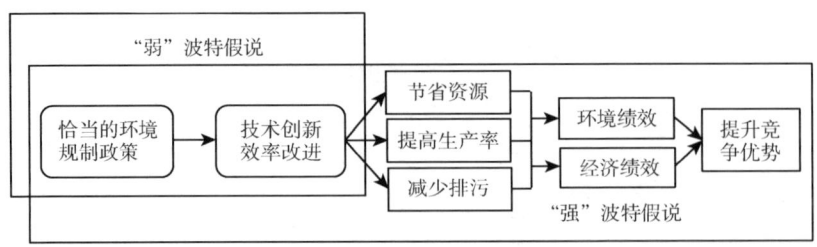

图 2-2 波特假说示意图

管理层要么因规避风险，拒绝对其自身而言的高成本投资；要么因有限理性，决策时受获取信息和认知能力的限制，拒绝技术创新，产生"组织失灵"现象。Ambec 和 Barla[40]指出经理人的当期偏好将推迟创新投资机会。环境规制通过增加创新投资回报或强制实施，提高企业生产效率，最终增加企业利润。

市场的不完全竞争、信息不对称、环境的公共物品性或者外部性等特征引发"市场失灵"现象。首先，实施恰当而严格的环境规制政策，有助于为企业提供策略性指导，尽早实施"绿色化"获得先动优势。如果存在市场进入门槛，环境规制通过提高进入现有市场的成本壁垒，相对降低在位企业的成本和市场竞争。当存在不完全竞争和产品差异化时，最低环境质量标准将解决合作问题，增加所有企业的收益，达成帕累托均衡。其次，环境质量信息不对称导致在激烈的市场竞争之后只剩下污染产品。环境规制政策通过披露相关环境信息，提高供给清洁产品的企业收益；或通过产品的垂直分类，使供给污染产品的企业获益。企业绿色产品市场化的时滞性导致投资绿色新技术须承担先动损失，因此抑制了企业技术创新积极性，环境规制政策强制促使企业实现帕累托改进均衡。提高产业整体环境标准，有助于产业内所有企业受益。最后，技术的非排他性与非竞争性导致技术外溢，部分创新收益转向竞争对手，降低企业创新积极性，环境规制迫使企业从低研发投入均衡转向高研发投入的帕累托改进。

"组织失灵"和"市场失灵"都源于外部性的存在。"生态环境"和"技术创新"都可以引致外部性。

2.2.2 环境规制与外部性理论

萨缪尔森将外部性定义为"一个活动对他人产生有利（正外部性）或不利（负外部性）影响，但他人并不需要为此支付报酬或实施补偿的现象。"庇古将外部性归因于边际私人成本（MPC）与边际社会成本（MSC）的差异——边际外部成本（MEC）、边际私人收益（MPR）与边际社会收益（MSR）之间的差异——边际外部收益（MER）。MSC = MPC + MEC，MSR = MPR + MER。即：当存在外部性时，MPC≠MSC，市场价格难以完全反映社会成本，此时资源配置的帕累托最优产生偏离。外部性可分为正外部性和负外部性。

2.2.2.1 正外部性

当一方在使用资源的过程中给另一方带来有利影响，但未从中得到补偿时，就产生了正外部效应。"搭便车"行为即来自正外部性。企业积极进行污染治理可以使社会其他主体受益，增加总体社会收益，但却不能收到其他主体的经济补偿，导致 MPR < MSR，如图 2-3 所示。当边际成本（MC）与边际收益（MR）相等时实现帕累托均衡。从整个社会的角度来看，MC = MSR 时达到帕累托均衡点 E_1，实现福利最大化时的产量为 Q_1，均衡价格为 P_1；但是对于私人来说，MC = MPR 时实现帕累托均衡点 E_2，最佳产量为 Q_2，价格为 P_2，此时存在产出缺口（$Q_1 - Q_2$），企业因得不到治污补偿而丧失主动治理污染的意愿。此时的均衡产量未达到社会福利最大化水平，给社会带来阴影面积大小的福利损失，社会资源未实现有效配置。

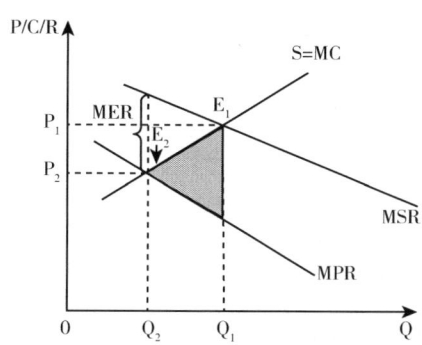

图 2-3 正外部性的效率损失

2.2.2.2 负外部性

当一方在使用资源的过程中给他人带来损失或额外费用，却又未给予相应补偿时，就产生了负外部性。私人成本偏离社会成本，造成了私人的最优经济活动水平所排放的污染物超出环境的承载力，偏离社会最优经济状态。

如图 2-4 所示，因社会需要承担私人经济活动带来的环境污染损失，所以 MPC < MSC，两者之间的垂直距离即环境污染成本。从全社会角度来看，MR = MSC 时达到社会福利最大化，E_1 点为帕累托最优点，均衡产量为 Q_1，均衡价格为 P_1。从私人角度来看，若将污染成本忽略不计，则 MPC = MR 时决定最佳产量 Q_2，此时的价格为 P_2。因此，当存在外部性时，实际均衡点为 E_2，消费者不承担边际外部成本。由于超量生产（$Q_2 - Q_1$）来源于对环境资源的滥用，阴影面积为社会福利损失，此时社会资源配置效率低下。

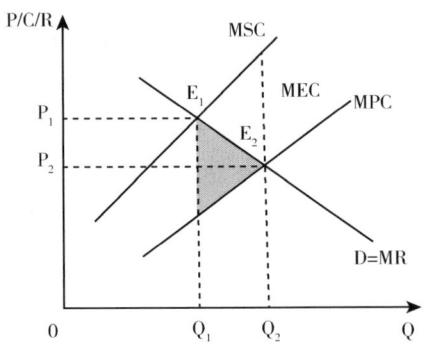

图 2-4　负外部性的效率损失

因此，在经济扩张过程中，外部性的存在导致环境质量难以充分保障，从而产生"市场失灵"。生态环境的"公共品"属性容易产生负外部性；创新技术的采纳具有明显的正溢出效应，可以有效改善环境绩效。因此，环境规制约束下的绿色技术创新同时具有生态环境和技术创新两方面的外部性影响，即"双重外部性"。

2.2.2.3　环境规制是解决外部性问题的重要手段

仅靠市场机制往往不能解决环境问题的外部性，难以保证资源的最优配置并实现社会福利的最大化和生态补偿效应，因此亟须发挥政府环境规制的作用，解决外部性的内部化问题，矫正被规制对象的经济行为。双重外部性使环境规制对技术创新产生"推/拉效应"。在环境规制的约束和激励下，企业通过改进生产工艺、采用环保设备、提高产品的环境性能等手段率先将绿色工艺或产品引入市场，以获得"先动优势"。日益增强的环境规制迫使企业投入更多的人力、物力和财力开展环境治理工作，产生"挤出效应"，减少企业其他活动的投入，这就要求企业必须依靠技术创新降低环境规制成本。合理的环境规制可以发挥政府适度的干预作用，内部化外部成本，引导企业积极开展技术创新活动，提高资源利用率并减少污染物的排放，通过发挥"创新补偿"效应降低企业成本。环境规制有利于避免只追求经济目标而忽视生态文明建设的不理性行为，既可以通过对企业的约束解决环境污染的负外部，又可以通过优惠政策和补贴等强化环境治理的正外部性。

2.2.3 制度理论

制度理论是研究企业技术创新的重要视角。制度理论探究社会选择如何形成并通过制度环境传导，研究重点是组织边界之外的社会力量。制度理论认为，组织既要应对符合效率原则的技术性外部环境，也要应对满足合理性原则的制度性外部环境。制度因素成为限制或激励企业行为的重要原因，促使企业偏向选择某种战略。基于制度理论可以从不同视角分析环境规制对企业技术创新的影响。

2.2.3.1 经济学视角

制度经济学认为，制度环境决定组织的经济效率。尤其是接受新古典经济学技术方法的新制度经济学派，将企业目标确定为利润最大化，从微观角度研究制度及其变迁对资源配置效率的影响。环境规制作为影响企业行为决策的制度因素，增加了企业的规制成本，促使企业通过技术创新行为降低治污成本和生产成本，以实现经济效用最大化。

2.2.3.2 战略管理视角

随着新兴经济的日益发展壮大，出现了与发达经济存在根本区别且具有显著差异的制度环境。2002年，Mike W. Peng 提出了基于新兴经济背景的第三大战略观——制度基础观。制度基础观认为，制度直接决定一个企业的发展战略制定和实施，从而创造竞争优势的安排，而不仅仅是背景条件。将制度看作解释变量，从战略管理视角出发的制度基础观关注制度与组织的动态互动，进而产生组织发展壮大的战略选择。环境规制迫使企业重新做出环境管理战略选择，采纳相异的技术决策，影响企业的技术创新行为。

2.2.3.3 组织社会学视角

组织社会学中的制度理论关注"合法性"或"合理性"。"合法性"或"合理性"是指通过采取符合现行法律法规、社会规范、信念和价值观的战略选择、组织结构和行为决策,以满足社会期望,赢得广泛的社会支持,进而谋求组织的生存和发展壮大。组织所采取的行为应该与制度环境一致。企业受到外部环境规制的约束,通过采取绿色技术创新,降低污染排放,提供清洁产品,满足环境规制标准和社会公众的绿色消费期望,追求生存和发展的"合法性"。外部环境规制对企业行为影响的衡量既包括"强制合法性"也包括"模拟合法性",企业追求"强制合法性"是外部制度环境压力的结果,这种包括"强制性"因素的环境规制环境能迫使企业追加创新投入,提高创新绩效;企业追求"模拟合法性"可以迫使企业通过市场竞争积累管理经验,促使企业表现出积极的创新行为,获得更多的发展机会和资源,提升获利能力。合法性可以赋予企业更多的资源,从而作为缓冲力量,使企业更加有能力避开外界对企业环境保护责任的诉求,此外,还可能导致外界对企业环保责任产生更高的期望和更严格的监管,从而约束企业的技术决策行为。一方面,企业必须遵守命令控制型环境规制,否则就要受到惩罚;另一方面,创新补贴等环境规制政策可以通过影响企业的资源配置或激励方式影响企业的技术决策。制度理论的"合法性"强调企业对制度环境的回应,可以较好地解释和指导环境规制对企业技术创新决策的影响机制。

2.3 环境规制约束下的企业技术创新行为及动态演化

2.3.1 环境规制与企业技术创新的决策行为

2.3.1.1 关键动力因素识别

技术创新的动力机制是指对技术创新产生关键影响力和驱动力的相互联系、相互作用的机制。在环境规制作用下,企业技术创新的各种动力因素构成按照一定规则运行的完整动力系统,共同推动企业技术创新活动的开展。环境规制对技术创新的影响主要表现在技术推动和需求拉动两方面。技术推动是指增加作为企业创新驱动力的知识积累。影响新知识积累或降低创新私人成本的技术推进主要有政府对R&D的补贴、税收优惠等。需求拉动指的是市场需求的扩大和变化为企业创新提供激励。企业会投资于绿色技术创新以满足环境消费偏好。需求拉动的政策包括排污权交易系统或排放税、税收优惠、政府采购、可再生能源技术命令、规制标准等。技术供方的推动、需求方的拉动以及环境规制制度因素的激励和约束共同构成了绿色技术创新的驱动力（见表2-2）。

表2-2　　　　　　　　环境规制下的企业技术创新驱动因素

驱动因素	作用方式
技术推动	● 技术创新和吸收能力（降低排污率、提高生产率） ● 市场独占性问题（产品差异化、成本最小化）
需求拉动	● 市场需求（绿色消费） ● 环保意识的增强以及对环境友好产品的偏好
制度影响	● 环境规制政策（行政命令、经济激励或自愿信息披露等措施） ● 制度及组织结构（环保组织、信息组织、创新网络等）

具体来说，环境规制对企业技术创新的内外部动力同时施加影响。

（1）对内部动力因素的影响。首先，环境规制激发企业技术创新的内驱力。环境规制政策改变了企业的战略决策依据、方法与过程，激励企业改进生产工艺补偿增加的环境成本，迫使企业更加注重环保信誉的提高，从而主动开展技术创新活动。其次，环境规制政策对内阻力具有"双刃剑"的作用。一方面，政府的绿色财政补贴、税收优惠、产业倾斜发展等政策能在很大程度上缓解R&D经费不足的压力；随着环境规制政策体系的日趋完善，基础性和应用性绿色创新技术逐步走向成熟并加快扩散，企业可以从市场上获取更多相关信息支持以降低创新风险。另一方面，环境规制约束下的绿色创新技术的技术性强、难度高、风险大、技术投资和运行费用高等特点，要求其必须与原有技术进行耦合，因此开发难度和成本相对较高；从对惯性因素的影响看，环境规制增加了企业技术转换成本。

（2）对外部动力机制的影响。首先，环境规制影响企业技术创新的外驱力。一方面，环境规制政策对社会需求拉动力的调整导致原有的创新动力机制失衡，不断成长的绿色市场成为企业绿色技术创新的强大外在动力；另一方面，环境规制改变现有与环境规制政策目标冲突的政策体系，包括资源价格政策、产业政策等其他政策，使其趋向于更加科学化。政策调整反过来进一步促进环境规制政策对技术创新的刺激效应。其次，环境规制政策对外阻力诸因素的影响相对较小，并且多为积极影响。例如，排污权有助于解决外部性问题；国家对生态产业的扶持大大改善了外部产业环境；环保监督和考核机制激励企业积极采纳绿色减排技术。

(3) 综合影响。环境规制政策对技术创新的动力机制受时期效应（time-effect）和强度效应（stringency-effect）的综合影响，如图2-5所示。时期效应指随时间的延续和推移，环境规制政策的实施会提高政府管理技能、增加公众的环保舆论压力、增强政策的连锁效应，导致对技术创新的刺激效应逐步增大。强度效应是指环境规制强度与对技术创新的激励作用存在阈值效应（threshold effect）。当环境规制强度小于特定阈值时，规制政策对技术创新的积极刺激效应难以抵消巨大的创新综合阻力，创新收益不足以抵消环境成本损失，加之技术创新的风险仍然较大，强制监管力度不够，企业往往采取偷排、漏排等手段逃避环境规制，此时，环境规制并未触发企业的实际技术创新行动。随着环境规制强度的增强，当逐渐逼近临界值时，对企业技术创新的刺激力快速增加。由于存在多重不确定性因素的综合影响，可能存在多个阈值或是一个有效的区域。此外，面对不同的环境条件（经济社会发展水平、资源禀赋、市场化程度等）和作用对象（产业属性、企业特征）而言，不同规制政策和手段的作用机制及效果存在差异，阈值也会不同。

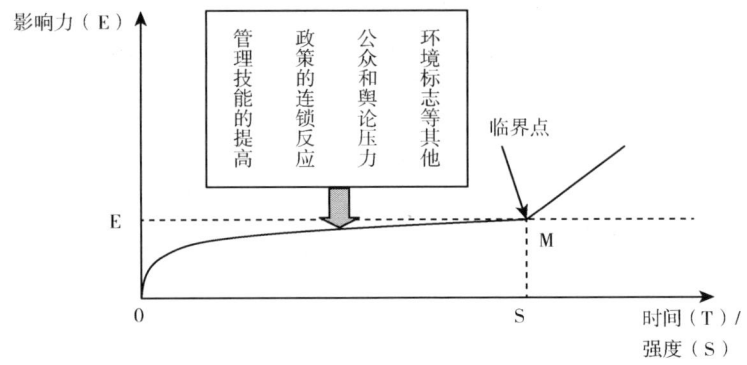

图2-5 环境规制对企业技术创新的时期效应和强度效应

资料来源：赵细康. 环境保护与产业国际竞争力理论与实证分析 [M]. 中国社会科学出版社，2003：111、113。

综上所述，环境规制下企业技术创新的综合动力机制结构如图2-6所示。技术创新动力是相互耦合的内外因素共同作用的结果。内部因素相互作用形成内在创新动力，外部因素的作用形成推拉动力。内外部动力之间存在着相互影响、相互制约的作用关系，只有内外动力和谐配套，创新主体才能启动充满活力的综合技术创新动力机制。

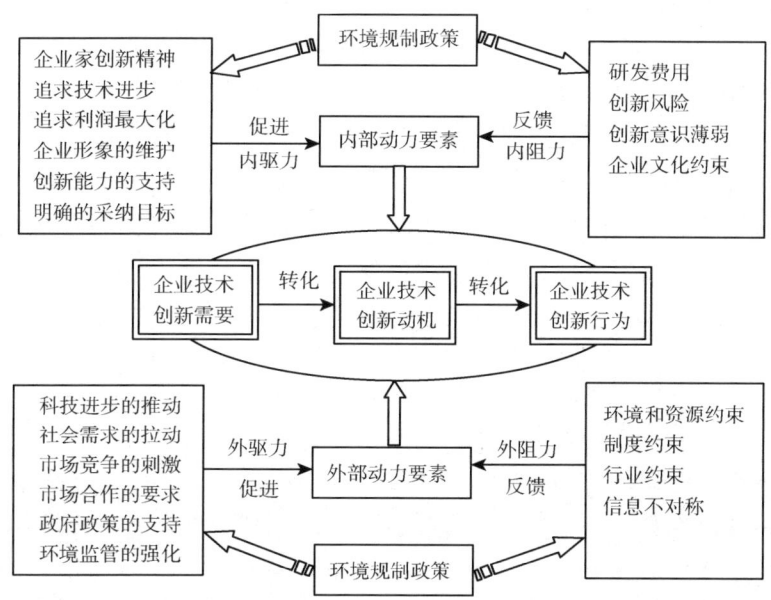

图 2-6 环境规制约束下企业技术创新的综合动力机制

2.3.1.2 成本—效益分析

环境规制作用下的绿色技术创新是符合生态环境伦理的未来技术创新方向，对企业绿色技术创新"成本—收益"的经济评价可以帮助企业做出合宜的技术投资决策，科学决定是否开展绿色技术创新。

（1）环境规制对企业成本的影响。

环境规制成本包括环境服从成本和环境违规成本。企业承担的环境规制服从成本包括直接成本和间接成本。直接成本是指企业为了达到环境规制政策要求，履行环保责任，开展减排节能活动的投入，从资源开采、投入原材料的选择、生产工艺流程的制定、技术创新、绿色营销、废旧产品回收及循环使用等各个方面降低企业的生态环境破坏，避免环境规制惩罚。间接成本包括为实现环境规制目标、资源的重新配置，退出原可获利投资项目间接增加的成本。政府环境治理补贴，应从企业环境服从成本中扣除。环境违规成本包括：超标排污的罚款等支出；当企业环境治理成本高于排污罚款成本时，企业宁愿承担罚款、赔偿金等被动性支出；因环境业绩恶化而损失的竞争机会、企业形象成本、原材料和能源成本等机会成本。政府环境规制工具在很大程度上决定违规成本的高低，合理的环境规制政策手段和强度水平迫使以追求经济利益最大化为首要目标的企业只承担服从成本,而不承担违规成本。

按照西方经济学理论,一般生产函数 $Q = f(K, L, N, E)$,包括资本(K)、劳动(L)、土地(N)和企业家才能(E)四种生产要素。在技术水平和市场供需不变的情况下函数关系不变,投入要素的变化导致产出 Q 发生变化。环境规制政策促使企业将生态环境作为重要的生产要素纳入生产函数。环境规制服从成本和违规成本对生产函数产生不同的影响。假设不存在资源要素"瓶颈",涉及生产效率的技术水平不发生变化,将环境要素纳入生产函数,可得:

$$Q = f(K_p + K_e, L, N, E) \tag{2-1}$$

其中,K_p——生产性投资;

K_e——企业环境污染治理投资。

若技术水平不变,生产函数 $Q = f(x)$ 不变,随着 K_e 的增加,若想维持原产量则必须追加总投资 K。若考虑生态环境因素,为治理污染追加总投入资本,则企业利润率下降,市场竞争力减弱。

如果企业的资源禀赋有限,增加环保投资后,生产性投资减少到 $(K - K_e)$,尽管总投资不变,但 K_e 挤压了生产投资,原生产函数 $Q = f(x)$ 下导致 Q 下降,利润率降低,生产函数如下:

$$Q_- = f[(K - K_e) + K_e, L, N, E] \tag{2-2}$$

在既定的生产投入要素水平下,必须通过技术创新改变生产函数,提高劳动生产率,提升利润率,形成持续的经济增长方式,生产函数如下:

$$Q_1 = \phi((K_p + K_e), L, N, E) \tag{2-3}$$

$$Q = \phi[(K - K_e) + K_e, L, N, E] \tag{2-4}$$

当企业通过绿色技术创新既能提高生产效率,又能起到减排效果时,生产函数从 $Q = f(x)$ 变为 $Q = \phi(x)$。此时保持其他生产投入要素不变,K_p 不变,新增 K_e,由于技术创新提高生产效率,Q 增加至 Q_1;当企业资源禀赋有限,无法增加总投资时,则生产性投资减为 $(K - K_e)$,劳动生产率的提高可以维持原有产量 Q。企业绿色技术创新不仅弥补了环境规制对产量的抑制作用,甚至还能促进产量的增加,提高利润,产生"创新补偿"效应。

当企业承担环境规制违规成本时,企业的生产函数如下:

$$Q_- = f(K - f, L, N, E) \tag{2-5}$$

其中,f 为企业支付的环境排污超标罚款、排污税等额外支出。

假定企业资源禀赋有限,则违规成本必然减少企业的生产性投资,在原生产函数下,导致产量下降,利润降低。假设企业有足够的额外资本支付罚款、税收等支出,无须挤压生产性投资,那么生产要素投入不会减少,产量不变。此时,虽然 f 不包括在生产函数中,但必然降低企业利润,导致竞争力下降。

随着政府环境规制政策体系的日臻完善和规制强度的提升,企业承担的违规成本不断增加,对企业的可持续发展产生更大的消极影响。因此,企业迫切需要通过绿色技术创新行为改变函数,提升生产效率,在固定的要素投入下避免产量下降,解决生态环境保护和企业利润提升的矛盾问题。

(2) 环境规制对企业技术创新收益的影响。

环境规制作用下的技术创新收益既包括政府财政补贴、税收优惠、降低的污染治理运营成本、技术成果转让收益等有形收益,也包括企业声誉价值等无形收益。主要表现在以下几个方面:第一,资源节约和生产率的提高。企业通过创新不断优化工艺流程,减少资源消耗和浪费,提高资源利用效率,降低废物处置成本,提升企业经济收益。2014 年我国万元 GDP 能耗约 0.8 吨标准煤,比 2013 年下降了 4.8%,但是 2014 年能源消费总量 42.6 亿吨标准煤,约为全球能源消费总量的 20%,可见我国资源消耗与国际先进水平还存在较大差距,我国企业资源利用效率提升潜力还有待进一步挖掘。第二,抢占绿色产品的市场先机。绿色贸易壁垒和环境消费偏好共同催生了绿色产品的差异化优势,有助于企业获取市场竞争优势,增加收益。第三,环境合法性和企业声誉等隐性收益。为避免环境风险,企业可以通过实施技术创新行为,实现环境合法性,以避免制度约束、环境监管,以及社会组织、消费者、媒体或公众对企业环境绩效的监督,激励企业积极维护社会形象,提升市场竞争力。

(3) 成本—效益模型构建。

结合前面讨论的技术创新风险及环境规制成本、创新收益构建,基于成本—收益分析动力机制模型,如图 2-7 所示。

其核心理念可以表示为:

$$M = [\sum(R \cdot E - C)]^{\lambda}(1 - \gamma) + Q \qquad (2-6)$$

其中,M——企业技术创新动力;

R——可计量的创新期望收益;

E——期望的创新成功概率;

C——预计创新投入;

γ——意外风险系数;

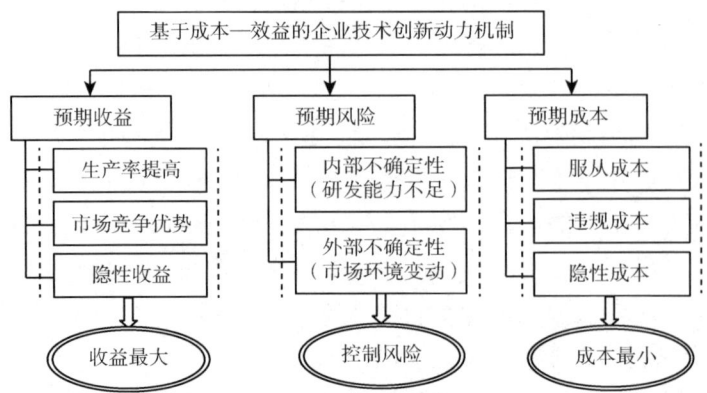

图 2-7 基于成本—效益分析的企业技术创新动力机制模型

λ——因无形收益产生的创新期望纯收益放大系数；

Q——随机干扰项，是不可抗力因素；

∑(R·E-C)——可以纳入会计核算的直接创新纯收益。

2.3.1.3 "进入—退出"壁垒

政府环境规制政策体系一方面通过提高环境标准提高了进入壁垒；另一方面降低甚至取消了退出壁垒，迫使重污染企业退出市场。环境规制基于壁垒效应对企业的影响如图 2-8 所示。

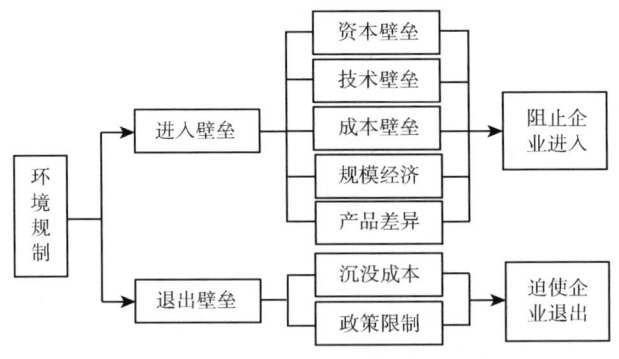

图 2-8 环境规制基于壁垒效应对企业的影响

（1）进入壁垒。

进入壁垒是指在位企业与潜在进入者相比不需要支付的优势。在位企业可以将销售价格提高到最小平均成本之上,阻止潜在进入者投入生产。环境规制基于进入壁垒对企业的影响主要体现在资本壁垒、技术壁垒、成本壁垒、产品差异壁垒、规模经济壁垒五个方面。环境规制迫使潜在进入企业必须采用清洁生产工艺或治污设备,势必提高新企业的前期资本投入量,即所谓的资本壁垒。环境规制的约束会激励在位企业率先开展更安全、更环保的技术创新活动,以降低污染排放量,提高生产效率,不仅能降低遵从规制的成本,而且给潜在进入企业设置了技术进入壁垒,将新进入者置于不利地位。为了避免环境恶化,环境规制通常会对新企业实施更为严格的环境标准,双重环境规制标准增加的生产成本,对潜在进入者来说可能是沉没成本,使其在市场竞争中处于劣势地位,为潜在进入者形成了成本壁垒。在位企业为了满足消费者的绿色产品消费需求,强化了产品的差异化生产和供给。基于环保的产品差异化形成了较强的进入壁垒。企业为了满足环境规制的需要,通常会扩大自身的生产规模以获取规模经济效应,对进入现有行业的新企业尤其是小企业影响较大,规模经济优势给潜在进入者设置了进入现有行业和市场的障碍。

另外,不同的环境规制政策会表现出不同的进入壁垒。环境技术标准等命令控制型环境规制形成进入壁垒,阻止新企业进入,改变产业组织结构;以市场为基础的排污权交易以及排污税制度,能有效调整新企业的进入;环境治理补贴等制度会吸引大量企业进入。

(2)退出壁垒。

退出壁垒是指企业在市场前景不好、企业业绩不佳时退出某个行业市场时所遇到的阻碍,如资源难以顺利转出。退出壁垒主要包括政策法规的限制、资产专用性、沉没成本、固定成本、解雇费用和社会责任等。环境规制政策的约束以及给企业带来的沉没成本迫使污染排放评价较低的企业被淘汰出市场。企业为避免被严格的环境规制政策(如"关、停、并、转")强制退出市场,必须依赖技术创新提高竞争力。此外,政府为了保证稳定的财政税收收入并维持社会稳定,会尽量避免企业破产。

总之,环境规制政策通过"进入—退出"壁垒迫使新企业必须以先进的环保技术为支撑,才能以成本优势和差异化优势维持高竞争力。

2.3.1.4 环境规制下企业技术创新的决策行为

环境规制通过影响企业技术创新的动力机制、成本—效益以及进入—退出壁垒而影响企业的技术创新行为反应。综合权衡影响因素,企业应对环境规制的决策存在巨大差异，积极遵循或者竭力规避。鉴于环境规制的强制性，企业作为理性决策者通常选择降污减排以满足规制要求，通过技术创新补偿环境规制成本的增加，提供清洁产品满足消费者的绿色消费偏好。

综上分析，环境规制作用下企业技术创新的决策行为如图2-9所示。

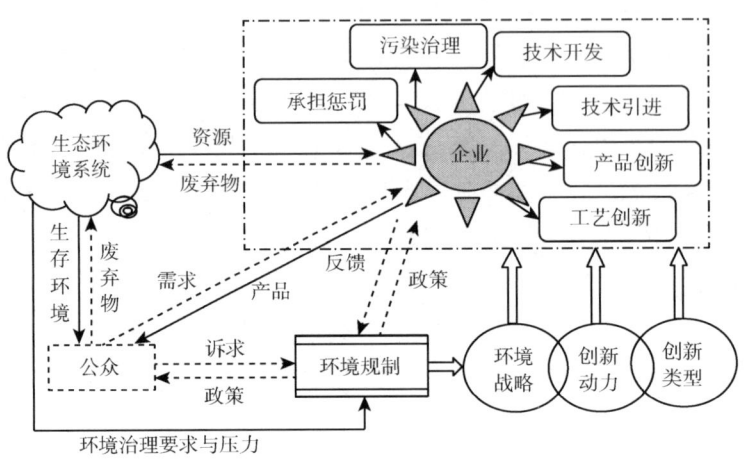

图 2-9　环境规制下企业技术创新的决策行为

2.3.2　环境规制下企业技术创新的动态演化

环境规制的实施初期必然会增加企业成本，在一定程度上降低了企业的竞争优势，给经济增长率和产出水平带来负面影响。但从长期来看，成功设计的合宜环境规制刺激企业采纳创新技术，改变生产工艺流程，既提高企业的劳动生产率，也能减少污染物排放，符合波特的成本抵偿（cost offset）观点。企业技术创新既是复杂的决策信息收集和处理过程，也是涉及企业、部门、个人行为和心理活动的整合、互动和动态演化过程。

2.3.2.1　企业技术创新的动态特征：演化经济学的视角

演化经济学把技术创新视作企业应对市场竞争压力的行为反应，与生态环境中有机体对自然选择压力的生物进化反应极为类似，是一个受制度、经济、文化和资源环境等因素影响的多维度演化过程，同时也是取决于企业行为差异性的演化过程，整个演化过程主要受市场效率和社会因素两种作用力量的影响，消费者的消费观念和偏好是最明显的社会因素。企业技术创新的动态特性主要表现为：

技术创新行为的多样性、路径依赖性和频率依赖效应。因此，在环境规制作用下，企业技术创新应关注技术多样性与短期成本的平衡，强调利基（niche）市场作用的发挥，并关注社会因素影响。

（1）关注创新技术多样性与短期成本之间的平衡。生态环境的破坏常伴随生物、经济、社会和文化等多样性的损失，通过占支配地位的生活方式、生产流程、技术类型表现出来，并因重复选择而导致"锁定"（lock-in）。生态环境问题的巨大不确定性要求技术、组织机构和制度必须保持一定的灵活性，以有效防止绿色技术创新因"锁定"效应而过早被锁入特定技术，降低风险损失。同时，还必须在技术多样性的长短期效率之间进行正确权衡取舍。传统环境规制政策过分强调短期效率。从演化的角度看，技术多样性提供了创新技术演化方向的多种可能性和选择。灵活选择技术创新类型可以为决策者带来巨大的经济收益和社会效益。为了避免被"锁定"在特定的技术上，必须综合考虑供需方的规模递增报酬、学习曲线效应等因素。

（2）应关注利基市场对技术创新的重要作用。利基是一种或多种相互关联的创新技术应用领域，为绿色创新技术的引进、学习、采纳和调整过程提供了动力，帮助克服新技术在发展初期面临的诸多障碍，节约使用成本，并促进互补技术的开发，推动技术进步的良性循环，是技术演化过程的重要组成部分。一个利基有利于改变现有观点和预期，并从创新主体对技术需求及技术性能的反馈中获益，反过来帮助企业做出正确决策。经济学家提出了旨在创造新技术的使用空间、协调技术变革动力机制的策略性利基管理政策方法。绿色创新技术会受到暂时的环境规制政策保护，免于正常的市场选择压力。

（3）应该关注社会因素的重要性。从协同进化的角度看，环境规制作用下的技术创新不仅受资源稀缺性和相对价格的制约，还受各种消费观念、偏好和文化等社会因素的影响。这些社会因素的变化会明显影响技术创新的方向和速度。消费者对绿色产品的偏好能刺激企业采纳降污减排、资源使用效率更高的技术，推动政府完善环境规制政策体系，绿色产品及绿色工艺也能促使消费者转变消费观念和消费模式，反过来促进绿色技术创新活动。

2.3.2.2 企业技术创新的动态价值链整合

在价值链视角下，创新主体经历研究开发设计、产业化应用和市场营销等动态过程，即从研发资源投入到技术创新成果的开发阶段，以及从技术创新成果到经济效益和社会价值的转化阶段，技术开发阶段反映了创新主体利用技术资源的创新能力；技术转化阶段反映了技术创新成果的转化水平。在环境规制的约束下，创新主体的技术创新能力和所处的价值链环节都会受到影响。基于以上分析，本书构建环境规制对企业技术创新能力影响的两阶段理论模型，如图2–10所示。该模型可有效反映环境规制水平及其他因素对技术开发能力和技术转化能力差异化的影响机制，摒弃了从创新资源投入到创新资源产出的传统观点，有助于创新主体从技术创新的价值链视角整合外部环境规制以及自身的创新资源和能力，以提升技术创新效应。该理论模型从技术创新活动的不同阶段揭示了环境规制及其他因素对技术创新活动的动态影响，更加符合技术创新活动的现实特征。

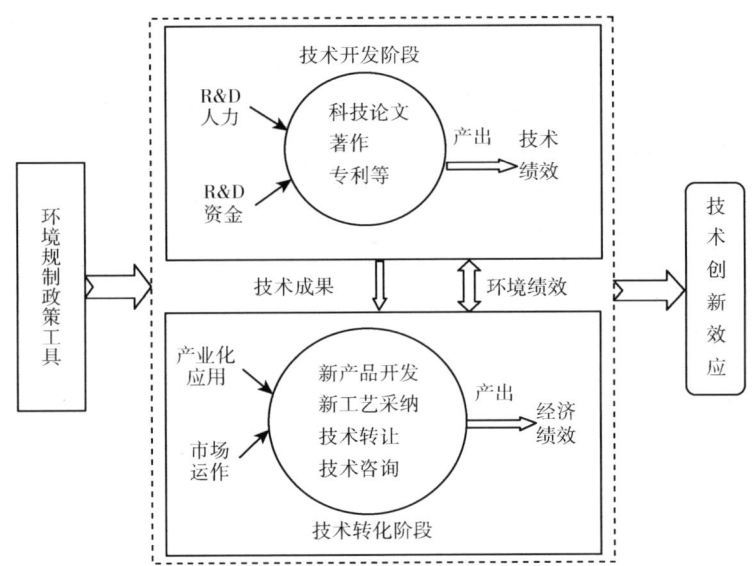

图2–10　环境规制与企业技术创新的两阶段理论关系

2.3.2.3　企业技术创新的动态模式选择

环境规制下的技术创新旨在降低能源投入，实现节能减排效果，将对环境的负面影响降到最低并补偿已经产生的生态环境破坏，尽可能不断提高生产效率，包括绿色工艺创新和绿色产品创新两种主要模式，其中绿色工艺创新是指采用先进的生产工艺、生产设备治理污染以减少排放；绿色产品创新旨在满足市场需求的同时降低整个产品生命周期对环境的破坏。企业为实现最优综合绩效，需要在特定的产品创新与工艺创新匹配关系下，选择正确的技术创新模式。

(1)基于生命周期的企业技术创新模式。

企业当前的产品和工艺特征决定了企业对创新模式的选择[188]。本书通过构建基于生命周期的"产品—工艺"矩阵,分析处于矩阵不同位置的企业技术创新特点,如图2-11所示。

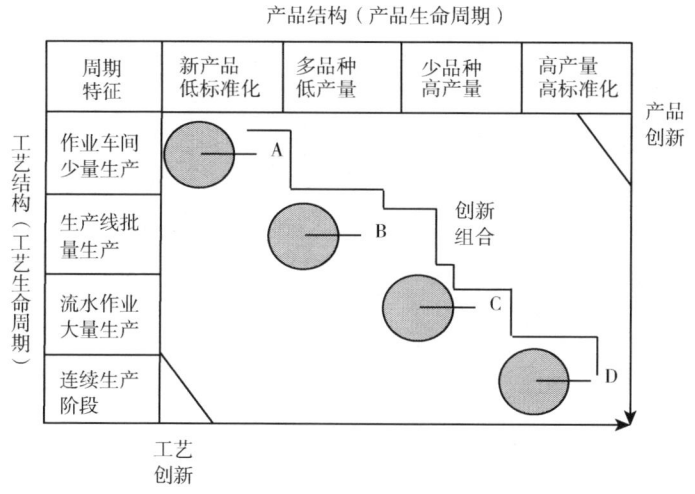

图2-11 "产品—工艺"生命周期矩阵下的企业技术创新模式

A类企业产品差异化效用明显,主要采取来料加工或委托生产方式,应采纳多种生产工艺以争夺产品差异化优势。因此,该类企业注重产品创新。而在工艺创新方面,多工艺特征导致资本密集的工艺创新会加重企业的成本负担和风险,因此该类企业倾向于低投入的灵活工艺流程,如采用末端污染物设备等。

B类企业和C类企业多采纳组合的创新模式,但产品创新与工艺创新的比例存在差异化。B类企业产品种类多但产量不高,产品更新速度快,更倾向于产品创新,增加产品线,追求产品差异化,产品创新成本由扩大的产品需求补偿。相反,因为企业主要采用分批生产,工艺创新难以满足不同批次的生产要求,而分批转换工艺又难以实现,企业对工艺创新的投入相对较少。相比之下,C类企业的产品种类较少,但供应量较大,则工艺创新占创新模式的比例会更大些,在下游企业对产品提出环保要求后,该类企业会被动进行产品创新。

位于矩阵右下角的D类企业,通常属于资本密集型企业,产品品种单一,但产量大、标准高,工艺多采取连续作业生产方式。这类企业难以获取产品差异化优势,产品创新空间有限,因此多倾向于工艺创新。另外,因工艺通常比较稳定,可以给企业带来明显的长期效用,所以D类企业依然会采纳减排效果明显且技术成熟的工艺创新。

由此可见，企业单一产品结构对应稳定的产品策略，丰富的产品结构强调产品的差异化；企业越是偏向定制化工艺，越应采纳灵活的工艺过程，避免成本高、风险大的工艺创新；大批量生产需要对应高效、稳定、资本密集的工艺创新。

（2）工艺创新和产品创新的匹配。

工艺创新和产品创新匹配对形成企业竞争优势具有重要作用。Utterback 和 Abernath[189]基于产品生命周期理论，引入主导设计概念，以产品创新为中心，提出了创新的动态过程模型，认为技术生命周期的变化影响企业创新类型和程度，如图 2 - 12 所示。

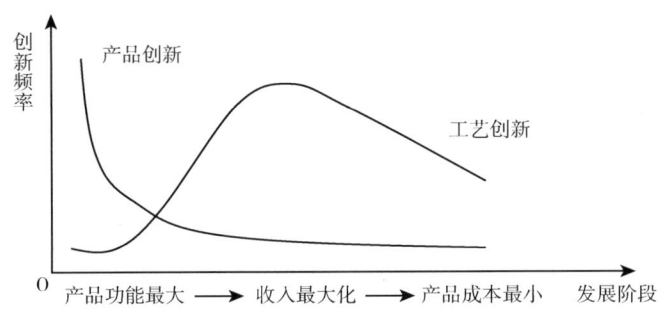

图 2 - 12　产品创新和工艺创新的动态模型

此后大量研究证明，提高技术创新绩效的关键因素之一在于有效协调产品创新和工艺创新。Abernath 和 Utterback[190]提出了 A - U 模型，如图 2 - 13 所示。将产品创新、工艺创新划分为流动阶段、转移阶段与专业化阶段，技术生命周期

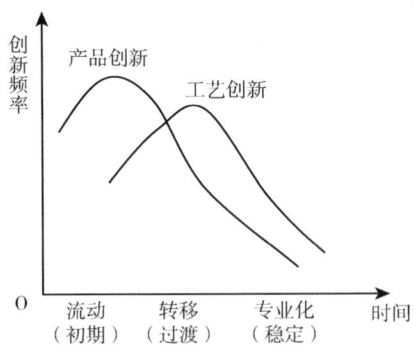

图 2 - 13　A - U 模型

划分为初期、过渡、稳定三个时期段。在初期阶段,通常产品创新率高于工艺创新率;随着工艺创新率逐步提高和产品创新率的下降,进入过渡阶段,此时产品创新率低于工艺创新率;在技术发展稳定阶段,产品创新率和工艺创新率都呈下降趋势,两者比率逐步趋于平衡。

此后我国也有学者研究了创新模型,提出了一次创新和二次创新的概念,一次创新主导了技术范式和技术轨迹的形成;二次创新在技术引进的基础上进行,沿既定技术轨迹发展并受囿于已有技术范式。吴晓波[191]在 A – U 模型基础上,提出了适用于发展中国家基本国情的二次创新模型,如图 2 – 14 所示。发展中国家因地制宜地将从发达国家引进的先进技术进行改进,实现二次创新,工艺创新的频率较高。继而,结合新的生产条件与市场需要创新产品设计,逐步提升产品创新率,消费者的绿色消费需求迫使生命周期持续时间增长,可能产生更多替代品,一个需求生命周期可能涵盖多个产品生命周期,并衍生出产品、工艺和市场创新。姚志坚[192]据此建立了产品生命周期和需求生命周期的综合 A-U 模型,如图 2 – 15 所示。当发生技术跃迁时,市场上新旧产品的争夺异常。但是长期来

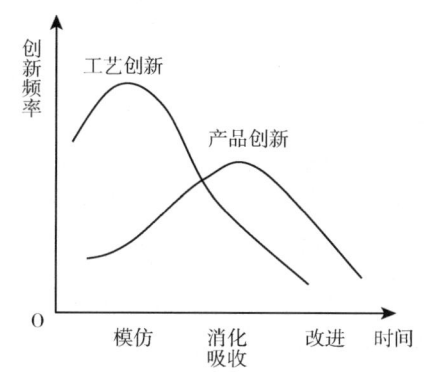

图 2 – 14　二次创新模型

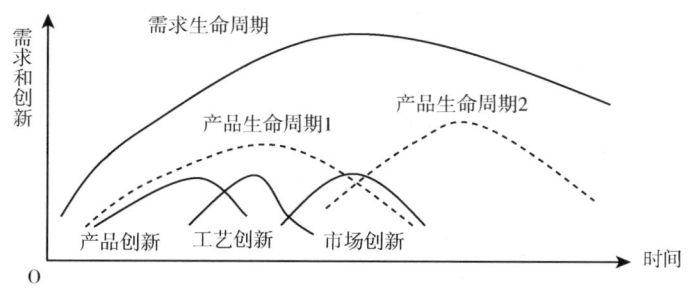

图 2 – 15　产品生命周期和需求生命周期的综合 A – U 模型

看,创新技术必然会战胜落后技术。此时,规制政策的引导对避免市场恶性竞争发挥着重要作用。

古利平和张宗益[193]结合市场条件、产业规模和创新特点,建立了中国制造业创新模式的三阶段模型——基础形成、快速发展、创新升级,如图 2 – 16 所示。

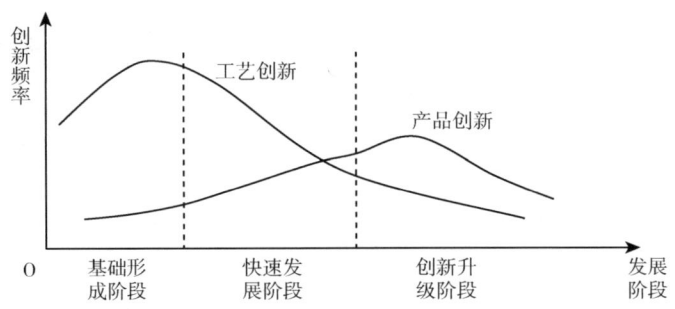

图 2 – 16　面向中国制造业的三阶段创新模式模型

(3) 环境规制下的企业技术创新模式选择。

从理论上来看,企业选择绿色工艺创新是为了减少污染排放、降低生产成本;选择绿色产品创新是为了满足环境规制所带来的绿色消费市场。环境规制作用下绿色工艺创新和绿色产品创新的匹配模式呈现出新特征。

第一,国际贸易对绿色技术创新匹配模式的影响。

世界经济一体化打破了国际贸易的环境规制壁垒,为了减少出口限制造成的负面影响,大量从国外引入先进的绿色生产技术。开展绿色技术创新的企业大多是外向型企业,而且绿色工艺创新占主导,面临的主要问题就是提升国外技术的引进、消化、吸收能力。我国企业在二次创新基础上已逐渐积累了创新经验,提升了自主研发能力和绿色产品创新能力,企业绿色产品创新频率开始提高,创新重点由绿色工艺创新转向产品创新。

第二,市场买方势力对绿色技术创新模式的影响。

环境规制政策实施初期,消费者对绿色产品或者服务的需求不明显,买方势力较弱,议价能力不强,企业具有相对较高的利润空间,会进一步通过工艺创新降低排污量和成本,以在现有市场上攫取更大的利润。随着消费者环保意识的增强,其绿色消费需求在市场上占据主要势力,通过较强的议价能力压缩企业的利润空间,此时企业面临买方市场,倾向于开展绿色产品创新以开辟新市场,进而获得和买方势力抗衡的优势力量。因此,在绿色产品买方势力较强的市场上,更有利于促使企业实施提供绿色消费功能的产品创新；在买方势力较弱的市场上，企业主要致力于降污减排和提高绿色生产率的工艺创新。

第三，企业特征和产品特征影响企业绿色技术创新的匹配模式。

企业应该根据自身特点在产品创新和工艺创新间选择合适的比例。Michael Fritsch 等人认为，大规模企业倾向于选择工艺创新，而小规模企业则侧重于产品创新，企业规模对工艺创新相关性大于产品创新。Catlois[194]认为，如果小规模企业通过加强合作分摊系统风险，则面临相同的环境更倾向于工艺创新。生产中间产品和最终产品的企业存在不同的绿色产品创新和工艺创新匹配方式。由于中间产品不直接面向终端市场，对绿色产品创新的速度和频率要求不高，而更倾向于绿色工艺创新。生产最终产品的企业侧重产品差异化，因此更关注绿色产品创新。如果企业的产品需求弹性大，消费者对企业产品价格的反应敏感，降低价格会给企业带来更大的利润，因此企业会重视资源节约型的绿色工艺创新以降低生产成本；反之，如果需求弹性小，产品价格变化带来的效果不明显，企业通常会通过丰富的产品线增大产品需求，追求更高利润，这将促使企业开展绿色产品创新。

第四，绿色产品创新和绿色工艺创新的协同。

市场绩效取决于产品创新和工艺创新的合作机制。没有绿色工艺创新就不能实现持久的绿色产品创新；绿色工艺创新取得成功后，可以用创新工艺生产出更多新产品，激发绿色产品创新，两者的协同发展可以产生"1+1>2"的效应。随着产品生命周期逐渐成熟，企业会逐步增加工艺创新投资，而减少对产品创新的投入。产品创新和工艺创新存在明显的交互作用，应该在积极利用企业内外部资源、降低环境规制成本的同时，实现最优的产品替代和最小生产成本，实现绿色产品创新和绿色工艺创新的协同。

因此，为了建立持续竞争优势，管理者应该抓住政府加大环境规制的契机，积极开发绿色技术创新，合理安排产品创新和工艺创新的投资比例，使其在子系统有序状态下实现协调发展，取得良好的技术创新绩效。

2.3.2.4 企业技术创新的动态演化轨迹

企业技术创新是一个随着时间、条件变化的动态演化过程。企业适应外部条件的动态能力是可持续竞争优势的来源所在，核心是企业的技术能力。只有做出最佳技术创新决策的企业才可以占据市场优势。企业技术创新的动态演化轨迹以技术为核心，环境规制、可持续竞争优势与企业技术创新间的互动关系是影响其动态演化轨迹的重要因素。

（1）环境规制与企业技术创新的互动。

实现生态环境与经济发展的和谐是环境规制的理想目标。但是，环境与经济存在替代性，环境规制政策的制定和执行存在一定的阻力。降低环境规制政策的不确定性因素，有助于企业明确预期实施技术创新的效果，增强技术创新的动力。而且环境规制的持续性与时间因素有关，环境规制持续时间越长，企业越倾向于时间跨度大、回收期长、环境效率高的技术创新项目。通过解决信息不对称问题可以改善环境规制完备性，当政府掌握企业真实的环境行为时，就可以降低企业"逆向选择"和"道德风险"的概率，企业技术创新就更有助于环境规制目标的实现。

另外，企业技术创新通过反馈环境规制效果，对环境规制政策的调整产生负面影响。"规制俘虏理论"认为，利益集团的寻租活动使规制者成为"俘虏"，共同参与利润分享，政府规制成为企业追求利润的手段之一。一方面，技术创新领头企业极有可能游说政府制定更严格的环境规制政策，以设置更高的进入壁垒；另一方面技术创新效应不明显的企业会尽量拖延和阻碍环境规制政策的制定与实施，以争取更多的时间和机会应对严格的环境规制。

（2）可持续竞争优势与企业技术创新的互动。

随着环境规制政策的强化和消费者绿色消费偏好的增强，自然资源和生态环境的约束对企业的持续性竞争优势提出了新的挑战。企业可持续竞争优势要求实现经济绩效、社会绩效与环境绩效的协同，而技术进步水平和技术效率是构筑企业可持续竞争优势的关键要素。技术创新是企业获取竞争优势的重要来源。环境规制引导企业从传统技术范式向绿色技术范式转换，创新方向影响企业竞争优势的发挥。技术创新有助于降低环境规制给企业生存发展带来的风险，提高企业应对环境规制和市场竞争的能力。路径依赖效应使企业现有竞争优势具有一定的稳定性和延续性，表现出处理环境问题的惯性，推动企业技术创新沿着既定模式发展，促使企业开展绿色技术创新活动。

因此，企业应该重视技术创新的动态规划，及时根据外部环境的变化，调整企业技术创新决策，实现从"末端治理技术"到"绿色创新技术"的跨越，在产品创新和工艺创新上形成良性互动，积累创新能力，有效提升生态文明建设优势。

企业技术创新的演化轨迹如图 2-17 所示。随着环境规制由宽松到严格，企业技术创新决策经历了"不考虑环境的传统技术创新—末端治理技术创新—绿色工艺创新—绿色产品创新"的演化过程,环境规制约束下的企业可持续竞争优势逐步增强。

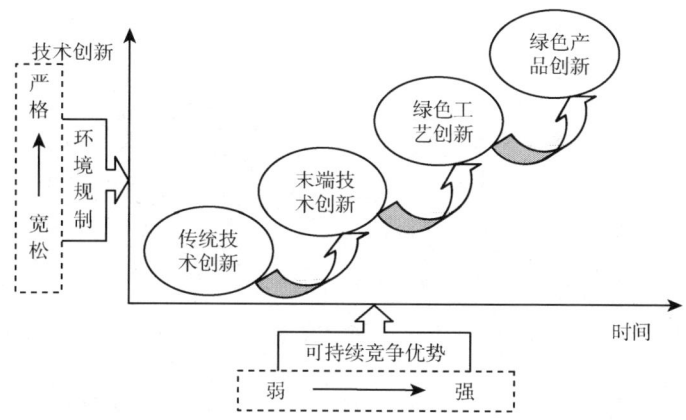

图 2-17　企业技术创新的动态演化轨迹

2.4　研究理论分析框架的构建

在明确环境规制和企业技术创新相关概念基础上,结合第 1 章国内外相关研究进展的综述,以及本章关于环境规制影响企业技术创新的基础理论梳理和环境规制影响企业技术创新行为的理论分析,本书基于如下研究前提展开:

首先,环境规制不仅对企业技术创新存在非线性直接作用效应,而且通过关键中介变量间接地影响企业技术创新。

其次,虽然环境规制作为企业行为的外部约束性条件存在,但是依然可以结合不同环境规制政策工具对企业技术创新的作用模式和影响效果差异,调整规制政策工具组合以在最大程度上实现对企业的创新激励作用。

再次,环境规制的技术创新效应存在地区、行业和企业异质性,但是本书将研究视角集中于环境规制对企业技术创新影响的一般性理论分析,并鉴于影响效果受到地方政府"晋升锦标赛"的影响,地区资源禀赋、经济发展水平等方面的差异导致各地区对经济增长、环境质量的诉求出现差异,影响环境规制的创新效应,因此,在实证部分以地区数据资料为样本,检验环境规制对企业技术创新的影响效果和地区差异。

最后,环境规制对企业技术创新的影响效果因创新类型不同而存在一定差异；环境规制既作用于不同的企业技术创新行为，也影响企业的技术创新效率。

结合前面的理论基础和研究前提界定，构建本书研究的关键问题及理论分析框架，如图2-18所示。

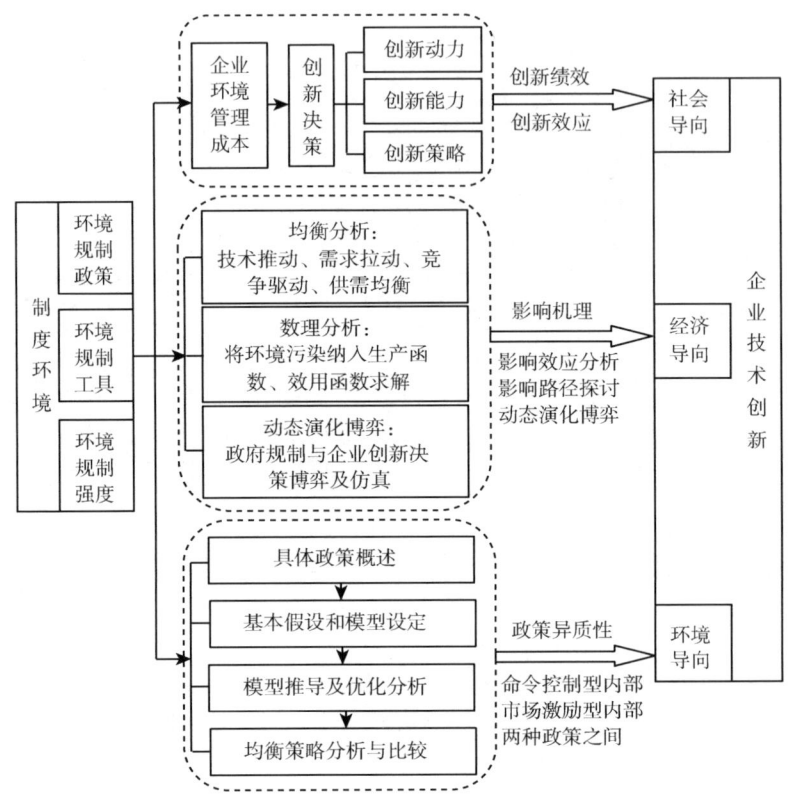

图2-18　环境规制影响企业技术创新的理论分析框架

具体包括以下几个部分：

（1）明确本书研究的关键问题。环境规制类型、规制工具和规制强度都作用于企业的环境管理成本上，企业以技术创新作为降低环境管理成本的有效应对策略，从创新动力、创新能力和创新策略方面分析特定环境规制政策下的企业创新决策，以提高企业创新绩效和效应，实现环境绩效和经济绩效的"双赢"。

（2）探讨环境规制政策对企业技术创新的影响机理。规范分析环境规制对企业技术创新的直接效应和间接效应；考虑技术推动、需求拉动等影响企业技术创新的关键动力因素，运用供求均衡对环境规制影响企业技术创新的路径进行经济学分析；将环境污染纳入生产函数和效用函数，结合动态演化博弈和数值仿真方法，探讨政府环境规制政策与企业技术创新的混合均衡策略调整。

(3) 剖析不同环境规制政策和强度对企业技术创新影响的差异。通过设定前提假设条件构建生产函数、效用函数，并结合博弈分析求解均衡策略，以比较不同环境规制政策对企业技术创新的影响差异。

2.5　本章小结

本章首先通过界定环境规制、技术创新等相关概念，明确了本书的主要研究对象；其次，通过回顾"波特假说"的提出及基本观点，剖析其理论基础，并结合外部性理论和制度理论为环境规制作用的发挥提供了理论依据；再次，结合企业技术创新的动力机制、成本—效益、"进入—退出"壁垒，探讨了企业应对环境规制的技术创新行为和动态演化；最后，结合研究假设，构建了包括关键研究问题、影响机理、不同环境规制政策和强度对企业技术创新影响差异化的理论分析框架，以研究环境规制政策对技术创新或正，或负，或不确定性的影响，规制政策类型和强度、技术创新类型和内容以及规制对象本身的特性是否影响环境规制对技术创新的作用方向、强度和绩效，为后面的研究奠定了基础。

第3章 环境规制对企业技术创新的影响机理研究

本章主要回答三个方面的问题：(1) 环境规制对企业技术创新具有怎样的影响效应？(2) 环境规制如何影响企业技术创新，影响路径如何？(3) 环境规制对企业技术创新的影响作用是否随规制政策和强度变化存在动态调整，存在怎样的均衡策略关系？

3.1 环境规制对企业技术创新的影响效应分析

环境规制的技术创新效应包括"补偿效应"和"抵消效应"共同作用的直接效应，以及基于中介变量影响的间接效应。

3.1.1 环境规制对企业技术创新的直接影响效应

科技进步对生态环境的影响是把"双刃剑"，虽然先进技术是解决环境问题的关键，环境保护领域的技术革新引领环保意识、环境管理战略与污染治理能力的跨越发展，但在利用科技治理污染、改善环境时，并未达到所追求的目标，却反而导致现代环境危机，技术创新能否真正成为经济发展和环境保护的强大支撑，关键在于技术创新方向的把握和引导，只有将环境规制政策与技术创新紧密结合，才能引导技术创新在生态文明建设过程中的作用，成为推动环境保护的最有效手段。在外部环境规制政策约束下，依靠技术创新是社会经济系统演化与进步的根本动力。

环境规制影响企业技术创新的成本和收益，进而改变技术创新的供给与需求，通过重新配置企业资源在技术创新活动中的投入，影响企业技术创新的时机、程度和规模。环境规制通过积极的"补偿效应"和负面的"抵消效应"影响企业技术创新,如图3-1所示。

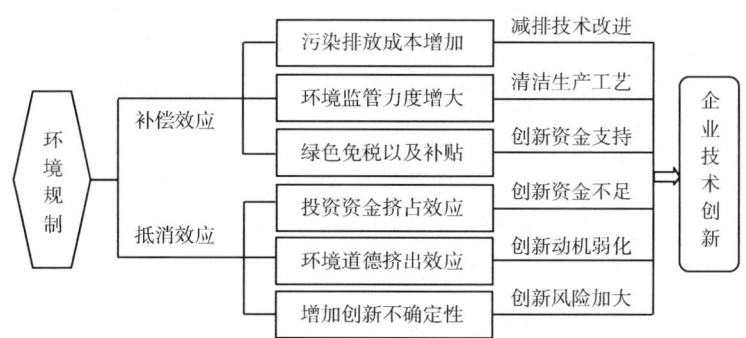

图3-1 环境规制对企业技术创新的直接影响效应

在不同的环境规制水平下,"补偿效应"和"抵消效应"作用大小不同。规制初期,环境规制的"创新补偿"效应往往落后于"抵消效应"。在环境规制水平日渐严格的过程中,企业由服从逐渐变为创新,随着规制的加强将刺激企业通过提升技术水平等方式降低成本,"创新补偿"效应会逐渐超越"抵消效应"。

3.1.1.1 补偿效应

由于环境问题的负外部性、技术外溢效应等因素,处于传统技术范式下的企业,缺乏技术创新的内在动力机制,只有依靠环境规制等外部制度的约束,企业才可能考虑技术创新。

(1) 环境规制政策的实施增加了企业的环境成本,驱动企业采纳创新技术降低成本。环境规制通过制定相关标准等措施,限制企业生产过程中污染物的排放额度,通过增加资源的使用成本,影响资源在企业生产函数中的权重。一旦实施环境规制,企业就必须努力通过改良并采纳先进的污染治理技术,减少污染排放量,实现资源节约和循环利用,满足相关环境规制标准规定,为此增加了因排污而承担的社会成本。企业通过采纳先进的减排技术,抵消满足环境规制标准的"遵循成本",消化额外成本,实现"创新补偿效应"。采纳创新技术不仅能满足环境规制标准,而且有利于增强企业实力。

(2) 环境规制监管力度强化影响环境合法性的实现,迫使企业改良生产工艺。环境合法性威胁企业的生存和发展,环境规制监管力度逐步增强,对企业超标排污、漏报谎报排污量等进行罚款、限期治理、停产整顿等。企业为避免高昂的处罚成本，规避风险，会加快技术创新以满足环境规制要求。2012 年查处和重点督办了 93 起环境案件。2013 年底至 2014 年初，环境保护部检查了 2012 年的 93 起环境案件的执行处理处罚和整改落实情况。其中，70 起案件涉及的环境问题已处理，处罚、执行及整改基本到位，占总案件的 75.3%；19 起案件处罚措施已经基本执行到位，整改尚未完成，占总案件的 20.4%；4 起案件（鞍山钢铁集团公司化工总厂三期技术改造工程、哈尔滨亚麻纺织有限公司、广西百色融达铜业有限责任公司和铜陵市城北污水处理厂）并未开展有效的整改工作，占总案件的 4.3%。通过整改，22 家企业或生产线被取缔关闭，21 家企业停止使用相关设备或停止生产，4 家企业停止建设未批先建的生产线，27 家企业对"三废"、噪声污染环境、建设项目违反环保规定等问题基本整改到位。因此，企业通过改良生产工艺，提高企业生产率水平和治污能力，避免受到环境监管的处罚。

（3）政府采取绿色补贴给予企业一定的创新资金支持。政府的环境规制政策在强调环境标准的同时，在财政政策和产业政策等方面为企业技术创新提供相关支持。一方面，政府通过绿色补贴措施解决企业创新资金不足的问题。另一方面，要求政府调整配套的相关政策以达到环境保护的目的，并推动绿色技术创新。例如，调整现有能源价格政策，以全面反映环境成本；或者对使用清洁能源给予一定的政策优惠等。

3.1.1.2 抵消效应

环境规制对企业技术创新的抵消效应主要表现在环境规制的挤占效应、道德挤出效应和创新风险三个方面。

（1）环境规制的挤占效应导致企业技术创新资金不足。首先，环境规制挤占政府投入导致社会成本增加。美国环境保护局（EPA）估计 1981~1990 年企业执行《清洁空气法案》和《清洁水法案》的成本支出是 425 亿美元。然而，由于收入下降对储蓄和投资产生了影响，导致社会成本超过了简单支出法的估计量。其次，环境监管挤占企业的技术创新资源。为应对环境规制，企业不得不将有限的资源转向环境检测、监测和报告等环节，导致技术创新投入不足；若企业面对环境规制不采取任何措施，则需要承担规制处罚金，挤占企业生产、管理等正常开支。美国证据表明，环境规制所增加的额外成本减少了企业对基础研究的投入。最后，企业花费更多的资金和时间用于污染治理，挤占生产管理和技术创新的资金和时间。随着环境规制的增强，环境成为重要的生产要素，进而影响污染产品产量。环境规制日益严格会迫使企业投资更先进的治污设备，支付更高的污染治理设施运行费用和污染治理成本，最终导致有限的资金投入治污领域，而难以满足技术创新所需的大量投入。同时，环境规制促使污染企业的生产和投资转向环境规制相对宽松的地区，产生所谓的"污染天堂"。污染产业的转移降低了当地企业创新资源投入份额。

（2）环境规制的"道德挤出效应"降低创新动机。法律是最低程度的道德标准，假设排污主体是"理性人"，基于创新成本和收益决定是否采纳技术创新决策。但是，在公平和正当的法律面前，企业守法的一个重要原因是希望其行为符合道德和法律，并非完全按照违法成本和守法收益衡量，当环境保护成本在企业的承受范围之内时，按照其环境意识行事。诸如排污权交易等市场激励型环境规制政策趋向于弱化规制法规的指引、教育、评价等规范作用，因为该制度仅指引和教育减排收益高于成本的排污企业，并将购买排放额进行超额排放合法化，环境道德认知减损。但排放标准等命令控制型环境规制则明确指引和教育企业的减排行为，并对超标排污作出负面评价。因此，市场激励型环境规制产生明显的"道德挤出效应"，而命令控制型环境规制对排污主体具有明确告知不得从事环境污染行为的功能，在某种程度上强化行为人的环境道德意识。"道德挤出效应"弱化了企业的绿色技术创新动机。

（3）环境规制增大了技术创新风险。环境规制使技术创新除了满足经济目标之外附加了环境保护目标，双重约束加大技术创新风险，企业技术创新的复杂化和技术创新绩效的不确定性也随之增大。在环境规制政策执行方面，由于政策的多变性，以及中央和地方、不同的规制机构之间缺乏协调，增加了创新过程中的不确定性。爱尔文·费勒指出，美国的技术政策长期为政策稳定性和灵活性以及计划设计与执行中的不确定性所困扰。

3.1.2　环境规制对企业技术创新的间接影响效应

环境规制除了通过资源配置产生直接的企业技术创新效应之外，还通过产业集中度、企业环境管理战略、公众环境偏好、外商直接投资（FDI）等产生间接效应，如图3-2所示。

3.1.2.1　基于产业集中度对企业技术创新的影响效应

经济可持续发展受到日益趋紧的环境规制约束时，产业结构的"绿色化"

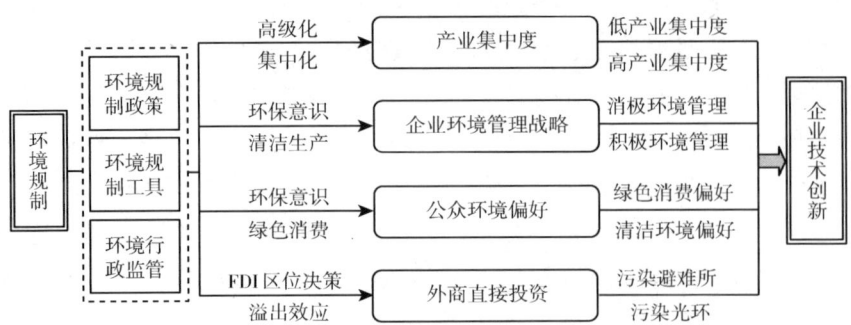

图3-2 环境规制影响企业技术创新的间接效应

调整成为解决"保增长、促减排"的重要途径。环境规制加重了高污染企业的"环境遵循成本"负担，倒逼着高污染企业淘汰落后产能向绿色清洁型产业转化，合理的环境规制标准有助于地区企业群体的强制性"精洗"，从而驱动着地区产业结构"绿色化"调整和污染减排，影响产业集中度[195]。产业集中度的高低导致企业技术创新的动力与能力各不相同。政府政策影响产业集中度的变化，并作用于企业行为。产业集中度的变化作用于资源消耗方式和排污水平，而环境规制和恰当产业集中度的耦合恰恰要求积极发展低能耗、低排污、高科技含量和高附加值的绿色产业，实现生态文明建设和经济社会的可持续发展。环境规制通过筛选效应、成本效应、壁垒效应、社会需求和规模效应等影响产业集中度，并作用于企业技术创新，其影响方式可以按照SCP范式进行分析，如图3-3所示。

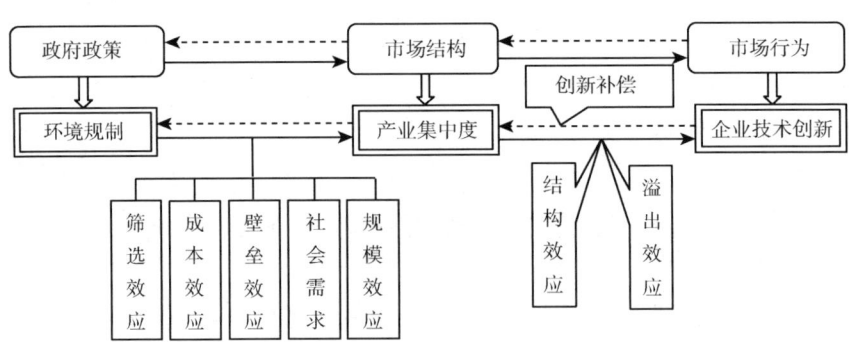

图3-3 环境规制作用下产业集中度对企业技术创新的传导机制

(1) 环境规制在很大程度上提升了产业集中度。

①环境规制通过筛选效应鼓励新型高技术环保产业发展。受资源禀赋、地理位置、历史遗留等因素影响，产业发展对资源的依赖程度、技术创新能力和对环

境承载力存在地区差异,如"高投入、高消耗、高污染"的资源依赖型产业区,其经济发展对高技术水平的依赖度不强。因此,环境规制政策实施之前,应将产业划分成高、低技术产业区。在环境规制压力下,地方政府叫停污染严重、产能过剩的企业,促使产业集中度发生变化。

②环境规制通过成本效应调整产业集中度。在环境规制作用下,企业可以通过提高产品价格将增加的环境成本转嫁给消费者,但会减少消费需求,进而影响产业集中度。基于比较优势理论,企业充分利用环境规制政策和强度差异,将选址定位于规制较弱的区域,必然导致产业集中度的调整问题。上述措施依然无法补偿和消减环境规制成本时,企业可能通过减少污染生产投资或转向清洁生产,改变投资结构或投资需求,随之调整产业集中度。中小企业无力支付罚金等环境成本时,会被其他大企业兼并或被清除出市场。环境规制促进了行业内的资源重新配置,按照"生物进化论",能够承担环境规制成本或符合规制标准的企业可以存活,进一步获取更多的生产要素和资源,实现更快成长。

③环境规制通过需求效应影响产业集中度。政府环境规制政策作用于经济系统,对投资需求和消费需求必然产生一定的影响,两种需求的变化都将影响到产业结构,如图3-4所示。一方面,环境规制影响投资需求总量及结构。在生产过程中,污染物作为副产品被生产出来,假定外生条件不变,则追加投资扩大再生产势必会增加污染排放,随着人们环保意识的增强,政府为限制企业的排污行为,制定更为严格的环境规制政策,从而降低了投资需求总量。同时,环境规制迫使以追求超额利润为目的的企业将投资转向能耗低、污染少的产业,投资结构发生变化,从而影响了产业集中度调整。另一方面,环境规制也会影响消费需求。环境规制的实施进一步强化了人们绿色消费偏好,由污染产品消费转向绿色环保产品消费,改变了人们的消费结构,进而影响产品的供给结构,调整消费性产业和中间品生产性产业的发展比例,改变消费与投资的比例关系,导致产业集中度发生变化。

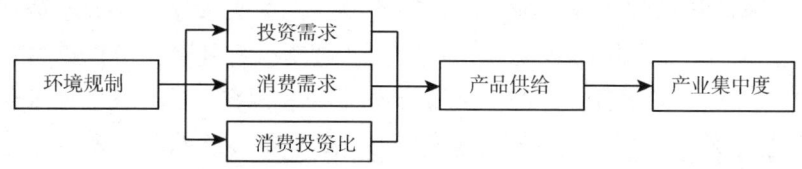

图3-4 环境规制基于社会需求对产业集中度的影响机制

④环境规制通过壁垒效应影响产业集中度。环境规制通过提升企业的市场进入壁垒和降低退出壁垒,进而提升所在产业的集中度。

⑤环境规制通过规模经济效应调整产业集中度。环境规制迫使企业增加资本投资,采用更安全、环保的机器设备和工艺流程,提高产品质量、减少污染排放以达到环境规制要求。在规模经济效应作用下,企业生产经营成本尤其是固定成本增加使企业最小有效规模增大。由于中小企业不具备雄厚的市场实力和巨大的市场影响力,面临更为严格的环境规制标准与监管,导致中小企业相对于大企业的竞争劣势变得更加严峻。因此,环境规制在一定程度上增加了大企业市场份额,导致中小企业日渐萎缩甚至退出市场,产业集中度上升。

(2) 技术溢出和恰当合理的产业集中度促进企业技术创新。

环境规制因筛选效应将产业区进行划分,技术溢出使低技术产业区在环境规制压力下向高技术产业区学习,向前推进整体生产前沿面,通过不断学习新的生产技术和排污技术,提高技术创新能力和水平。当产业集中度较低时,过度竞争影响创新投入,企业缺乏承担创新风险的能力,其短期行为制约了中长期的技术创新。随着集中度的增长,垄断程度提高,出现具有高风险承担能力和雄厚资金实力的大企业和产业,有利于达到技术创新所需的能力和条件,进而提升创新和研发投资率,当集中度高到一定程度时,创新开始下降。因为高产业集中度的市场结构进入门槛高,缺乏潜在竞争的威胁,导致创新动力不足。低集中度的市场中存在大量创新资金匮乏、研发能力低的小规模企业,由于进入门槛低,创新很容易被进入市场的竞争主体模仿,创新收益溢出,大大打击了低集中度水平下企业的创新积极性。因此,从理论分析的角度来看,过高或过低的产业集中度都不利于企业的技术创新,适度集中最有利于激发企业的创新活动。

3.1.2.2 基于企业环境管理战略对企业技术创新的影响效应

(1) 企业环境管理战略概述。

企业战略是与企业发展相关的目标制定、价值选择等一系列重大问题。面对政府环境规制政策的强化和公众环境偏好的增强,企业在综合考虑外部环境和内部条件的基础上做出积极的环境规划及行为,主要涉及制定环境保护目标、改进环境管理系统、成立环境监督管理机构、投资环保设备、开展绿色技术创新、选择清洁工艺以及生产清洁产品等总体规划,应对生态环境问题、实现经济效益和环境效益的双赢,即环境管理战略。企业技术创新是环境管理战略的重要组成部分。根据企业在环境保护问题上的行动战略态度,学者们对企业的环境管理战略进行了分类,笔者参考杨德锋、杨建华[196]的研究成果,并结合相关文献整理如表3-1所示。

表 3-1 企业环境管理战略分类

作者（年份）	企业环境管理战略分类
Hunt & Auster（1990）	初学者、救火员、守法者、实践者和前瞻者
Oliver（1991）	默许、妥协、躲避、违抗和操纵
Roome（1992）	对抗、妥协、协调、经济与环境最优、领导地位
Cochran 和 Watrick（1995）	主动型战略、防御型战略、对抗型战略和妥协型战略
Hart（1997）	污染防治、产品责任、可持续发展
Aragon-Correa（1998）	领导型、顺从型、环境卓越型、不服从型、超越顺从型
Sharma & Vredenburg（1998）	反应型和前瞻型
Berry & Rondinelli（1998）	处理环境危机并控制损失的危机模式、尽量跟踪环境政策的成本模式、通过事前防治的永续企业模式
Henriques & Sadorsky（1999）	反应型、预防型、适应型和前瞻型
Slater（2000）	因应战略、不动战略、互动战略、预应战略
Sharma & Henriques（2005）	污染控制、生态效率、再循环、生态设计、生态系统管理和业务重新定义
Murillo-Luna 等（2008）	被动反应、关注环境规制反应、关注利益相关者反应、全面环境质量反应
马中东和陈莹（2010）	规制应对型和消极策略型的消极环境管理战略，以及风险规避型和机会追求型的积极环境管理战略
胡元林和杨雁坤（2015）	主动型环境管理战略和被动型环境管理战略

综上所述，可以将企业环境管理战略分为消极和积极两大类。消极环境管理战略是指采用短期、末端治理的方式降低污染排放，消极执行环境规制；积极环境管理战略是指企业通过全过程治理，更新改造污染治理设施，开展绿色生产和经营，积极主动地满足环境规制要求。

（2）环境规制有利于催生积极自愿的环境管理战略。

随着生态文明建设意识的增强，企业履行社会责任、保护生态环境成为不可推卸的义务。Henriques 和 Sadorsky[197]分析了加拿大环境规制对企业战略的影响，认为环境规制促使企业制定环境友好型发展战略。Kagan 等[198]认为环境规制促使企业增加污染控制投资。Gangadharan[199]指出环境规制迫使企业加强环保教育和培训，并重视环境管理实践。Maria 等研究表明，市场激励型环境规制政策比命令控制型环境规制政策更显著地促使企业采取积极主动的环境友好型行为。环境规制对企业环境管理战略的驱动模型如图 3-5 所示。

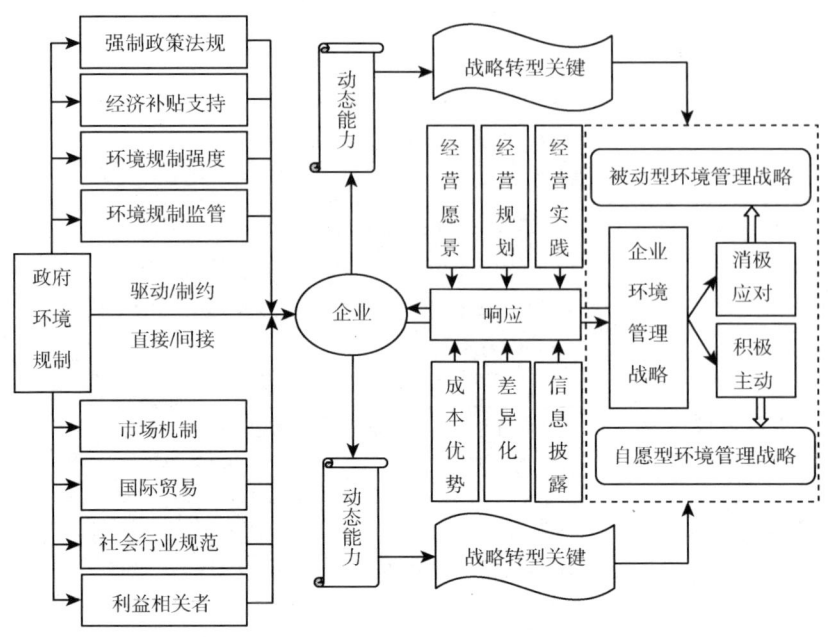

图 3-5　环境规制对企业环境管理战略的驱动力模型

环境规制促使企业整合内部竞争优势，实现动态能力调整，包括感知环境的能力、学习吸收的能力、整合资源的能力、创新转型的能力、沟通协调的能力。环境规制要求企业保持足够的敏感性，充分认识环境规制所带来的机会或威胁，通过外部学习和内部吸收融合来获取先进的绿色知识和技术，在学习现有知识和能力的基础上，企业结合自身情况积极通过优化配置资源以采取恰当的行动，提供绿色产品或服务，构建绿色生产流程能力，实现技术创新推动下的绿色转型，并协调与各利益相关者的关系，建立健全的绿色链条和广泛、牢固的绿色战略联盟。环境规制逐步促使企业动态能力的进化和提升。

环境规制政策、规制强度以及环境规制监管都作用于企业经营战略，而且通过市场机制、国际贸易、社会行业规范、公众环境偏好等影响企业的战略和行为，使企业经营愿景、规划和实践都体现环保导向，引导企业补偿环境规制成本以取得成本优势、追求产业和服务差异化满足消费者的环境偏好、通过环境信息披露方式提高企业声誉。也有企业采取消极抵制的方式避免环境规制给企业带来负面影响。环境规制作用下形成了消极应对的被动型环境管理战略和积极主动的自愿型环境管理战略两大类。自愿环境管理是指在自愿自觉基础上，通过自愿协议或契约的方式，建立政府、企业与其他组织间的相互制约关系，承诺改进环境质量或提高资源利用效率的环境管理方法，有利于促进企业改进环境管理行为，实现柔性环境管理，达到节能减排并提高环境质量的目的。

在环境规制的直接诱发及通过对企业动态能力影响的间接推动下，促成了企业的环境管理战略转型，主要体现在对转型时机的及时准确把握、转型战略支撑体系的构建、具体转型路径的形成三个关键方面。首先，动态能力的提升使企业具备了较强的环境感知能力，以便及时把握环境战略转型时机。其次，企业环境管理战略转型需要有相应的能力予以支撑，学习吸收能力、资源整合能力、创新能力都为环境管理战略转型提供了有力支撑。最后，企业环境管理战略转型涉及转型路径的选择、调整、改进及重塑。环境规制促使企业采取成本优势或绿色差异化策略以获取竞争优势，进而形成环境管理战略依赖的主要路径。综合企业的应对策略和环境管理战略转型的三个关键方面，企业在环境规制日益健全和强化的外部环境下，为获取持续的竞争优势，从消极被动型环境管理战略转型为积极主动的自愿型环境管理战略，更加重视内部环境管理，实施环境保护培训，增加污染控制投资，减少污染排放，努力向清洁能源工业转型，注重清洁生产革新。

（3）消极被动型环境管理战略对企业技术创新的影响。

消极被动型环境管理战略包括被动抵制和消极防御，企业往往缺乏环境治理的意愿，通过主营业务收益弥补内部化的环境成本。从短期来看，这种经济增长方式以浪费资源、牺牲环境为代价，换取企业短期的高收益和竞争力的暂时提升；但从长期来看，企业会面临较高的机会成本。随着环境污染的加剧和环保压力的增大，以及环境规制成本的急剧上升，消极抵制的被动型环境战略难以满足规制要求，使企业面临严厉的经济或行政处罚，与享有良好声誉的企业竞争时毫无优势可言，影响企业的运营业绩和长期盈利能力，对企业的竞争力造成严重威胁。

当企业采取被动抵制环境管理战略时，会被动接受或者抵制环境规制，认为环境规制会增加企业成本，企业的技术创新将环境因素排除在外，主要以提高生产效率、节约经营成本、增加经济收益为选择创新行为的标准。但是，当绿色创新效益远大于要素投入时，"被动型"企业也倾向于采纳低能耗、低污染的创新行为，提高企业资源利用效率。

当企业采取消极防御环境管理战略时，通常持谨慎的技术创新态度。在环境规制约束下，企业基于创新成本和违法成本的比较，做出是否开展以遵从环境规制最低标准和要求为目标的技术创新活动，通常会选择能提高资源利用率、降低企业排污成本的绿色技术。但是，由于末端技术的投入少、运行风险低，防御型企业基于谨慎性考虑，主要选择末端技术创新。

（4）自愿型环境管理战略对企业技术创新的影响。

企业自愿型环境管理战略具有前瞻性，由被动管理变为主动管理，包括积极适应和主动进攻，有助于降低政府和企业信息不对称造成的"道德风险"，通过积极主动地制定环保目标、优化企业资源配置、实施由末端治理向过程控制转变的环保行为而承担相应环境责任，促进了企业污染防治工作的落实。

当企业采取积极适应环境管理战略时，通常能密切关注周边市场和政策变化，具备较高的环境管理能力，其技术创新既受环境规制的类型和强度影响，也受市场策略的影响。企业主要采取"跟随型"策略，通常会推迟技术创新行为。技术创新决策介于末端技术和绿色技术之间，比较注重绿色工艺创新。

当企业采取主动进攻环境管理战略时，将环境规制的制定和实施视作是一种战略机会，企业通过执行高于环境规制要求的环境行为，积极采纳领先技术以形成"先动优势"，甚至游说有关部门制定更高强度的环境规制政策，建立市场进入壁垒。此时，企业扮演"商业领袖"的角色，倾向于自主创新，并以绿色产品创新为主导。

企业自愿型环境管理追求成本优势和产品差异化。而"创新补偿"是实现成本优势的关键，可以促使企业加强设备技术改造、改进产品设计和工艺、提高环境技术研发能力、促进资源的循环利用和可持续发展，不仅能降低企业的污染排放，还能提高企业的生产效率、改善企业环保形象、创造竞争优势。

环境规制提供了新的竞争机会，企业只有把握时机以积极主动的环境管理战略面对新的竞争结构，积极开展绿色技术创新，才能提高企业的资源利用率，有效地遏制我国生态环境的持续恶化，实现提高工业竞争力和保护环境的双赢。一方面，要借鉴国外经验，在环境规制强化的大趋势下，进一步完善企业环境战略管理体系；另一方面，要立足我国国情，通过吸收国外先进管理思想以及先进技术，弥补自身创新能力的不足。企业环境管理战略越趋于被动，企业技术越倾向于采纳末端技术，当环境规制政策不完善、强度不高时，对企业的约束力较低，企业的技术创新行为甚至会完全忽略环境因素；而企业环境管理战略越趋于主动，企业越倾向于采纳绿色技术，并选择绿色产品创新模式。

3.1.2.3 基于公众环境偏好对企业技术创新的影响效应[199]

环境具有公共物品性，环境保护是一个公共问题，需要各利益相关者共同参与。随着生态环境的日益恶化和环境规制的强化，公众环保意识增加，不仅偏好环境清洁产品和清洁生存环境，而且增加环保资源投入。公众环保参与除了受政府环境规制影响外，也受到社会经济、污染状况等作用的影响。日益增强的公众环境偏好，通过政治、经济和文化等多种方式向企业传递信息，影响其环境行为，促使企业从经济理性角度进行环保自律，社会公众作为非正式环境规制对企业环保行为有很大影响[200]，激发企业的技术创新行为。公众环保参与方式多种多样，其影响因素及对企业技术创新的作用模式如图 3-6 所示。

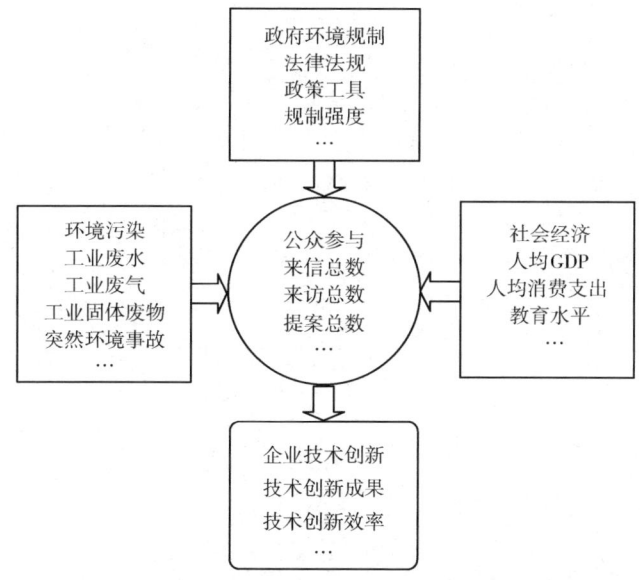

图 3-6　公众环保参与的影响因素及作用模式

接下来结合排污税政策分析公众环境偏好带来的技术创新影响效应[201]。

消费者效用的变化受其对环境质量变化感知的影响，污染排放成为消费者效用变化的重要因素。假设市场上有 m(m>1) 个生产并销售同质产品的企业，存在 n(n>1) 个消费同质产品的消费者，每个消费者 j(j=1,2,…,n) 的收入为 $y_j(y_j>0)$。假设消费者完全规避风险，构建包括环境质量在内的消费者对数效用函数如下：

$$U_j = \alpha \ln(C_j) + (1-\alpha)\ln(\zeta), \alpha \in (0,1) \quad (3-1)$$

其中，C_j——消费偏好；

ζ——环境质量偏好。

假设环境质量主要取决于企业排污量 e 和消费者环保要素投入 x_j，则有：

$$\zeta = E(e) + \sum_{j=1}^{n} x_j < 0, \text{其中 } E'(e) < 0 \qquad (3-2)$$

该模型假设保证了消费者能实现环保活动利益的内部化,通过决定 C_j 和 x_j 实现效用函数最大化,但须满足式(3-2)和消费者资源禀赋限制条件式(3-3)。

$$PC_j + x_j = y_j, (P \text{ 表示产品价格}) \qquad (3-3)$$

假设存在内部解,将式(3-2)和式(3-3)代入式(3-1)可得:

$$x_j^* = \arg\max_{x_j}(U_j) = \arg\max_{x_j}\left\{\alpha\ln\left(\frac{y_j - x_j}{p}\right) + (1-\alpha)\ln\left[E(e) + \sum_{j=1}^{n} x_j\right]\right\} \qquad (3-4)$$

$$C_j^* = \frac{y_j - x_j^*}{p} \qquad (3-5)$$

对效用函数求一阶导数,并令其为0,则:

$$\frac{\partial U_j}{\partial x_j} = \frac{-\alpha}{y_j - x_j} + \frac{1-\alpha}{\left[E(e) + \sum_{j=1}^{n} x_j\right]} = 0 \qquad (3-6)$$

$$\frac{\partial^2 U_j}{\partial x_j^2} = \frac{-\alpha}{(y_j - x_j)^2} + \frac{1-\alpha}{\left[E(e) + \sum_{j=1}^{n} x_j\right]^2} < 0 \qquad (3-7)$$

假设消费者偏好和资源禀赋相同,且资源禀赋足以保证存在内部解 $x^* > 0$,令 $y_j = y \,\forall j$,$x_j = x \,\forall j$,代入式(3-6),可得:

$$x^* = \frac{(1-\alpha)y - \alpha E(e)}{1 + \alpha(m-1)} \qquad (3-8)$$

令 $C_j = C \,\forall j$,将式(3-8)代入式(3-5)可得:

$$C^* = \alpha \frac{m \cdot y + E(e)}{p[1 + \alpha(m-1)]} \qquad (3-9)$$

通过式(3-9)可求得消费者消费同质产品的总需求函数:

$$\widetilde{C}^* = \sum_{j=1}^{n} C^* = m \cdot \alpha \frac{m \cdot y + E(e)}{p[1 + \alpha(m-1)]} \qquad (3-10)$$

由式(3-10)可得:$\frac{\partial \widetilde{C}^*}{\partial P} = -m \cdot \alpha \frac{m \cdot y + E(e)}{[1 + \alpha(m-1)] \cdot P^2} < 0$,总需求与 P 是

负相关关系，而且受排污量 e 的影响。$\frac{\partial \widetilde{C}^*}{\partial e} = m \cdot \alpha \frac{E'(e)}{[1+\alpha(m-1)] \cdot P} < 0$，即：当存在内部解时，若维持其他条件不变，污染程度的加剧会降低产品消费总需求。

环境恶化会刺激越来越多的消费者追加环保投入，边际效用回落到初始水平时维持均衡，因此消费者通过增加环保要素投入 x 以选择最优均衡决策。对于特定的资源禀赋变量和产品价格，最终导致产品消费需求减少，需求曲线下降，进而影响企业生产过程决策。

假设企业 $i(i=1,2,\cdots,m)$ 生产并供给的产品量为 q_i，单位排污量为 ρ_i，排污总量 $e = \sum_{i=1}^{m} q_i \rho_i$。企业决策必须要考虑生产技术、排污技术等因素以降低污染并提高生产率。为简化分析，根据总消费需求函数 $\widetilde{C}^* = C(P,e), C_p < 0, C_e < 0$（需求量与 P 和 e 成反比关系），讨论双寡头垄断市场（m=2）上市场均衡时的企业决策问题，此时 $\widetilde{C}^* = \sum_{i=1}^{2} q_i$。市场总需求 Q 等于总产量，市场出清条件为：

$$Q = \sum_{i=1}^{2} q_i = C(P,e) \qquad (3-11)$$

假设企业的总消费需求函数是线性函数，两家企业的函数特征和边际生产成本相同，$c > 0$。另外，缺少闭合解会掩盖分析结果的透明度，忽略主要信息量，导致分析难度加大，为展开进一步分析，令总需求函数为：

$$Q = a - c - \beta e - P, a > 0, b > 0 \qquad (3-12)$$

其中，a 为常数项；β 为环境污染对产品总需求的负效应大小，该系数表示环境偏好。β=0 说明消费者需求无环境偏好，随着 β 值增大，表明消费者逐渐偏好环境友好产品和清洁生存环境，环境污染对产品需求的负效应增大。结合式（3-11）、式（3-12）在古诺竞争下分析企业决策，可得：

$$P(Q) = a - c - Q = a - c - \sum_{i=1}^{2}(1+\beta\rho_i)q_i, Q = q_1 + q_2 \qquad (3-13)$$

假设企业 i 的初始排污率为 ρ_i^0，r_i 为创新后的减排率，则企业 i 绿色技术创新后的实际排污率 $\rho_i^1 = \rho_i^0 - r_i$。根据 A-J 模型[①]的经典技术，企业绿色技术创新

---

① 1962 年 Averch 和 Johnson 在论文《管制约束下的企业行为》中，运用模型讨论了管制企业为实现自身利润最大化状态，做出的固定资本投资决策行为，即 A-J 模型。

追加的投资为 $I_i = \dfrac{br_i^2}{2}$,其中 b 为成本参数,值越小说明投入成本越小,则表明企业的创新能力越强。假设排污税率为 $t \geq 0$,则企业 i 缴纳的排污税 $T_i = t \cdot \rho_i \cdot q_i = t(\rho_i^0 - r_i)q_i$,总变动成本为 $VC_i = (c + t \cdot \rho_i) \cdot q_i$,则边际利润 MP_i 为:

$$MP_i = [a - c - \sum_{i=1}^{2}(1 + \beta\rho_i)q_i] \cdot q_i - (c + t\rho_i)q_i \quad (3-14)$$

为降低分析难度,假设每一个企业有两种可供自由选择的技术类型(传统污染技术或者绿色创新技术),不同技术水平下的单位产出排污量和成本存在差异。假设 $\rho_i^0 < 2\rho_i^1$ 成立,该假设是保证均衡解稳定的充分但不必要条件。技术外溢效应导致竞争对手研发并采纳绿色技术时会降低企业的创新投资成本,假设减少的投资为 η_i。企业 i 开展绿色技术创新的投资成本 I_i($i \neq i'$)为:

$$I_i = \begin{cases} 0 & \rho_i = \rho_i^0 \\ \dfrac{br_i^2}{2} & \rho_i = \rho_i^1, \rho_{i'} = \rho_{i'}^0 \\ \dfrac{br_i^2}{2} - \eta_i & \rho_i = \rho_i^1, \rho_{i'} = \rho_{i'}^1 \end{cases} \quad (3-15)$$

结合式 (3-14) 和式 (3-15),则企业的总利润函数为 π_i:

$$\pi_i = [a - c - \sum_{i=1}^{2}(1 + \beta\rho_i)q_i]q_i - (c + t\rho_i)q_i - I_i \quad (3-16)$$

企业的最优决策就是通过确定 q_i 和 ρ_i 以达到利润最大化。由式 (3-16) 可知,无论征收排污税与否,β 都是影响企业均衡决策的重要因素,成为决定企业是否研发并采纳绿色创新技术的关键变量。企业均衡决策的博弈过程包括选定技术类型和决定产出水平两个阶段。假设企业运用逆向归纳法和子博弈纳什完美均衡,在两个阶段同时决策求其均衡解。

(1) 企业的产出决策博弈分析。

对利润函数求一阶导数并令其为 0 得:

$$\dfrac{\partial \pi_i}{\partial q_i} = [a - c - \sum_{i=1}^{2}(1 + \beta\rho_i)q_i] - q_i(1 + \beta\rho_i) - (c + t\rho_i) = 0$$

$$(3-17)$$

求二阶导数可得:

$$\frac{\partial^2 \pi_i}{\partial^2 q_i} = -2(1+\beta\rho_i) < 0 \qquad (3-18)$$

求解式 (3-17) 可得：

$$q_i^* = \frac{[a - 2c - t\rho_i - q_{i'}(1+\beta\rho_{i'})]}{2(1+\beta\rho_i)} \qquad (3-19)$$

$$\frac{\partial q_i^*}{\partial q_{i'}} = -\frac{1+\beta\rho_{-i}}{1+\beta\rho_i} < 0 \qquad (3-20)$$

因此，企业为实现利润最大化，做出的产出策略是替代关系。企业竞争对手增加产出量会降低产品价格，减少企业的边际利润。由于产品的边际成本保持不变，企业通过减少产出供给使边际利润恢复到初始水平。β 值会强化该效应。竞争者提高产出的同时增加排污量，则消费者会减少对污染产品的需求而将有限的资源转向环保投入，最终导致企业 i 被迫减少自身的产出。征收排污税导致企业成本增加，进一步强化了这种不利影响。

根据式 (3-19)，i = {1,2}，可以求得两个企业的均衡产出：

$$\begin{cases} q_1^* = \dfrac{[a - 2c - t(2\rho_1 - \rho_2)]}{3(1+\beta\rho_1)} \\ q_2^* = \dfrac{[a - 2c - t(2\rho_2 - \rho_1)]}{3(1+\beta\rho_2)} \end{cases} \qquad (3-21)$$

要保证产量为正，需满足 $a - 2c > t(2\rho_1 - \rho_2)$，$a - 2c > t(2\rho_2 - \rho_1)$。根据式 (3-20) 和式 (3-21) 可知：$\forall t \geq 0$，$\dfrac{\partial q_1}{\partial \rho_1} < 0$，$\dfrac{\partial q_2}{\partial \rho_2} < 0$；如果 $t > 0$，则 $\dfrac{\partial q_1}{\partial \rho_2} > 0$，$\dfrac{\partial q_2}{\partial \rho_1} > 0$，因此，在其他条件不变的情况下，企业产出与自身排污率成反比，与竞争对手排污率成正比。如果 t > 0，企业的产出水平受竞争对手的技术选择策略影响。企业自身及竞争对手的排污率因作用于企业的边际生产成本而影响其产出水平。企业 i 的排污率和边际成本越高，产出水平则越低。由于产品存在替代性，企业 i′ 的排污率和边际成本越高，反过来会对企业 i 的产出产生正效应。相反，如果 t = 0，企业的排污率不会改变边际成本，因此排污率仅仅通过消费者的环境偏好影响产品需求。企业自身的排污率对其产出水平产生负效应。由式 (3-21) 可得：$\dfrac{\partial q_1}{\partial t} = \dfrac{-(2\rho_1 - \rho_2)}{3(1+\beta\rho_1)}$，$\dfrac{\partial q_2}{\partial t} = \dfrac{-(2\rho_2 - \rho_1)}{3(1+\beta\rho_2)}$，$\rho_1$ 和 ρ_2 的大小决定了两式符号的正负。如果企业 i 选择绿色技术创新策略，企业 i′ 不进行创新，即 $\rho_1 = \rho^1$，ρ_2

$=\rho^0$，则 $\frac{\partial q_1}{\partial t} = \frac{-(2\rho^1 - \rho^0)}{3(1+\beta\rho^1)} < 0$，$\frac{\partial q_2}{\partial t} = \frac{-(2\rho^0 - \rho^1)}{3(1+\beta\rho^0)} < 0$。同样的结论适用于企业 i'。如果两个企业都进行技术创新，$\frac{\partial q_1}{\partial t} < 0, \frac{\partial q_2}{\partial t} < 0$。因此满足前提假设条件 $\rho_i^0 < 2\rho_i^1$，且其他条件不变的情况下，若 $t > 0$，则企业通过实施创新策略降低排污率，扩大市场需求量，进而降低采纳传统技术策略的企业市场份额。随着排污税率的提高，排污税导致采用传统技术的企业市场份额下降，但是对创新企业的影响效果依赖于绿色技术创新带来的减排率大小。

将式（3-21）代入式（3-16），可得企业的总利润为：

$$\begin{cases} \pi_1 = \dfrac{[a - 2c - t(2\rho_1 - \rho_2)]^2}{9(1+\beta\rho_1)} - I_1 \\ \pi_2 = \dfrac{[a - 2c - t(2\rho_2 - \rho_1)]^2}{9(1+\beta\rho_2)} - I_2 \end{cases} \quad (3-22)$$

因此，若 $t > 0$，则企业技术决策受替代性的影响。企业选择绿色技术创新策略会降低竞争对手的产出和边际利润，弱化其绿色技术创新动机。然而，技术外溢效应使企业选择绿色技术创新策略会降低竞争对手的创新成本。企业的利润额同时受其自身及竞争对手的技术策略影响，形成四种决策方案：两个企业都选择技术创新策略（ρ^1, ρ^1）；两个企业都选择传统技术策略（ρ^0, ρ^0）；企业 i 开展技术创新、企业 i' 不进行技术创新（ρ^1, ρ^0）；企业 i 不进行技术创新、企业 i' 进行技术创新（ρ^0, ρ^1）。四种方案下的边际利润矩阵见表 3-2，两个上角标分别表示企业 i 和竞争对手 i' 的技术决策。

表 3-2　　　　　　　　企业的技术创新决策方案矩阵

		企业 i'	
		ρ^0	ρ^1
企业 i	ρ^0	$MP_i^{\rho^0,\rho^0}$, $MP_{i'}^{\rho^0,\rho^0}$	$MP_i^{\rho^0,\rho^1}$, $MP_{i'}^{\rho^0,\rho^1} - \dfrac{br_{i'}^2}{2}$
	ρ^1	$MP_i^{\rho^1,\rho^0} - \dfrac{br_i^2}{2}$, $MP_{i'}^{\rho^1,\rho^0}$	$MP_i^{\rho^1,\rho^1} - (\dfrac{br_i^2}{2} - \eta_i)$, $MP_{i'}^{\rho^1,\rho^1} - (\dfrac{br_{i'}^2}{2} - \eta_{i'})$

根据式（3-14）、式（3-21）可以得出：

$$\begin{cases} MP_i^{\rho^1,\rho^1} = \dfrac{(a-2c-t\rho^1)^2}{9(1+\beta\rho^1)}, \rho_1=\rho_2=\rho^1 \\ MP_i^{\rho^0,\rho^0} = \dfrac{(a-2c-t\rho^0)^2}{9(1+\beta\rho^0)}, \rho_1=\rho_2=\rho^0 \\ MP_i^{\rho^1,\rho^0} = \dfrac{[a-2c-t(2\rho^1-\rho^0)]^2}{9(1+\beta\rho^1)}, \rho_1=\rho^1,\rho_2=\rho^0 \\ MP_i^{\rho^0,\rho^1} = \dfrac{[a-2c-t(2\rho^0-\rho^1)]^2}{9(1+\beta\rho^0)}, \rho_1=\rho^0,\rho_2=\rho^1 \end{cases} \quad (3-23)$$

令 $\bar{\varphi}$ 表示竞争者采用传统技术时，企业采纳创新技术与传统技术相比的边际利润变化量，$\underline{\varphi}$ 表示竞争者选择技术创新策略时，企业采纳创新技术与传统技术相比的边际利润变化量。

$$\bar{\varphi} = MC_i^{\rho^1,\rho^0} - MC_i^{\rho^0,\rho^0} = \dfrac{[a-2c-t(2\rho^1-\rho^0)]^2}{9(1+\beta\rho^1)} - \dfrac{(a-2c-t\rho^0)^2}{9(1+\beta\rho^0)} \quad (3-24)$$

$$\underline{\varphi} = MC_i^{\rho^1,\rho^1} - MC_i^{\rho^0,\rho^1} = -\dfrac{[a-2c-t(2\rho^0-\rho^1)]^2}{9(1+\beta\rho^0)} + \dfrac{(a-2c-t\rho^1)^2}{9(1+\beta\rho^1)} \quad (3-25)$$

通过计算得知 $\bar{\varphi} > \underline{\varphi}$，即当竞争者采用传统技术时，企业 i 技术创新产生更大净收益。结合战略替代性可以明显得出：由于采用绿色创新技术的总边际成本小于传统技术，只要征收排污税，竞争对手选择创新策略就会导致产品市场竞争更激烈，进而减少企业 i 的产出和边际利润。

（2）排污税约束下的企业技术创新博弈分析。

通过式（3-24）和式（3-25）可以看出，不论竞争对手选择何种技术策略，企业 i 开展技术创新活动都会增加边际利润。如果 $\bar{\varphi} > \dfrac{br_i^2}{2}$，当竞争对手选择传统技术策略时，企业 i 的最优决策是选择技术创新。同样，如果 $\underline{\varphi} > (\dfrac{br_i^2}{2} - \eta_i)$，当竞争对手选择技术创新策略时，企业 i 的最优决策依然是开展绿色技术创新。

当 $t > 0$，$\bar{\varphi} - \underline{\varphi} < \eta_i$ 或者 $\bar{\varphi} - \dfrac{br_i^2}{2} < \underline{\varphi} - (\dfrac{br_i^2}{2} - \eta_i)$ 时，由表 3-2、式（3-24）和式（3-25）可知，若 $\bar{\varphi} - \dfrac{br_i^2}{2} > (\leq) 0$，当竞争对手的技术策略为 ρ^0 时，企业 i 的最优策略是 $\rho^1(\rho^0)$；如果 $\underline{\varphi} - (\dfrac{br_i^2}{2} - \eta_i) > (\leq) 0$，当竞争对手的策略为 ρ^1 时，企业 i 的最优技术策略是 $\rho^1(\rho^0)$。因此对于 $\bar{\varphi} - \underline{\varphi} < \eta_i$，可得：$\bar{\varphi} - \dfrac{br_i^2}{2} \leq 0$，

$\underline{\varphi} - (\frac{br_i^2}{2} - \eta_i) \leq 0$ 时,两个企业的主导策略都是 ρ^0,因此均衡解是 (ρ^0, ρ^0);当 $\overline{\varphi} - \frac{br_i^2}{2} > 0$,$\underline{\varphi} - (\frac{br_i^2}{2} - \eta_i) > 0$ 时,两个企业的主导策略都是 ρ^1,因此均衡解是 (ρ^1, ρ^1);当 $\overline{\varphi} - \frac{br_i^2}{2} \leq 0$,$\underline{\varphi} - (\frac{br_i^2}{2} - \eta_i) > 0$ 时,产生两个纳什均衡解 (ρ^0, ρ^0) 和 (ρ^1, ρ^1)。

当 $t > 0$,$\overline{\varphi} - \underline{\varphi} \geq \eta_i$ 或者 $\overline{\varphi} - \frac{br_i^2}{2} > \underline{\varphi} - (\frac{br_i^2}{2} - \eta_i)$ 时,由表 3-1、式 (3-24) 和式 (3-25) 可知,若 $\underline{\varphi} - (\frac{br_i^2}{2} - \eta_i) > (\leq) 0$,当竞争对手的选择策略为 ρ^0 时,企业 i 的最优策略为 $\rho^1(\rho^0)$。因此对于 $\overline{\varphi} - \underline{\varphi} > \eta_i$,可得:$\overline{\varphi} - \frac{br_i^2}{2} < 0$,当 $\underline{\varphi} - (\frac{br_i^2}{2} - \eta_i) \leq 0$ 时,两个企业的主导策略都是 ρ^0,因此均衡解是 (ρ^0, ρ^0);当 $\overline{\varphi} - \frac{br_i^2}{2} > 0$,$\underline{\varphi} - (\frac{br_i^2}{2} - \eta_i) > 0$ 时,两个企业的主导技术策略都是 ρ^1,因此博弈均衡解是 (ρ^1, ρ^1);当 $\overline{\varphi} - \frac{br_i^2}{2} > 0$,$\underline{\varphi} - (\frac{br_i^2}{2} - \eta_i) \leq 0$ 时,如果竞争对手的策略为 $\rho^0(\rho^1)$,则企业 i 的最优技术策略是 $\rho^1(\rho^0)$,这时产生两个纳什均衡解 (ρ^0, ρ^1) 和 (ρ^1, ρ^0)。

由于博弈过程存在对称性,同样的分析结论适用于竞争对手。当技术外溢效应不大时,产生两个对称均衡解 (ρ^0, ρ^1) 和 (ρ^1, ρ^0),任何一个都不具有帕累托优势。当竞争对手采用传统技术时,企业开展技术创新活动可以获得更高利润,竞争者因其较高的边际成本而在产品市场上处于竞争劣势。另外,由于技术创新需要支付较高固定成本,竞争劣势导致低产出伴随低利润,因此,当企业进行技术创新时,竞争者的最优策略是选择传统技术策略。

排污税影响企业的边际利润进而改变企业的技术创新动机,尤其是企业的创新变动收益较大时更是如此。创新变动收益的高低受竞争对手技术策略的影响。当 $\overline{\varphi}$ 和 $\underline{\varphi}$ 足够大时,则不论竞争对手是否选择技术创新策略,企业的最优策略都是技术创新。为了便于分析在求均衡解时 β 是否会影响环境规制政策的有效性,给排污税设定一个上限(以便保障边际利润非负)。根据式 (3-25) 可知,$t \in (0, \frac{a-2c}{2\rho^0 - \rho^1})$。对式 (3-25) 求一阶微分可得:

$$\frac{\partial \varphi}{\partial t} = \frac{2}{9}\left\{-\frac{(a-2c-t\rho^1)\rho^1}{(1+\beta\rho^1)} + \frac{[a-2c-t(2\rho^0-\rho^1)](2\rho^0-\rho^1)}{(1+\beta\rho^0)}\right\} \quad (3-26)$$

式 (3-26) 的正负由括号内的符号决定，通过计算后括号内可化简为：

$$Y(t) = (\rho^0 - \rho^1)\{2(a-2c-t\rho^1) + \beta\rho^1[a-2c-t(4\rho^0-\rho^1)]\} \quad (3-27)$$

则
$$\begin{cases} Y(0) = (\rho^0-\rho^1)(2+\beta\rho^1)(a-2c) > 0 \\ Y(\frac{a-2c}{2\rho^0-\rho^1}) = (\rho^0-\rho^1)(a-2c)[2(1-\frac{2\rho^0}{2\rho^0-\rho^1}) + \beta\rho^1(1-\frac{4\rho^0-\rho^1}{2\rho^0-\rho^1})] < 0 \end{cases}$$

对式 (3-25) 求二阶微分可得：$\frac{\partial^2 \varphi}{\partial t^2} = \frac{2}{9}\frac{(\rho^0-\rho^1)[-4\rho^0-t\rho^1(4\rho^0-\rho^1)]}{(1+\beta\rho^0)(1+\beta\rho^1)}$

<0，因此存在唯一 $t^* \in \left(0, \frac{a-2c}{2\rho^0-\rho^1}\right)$，满足式 (3-25)，$Y(t^*)=0$，使 $\underline{\varphi}$ 最大，则：

$$t^* = \frac{(a-2c)(2+\beta\rho_0)}{[4\rho^0 + \beta\rho^1(4\rho^0-\rho^1)]}, \frac{\partial t^*}{\partial \beta} = \frac{-2\rho^1(a-2c)(2\rho^0-\rho^1)}{[4\rho^0+\beta\rho^1(4\rho^0-\rho^1)]^2} < 0，因此存在 t^* \in$$

$\left(0, \frac{a-2c}{2\rho^0-\rho^1}\right)$, $\frac{\partial t^*}{\partial \beta} < 0$，满足 $\frac{\partial \varphi}{\partial t}\begin{cases} >0, t<t^* \\ =0, t=t^* \\ <0, t>t^* \end{cases}$。这说明：当存在策略替代性时，存

在特定税率在最大程度上激发企业的技术创新动机。另外，污染对总需求的负效应与税率激励企业技术创新动机的功能成反比。由于过高的税率带来极高的税负，大大减少边际利润，降低排污税对企业技术创新动机的激励作用，排污税率带来的影响是非线性的。当边际收益和边际成本相同时，排污税对企业技术创新的激励程度最大。但是，消费者环境偏好扩大了排污税的企业技术创新效应。假设竞争对手采用传统技术，即式 (3-24) 中的 $\overline{\varphi}$。为保证边际利润非负，据式 (3-24) 确定排污税率的区间 $t \in (0, \frac{a-2c}{\rho^0})$。对式 (3-24) 求一阶微分可得：

$$\frac{\partial \overline{\varphi}}{\partial t} = \frac{2}{9}\left\{\frac{(a-2c-t\rho^0)\rho^0}{(1+\beta\rho^0)} - \frac{[a-2c-t(2\rho^1-\rho^0)](2\rho^1-\rho^0)}{(1+\beta\rho^1)}\right\} \quad (3-28)$$

式 (3-28) 的正负由括号内的符号决定，通过计算后括号内可化简为：

$$Y(t) = (\rho^0-\rho^1)\{2(a-2c-t\rho^1) + \beta\rho^0[a-2c-t(4\rho^1-\rho^0)]\} \quad (3-29)$$

则 $\begin{cases} Y(0) = (\rho^0-\rho^1)(2+\beta\rho^1)(a-2c) > 0 \\ Y(\frac{a-2c}{\rho^0}) = \frac{(\rho^0-\rho^1)(a-2c)2\rho^1 - \rho^0(1+\beta\rho^0)}{\rho^0} < 0 \end{cases}$，对式 (3-24) 求二

阶微分可得：$\frac{\partial^2 \overline{\varphi}}{\partial t^2} = \frac{2}{9} \frac{(\rho^0 - \rho^1)[-4\rho^1 - t\rho^0(4\rho^1 - \rho^0)]}{(1+\beta\rho^0)(1+\beta\rho^1)} < 0$，因此存在唯一 $t^{**} \in$

$(0, \frac{a-2c}{\rho^0})$ 满足式（3-29），$Y(t^{**})=0$，使 $\overline{\varphi}$ 最大，则：$t^{**} =$

$\frac{(a-2c)(2+\beta\rho^0)}{[4\rho^1+\beta\rho^0(4\rho^1-\rho^0)]}$，$\frac{\partial t^{**}}{\partial \beta} = \frac{-2\rho^0(a-2c)(2\rho^1-\rho^0)}{[4\rho^1+\beta\rho^0(4\rho^1-\rho^0)]^2} < 0$，因此存在 $t^{**} \in (0,$

$\frac{a-2c}{\rho^1})$，$\frac{\partial t^{**}}{\partial \beta} < 0$，满足 $\frac{\partial \overline{\varphi}}{\partial t} \begin{cases} >0, t<t^{**} \\ =0, t=t^{**} \\ <0, t>t^{**} \end{cases}$。这说明：$\underline{\varphi}$ 和 $\overline{\varphi}$ 与 t 呈现倒"U"型特

征，随着 t 由小到大，企业技术创新动机先增强后下降。$\underline{\varphi}$ 的拐点小于 $\overline{\varphi}$，即：当 t 较低时，如果 $\beta > 0$，则消费者会将部分资源禀赋从污染产品的消费转移到环保投入。图 3-7 描述了当 $\beta = 0$ 和 $\beta > 0$ 时，$\underline{\varphi}$、$\overline{\varphi}$ 与排污税之间的关系。

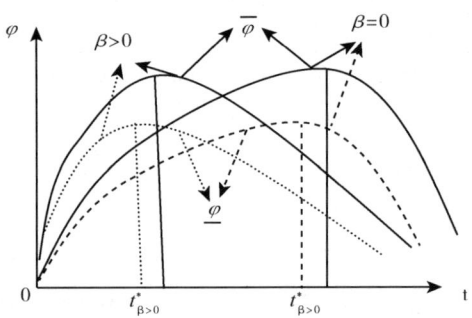

图 3-7　公众环境偏好作用下排污税与技术创新动机之间的关系

当 $\beta = 0$ 时，提高排污税率可能更有利于激发企业技术创新策略选择；当 $\beta > 0$ 时，提高税率可能会降低企业的创新动机，图 3-7 中区间 $(t^*_{\beta>0}, t^*_{\beta=0})$ 对应的图形即描述了该影响机制。

综合考虑技术创新的投入和技术的外溢效应，企业的均衡策略解如图 3-8 所示。

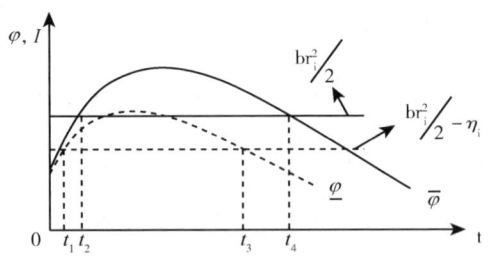

图 3-8　环境偏好作用下不同排污税率时的均衡

图 3-8 描述了任意技术创新投资成本和技术外溢效应下，受消费者环境偏好影响的 $\bar{\varphi}$ 和 $\underline{\varphi}$，通过分析五个不同区间的均衡解全面分析 t 对 $\bar{\varphi}$ 和 $\underline{\varphi}$ 的影响。当 $t \in (0, t_1)$ 时，不论竞争对手选择策略 ρ^0 还是 ρ^1，企业最优技术策略都是 ρ^0，则市场上的最优联合均衡策略为 (ρ^0, ρ^0)；当 $t \in (t_1, t_2)$ 时，竞争对手的策略选择为 $\rho^0(\rho^1)$，企业也会选择同样的最优策略 $\rho^0(\rho^1)$，则市场最优均衡策略是 (ρ^0, ρ^0) 或者 (ρ^1, ρ^1)；当 $t \in (t_2, t_3)$ 时，不论竞争对手选择策略 ρ^0 还是 ρ^1，企业的最优策略选择都是 ρ^1，则市场最优均衡策略是 (ρ^1, ρ^1)；当 $t \in (t_3, t_4)$ 时，提高税率会减少绿色创新收益，竞争对手的策略为 $\rho^0(\rho^1)$，企业最优策略选择是 $\rho^1(\rho^0)$，因此出现对称最优联合均衡解 (ρ^0, ρ^1) 和 (ρ^1, ρ^0)；当 $t \in (t_4, \infty)$ 时，则最优均衡策略是 (ρ^0, ρ^0)。因此，政策制定者选择合理的排污税率，将其确定为 $t \in (t_2, t_3)$，此时两个企业的均衡策略选择都确定为技术创新。尤其是在初始税率相对较高时，政策制定者为避免高税率带来负效应，应该谨慎提高税率，且必须要考虑消费者的环境偏好作用。

为简化分析，本部分做了很多假设，以双寡头垄断市场结构为例，未考虑政府的环保投入及对企业绿色研发的补贴等，难免存在一定的局限性。在未来的研究中，将考虑政府环保补贴等措施，结合更一般化的需求函数和成本条件，深入分析不同市场结构下的均衡策略，指引政府制定更为完善的环境规制政策体系，以实现具有帕累托优势的企业均衡解。

3.1.2.4 基于 FDI 对企业技术创新的影响效应

技术创新是我国保持经济可持续发展的强大动力和源泉，我国企业的技术创新在很大程度上依赖国际技术溢出。随着经济的快速发展，我国对外开放程度迅速提高，吸引的 FDI 大量增加，2011 年实际利用外商直接投资额达 1160.11 亿美元，我国进入一个外贸驱动型经济时代。2013 年，我国引进外商直接投资 1240 亿美元，占当年全球外国直接投资总额的 8.56%[①]。中国 2015 年 1~5 月设立外商投资企业 9582 家，同比增长 9.6%；实际利用外资 538.3 亿美元，同比增长 10.5%。然而，随着 FDI 流入量的逐年攀增，由经济发展所引发的环境污染问题日益成为人们关注的焦点，环境保护与经济增长的双赢问题亟待解决。环境规制的"逐底竞争"容易使该地区陷入环境规制"低水平"均衡并成为"污染避难所"。但是，FDI 也会带来先进的绿色生产技术和生产工艺，并促进资源型区域

---

① 数据来源：《2014 年世界投资报告》联合国贸易和发展会议，2015。

技术创新与溢出，从而凸显"污染光环效应"[160,203~204]。有学者认为环境规制通过抑制FDI技术溢出效应，对技术创新产生间接影响，但是存在明显的地区性差异[205]，受到出资方式不同的影响[206]。随着环境的恶化，研究环境规制、FDI和技术创新之间的关系越来越重要，有助于推动环境友好型社会的发展。

(1) 环境规制对FDI的作用机制。

目前关于环境规制对FDI影响的研究观点尚不统一，主要存在三种观点：其一，环境规制政策对FDI的引进存在确定性影响，有的学者认为严格的环境规制政策抑制FDI的流入[160,207]，部分学者的研究支持了"污染避难所"[208,209]，也有学者认为环境规制政策有利于吸引FDI[210,211]，合理的环境规制政策有利于优化FDI水平和结构[212,213]。其二，环境规制与FDI的引进存在不确定性关系，受到环境规制政策严厉程度、技术创新水平及地区经济发展的影响[214,215]。Li[216]发现中国的发达地区FDI对环境规制不敏感，发展中地区环境规制对FDI的影响显著；Kim[217]认为发展中国家宽松的环境规制会倾向于吸引更多的外商投资。其三，环境规制对FDI的影响并不显著[218~220]。

①规模报酬不变条件下的分析。

1960年，MacDougall提出国际资本流动的新古典主义模型，此后Click和Coval进一步应用和发展，认为在规模报酬不变的条件下，厂商运用资本、生产技术及劳动等生产要素生产同种产品时，自由化的投资促使资本由资本充裕的发达国家转向资本缺乏的发展中国家。该模型描述的国际要素流动原理可以用来分析环境规制对FDI的影响。

假定厂商A和厂商B分别位于不同的地区，两个地区的初始环境规制强度相同，A和B生产同种具有环境负外部性的产品，生产函数为$Q = F(K, \cdot)$，生产该产品除了投入资本要素（K）之外，还受技术、环境规制、劳动力等其他要素影响。假定资本可以在两个地区无任何成本的自由流动，厂商A和厂商B的资本投入和边际资本产出（MPK）如图3-9所示。在投入要素的合理区间，边际报酬递减规律使MPK与其投入数量呈反方向变化。O_A、O_B表示两个厂商可以利用的资本总量K，MPK_A和MPK_B分别表示厂商A和厂商B的边际资本产出，在所有投入要素相同的情况下，MPK_{A0}和MPK_{B0}相交于E_0点，A、B两厂商的资本量分别为O_AK_0和O_BK_0。

如果厂商A所在地区政府降低环境规制水平以吸引更多资本流入，而厂商B所在地区维持原有的环境规制政策。此时厂商A的治污投入减少，增加其他生产要素投入（如技术等），MPK_A增加，曲线向右上移动至MPK_{A1}，MPK_{A1}与MPK_{B0}

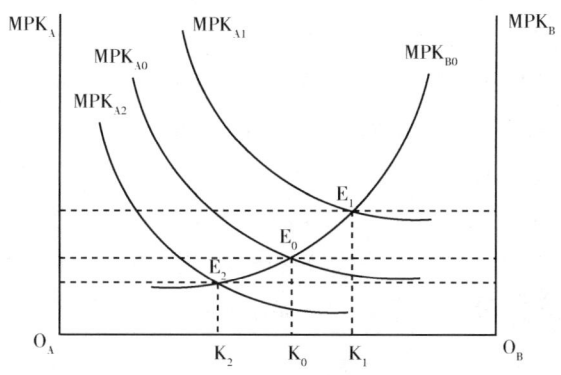

图 3-9　环境规制对 FDI 分布的影响

交于 E_1 点。因此，更多资本从厂商 B 流向厂商 A，此时厂商 A 获得的资本量为 $O_A K_1$，而厂商 B 获得的资本量仅为 $O_B K_1$。反之，若厂商 A 所在地区政府为了治理环境而提升环境规制水平，则会有更多的资本流向厂商 B。

因此，环境规制强度较高的地区资本获取量小于环境规制水平低的地区，严格的环境规制政策降低资本进入该地区的可能性，松散的环境规制政策更加有利于吸引资本流入。

②规模报酬递增条件下的分析。

为了适应新的制度而改变原有的组织程序会付出巨大的成本，因此面对各国环境规制政策的差异，企业为充分利用原有的组织资源，将投资地点选在与本国规制政策差异较小的地区。在不完全竞争市场上，环境规制对企业投资决策的影响如图 3-10 所示。AR 和 MR 分别为企业的平均收益和边际收益，曲线 AR 和 MR 向右下方倾斜；AC 和 MC 分别为平均成本和边际成本，规模报酬递增效应使

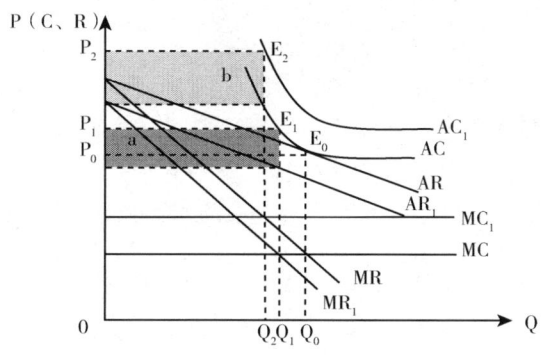

图 3-10　不完全竞争市场下的企业长期均衡

AC 向右下方倾斜，MC 为常数。MC = MR 时实现市场均衡，曲线 AC 与 AR 相切于 E_0 点，长期均衡产量为 Q_0，均衡价格为 P_0。

当该企业进入环境规制强度比母国低的地区时，企业原有的竞争优势在现有环境规制制度下不再明显，AR 和 MR 分别降至 AR_1 和 MR_1，收益减少，如图 3-10 所示。当 $MR_1 = MC$ 时，达到新的均衡点 E_1，此时的均衡产量为 Q_1，均衡价格为 P_1，企业需承担阴影部分面积 a 的损失额。

当企业进入环境规制强度比母国高的地区时，企业原有的资源配置和组织结构难以适应新的规制环境，排污水平达不到东道国的规制标准，企业为了生存并获取竞争优势，需要重新进行资源配置，并建立一套新的组织结构体系，为满足高强度的环境规制要求必将增大企业成本，AC 和 MC 将上升到 AC_1 和 MC_1，如图 3-10 所示。$MC_1 = MR$ 时达到新的均衡点 E_2，此时的均衡产量为 Q_2，均衡价格为 P_2，阴影部分的面积 b 是企业承担的损失。

假设企业的生产函数为 $Q = k_i F(A_i)$，其中，k_i 代表企业技术水平，$F(A_i)$ 代表特定技术水平下所有要素 A_i 投入下的产出水平，治理污染投入占企业总生产要素比为 θ。企业生产产品 x，排放污染物 w，其产量 Q 和排污量 E 如式（3-30）和式（3-31）所示。

$$Q_x = (1 - \theta) k_i F(A_i) \quad (3-30)$$

$$E_w = \varphi(\theta) k_i F(A_i) \quad (3-31)$$

借鉴 Copeland 和 Taylor（2003）的观点，假设企业治污投资支出与排污量存在常数弹性系数，即：$\varphi(\theta) = (1-\theta)^{\frac{1}{\sigma}}$，$\frac{\partial E}{\partial \sigma} > 0$，σ 表示企业污染治理效率，值越大表示相同情况下排放的污染物 w 越多，是企业技术水平的函数，$\sigma = f(k_i)$，且 $\frac{\partial \sigma}{\partial k} < 0$。则根据式（3-30）和式（3-31），产出函数可以表示为：

$$Q_x = E_w^\sigma [k_i F(A_i)]^{(1-\lambda)} \quad (3-32)$$

企业的生产成本函数为 $C = C(k_i, A_i, E_w, P_k, P_a, P_e)$，$P_k$、$P_a$、$P_e$ 分别代表技术价格、生产要素投入价格和环境规制成本，$C(k_i, \cdot)' > 0$。当某国的环境规制要求的排污标准为 $\overline{E}$，产品 x 的价格为 P_x 时，企业目标函数如下：

$$\pi = \max[P_x Q(x) - C(k_i, A_i, E_w, P_k, P_a, P_e)] \quad (3-33)$$
$$s.t. \ E(w) = \overline{E}$$

当企业投资从高环境规制强度的地区转向低环境规制水平的地区时，相对转入地区而言,企业原有的技术水平较高,排污率较低,则 $E(w) < \overline{E}$。相反,当企业投资从低环境规制强度的地区转向高环境规制水平的地区时,固有的组织惯例导致企业的排污率超过东道国的环境规制标准,则 $E(w) > \overline{E}$。因此,企业为了实现经济利益最大化,必须更新配置资源并重建新的组织惯例,通过追加初始投资以调整生产工艺流程、污染治理技术等,这种行为会降低 k_i。因此,两个地区的环境规制强度差距越小,发生直接投资的可能性越大。

(2) 企业技术创新的 FDI 效应。

FDI 对技术创新的影响目前主要存在 3 种观点。部分学者认为,FDI 的流入可提升技术创新能力[221,222];部分学者持有相反观点,认为 FDI 对技术创新无明显影响,甚至会抑制技术创新能力[223-225];此外,大部分学者认为 FDI 对技术创新的作用存在门槛效应,受到行业类型以及地区差异等因素的影响[226-230]。总之,FDI 的技术外溢效应对我国的技术创新有显著的影响。为了研究环境规制作用下,企业技术创新的 FDI 效应,本书通过建立数理模型进行分析。首先假设完全竞争市场上存在内资厂商 A 和外资厂商 B,在包括最终产品部门和研发部门的规模报酬不变经济系统下运行,只生产一种由产品部门提供的最终产品,通过人力资本 H 在两个部门间进行分配实现利润最大化。厂商 A 的生产函数可表示为:

$$Q_x = T(H_x)F(K,L) = H_x^{\alpha}K^{\beta}L^{\gamma} \quad (3-34)$$

其中,$\alpha + \beta + \gamma = 1$,$T(H_x)$ 表示生产技术创新水平,取决于最终产品部门智力资本投入 H_x,$F(K,L)$ 为特定技术水平下的产出,K 为生产资本投入,L 为生产劳动力投入。厂商 A 的利润函数为:

$$\pi_A = P_x T(H_x)F(K,L) - \ell_1 \cdot H_x - \ell_2 \cdot L - \kappa \cdot K - \theta P_x T(H_x)F(K,L)$$
$$= (1-\theta)P_x T(H_x)F(K,L) - \ell_1 \cdot H_x - \ell_2 \cdot L - \kappa \cdot K \quad (3-35)$$

$$\frac{\partial \pi_A}{\partial H_x} = (1-\theta)P_x \frac{\partial T}{\partial H_x}F(K,L) - \ell_1$$
$$= (1-\theta)P_x \alpha H_x^{\alpha-1}F(K,L) - \ell_1 \quad (3-36)$$

其中,P_x——完全竞争市场上的产品价格;

ℓ_1——最终产品部门智力资本投入;

ℓ_2——生产人力资本投入的工资率;

κ——资本利息率;

θ——总产出收益中分配用于污染治理的投入比例,$0 < \theta < 1$。

格罗斯曼和赫尔普曼[231]对罗默[232]开创的研发模型进一步研究改进,假设只考虑研发人力资本投入时的研发部门生产函数为：

$$R_{FDI}(E) = T_\Delta = \tau H_R(T_0 + \vartheta FDI) \tag{3-37}$$

其中，$R_{FDI}(E)$——研发部门的治污技术产出，代表技术创新的 FDI 效应；

T_Δ——治污技术增量，可用绿色专利申请（授权）数量表示；

τ——研发部门的技术创新效率系数；

H_R——研发部门的智力资本投入；

T_0——治污技术存量；

ϑ——技术外溢系数，取决于外部企业的技术扩散程度以及国内企业的技术扩散吸收能力。

绿色专利价格为 P_R，研发部门智力资本工资率为 ℓ_3。则研发部门的创新总效益（TR）：$TR = P_R T_\Delta = \tau P_R H_R(T_0 + \vartheta FDI)$；总成本（TC）：$TC = \ell_3 \times H_R$，由 $TR = TC$ 可知，$\ell_3 = \tau P_R(T_0 + \vartheta FDI)$。完全竞争市场上智力资本在最终产品部门和研发部门进行配置，最终达到均衡状态（$\ell_1 = \ell_3$）。

由 $\frac{\partial \pi_A}{\partial H_x} = 0$，可得 $\ell_1 = (1-\theta)P_x \alpha H_x^{\alpha-1} F(K,L)$。当 $\ell_1 = \ell_3$ 时，$(1-\theta)P_x \alpha H_x^{\alpha-1} F(K,L) = \tau P_R(T + \vartheta FDI)$，则 $H_x = \left[\frac{\tau P_R(T_0 + \vartheta FDI)}{(1-\theta)P_x \alpha F(K,L)}\right]^{\frac{1}{\alpha-1}}$。$H_x + H_R = H$，所以 $H_R = H - \left[\frac{\tau P_R(T_0 + \vartheta FDI)}{(1-\theta)P_x \alpha F(K,L)}\right]^{\frac{1}{\alpha-1}}$，将其代入研发部门生产函数可得：

$$R_{FDI}(E) = T_\Delta = \tau \left\{ H - \left[\frac{\tau P_R(T_0 + \vartheta FDI)}{(1-\theta)P_x \alpha F(K,L)}\right]^{\frac{1}{\alpha-1}} \right\}(T_0 + \vartheta FDI)$$

$$= \tau H(T_0 + \vartheta FDI) - \tau \left[\frac{\tau P_R(T_0 + \vartheta FDI)}{(1-\theta)P_x \alpha F(K,L)}\right]^{\frac{1}{\alpha-1}}(T_0 + \vartheta FDI)$$

$$= \tau H(T_0 + \vartheta FDI) - \left[\frac{\tau^\alpha P_R}{(1-\theta)P_x \alpha F(K,L)}\right]^{\frac{1}{\alpha-1}}(T_0 + \vartheta FDI)^{\frac{\alpha}{\alpha-1}} \tag{3-38}$$

$$\frac{\partial R_{FDI}(E)}{\partial \theta} = \frac{1}{1-\alpha}\left[\frac{\tau^\alpha P_R}{P_x \alpha F(K,L)}\right]^{\frac{1}{\alpha-1}}(T_0 + \vartheta FDI)^{\frac{\alpha}{\alpha-1}}$$

$$(1-\theta)^{\frac{\alpha}{1-\alpha}} > 0 \tag{3-39}$$

这表明随着环境规制强度的增强，厂商 A 增加治污投入比重，进而不断提升技术创新的 FDI 效应。因此，引进 FDI 有利于促进企业的治污技术创新行为，提高治污技术水平，但环境规制对 FDI 引进的影响存在不确定性，因此，企业技术创新的 FDI 效应也存在一定的不确定性。由此看来，FDI 对技术创新的影响同时扮演着"天使"与"魔鬼"的双重角色，应该客观地看待 FDI 这把"双刃剑"，坚持走合理引进 FDI 的发展道路，既要在环境规制约束下利用 FDI 引进先进生产技术，也要鼓励外资企业积极开发绿色生产工艺流程，向绿色清洁型产业转变，以带动国内相关"清洁型"产业的孵化与成长，最终实现经济增长与环境保护的双赢格局。

3.2 环境规制对企业技术创新的影响路径

从经济学角度来看，技术创新方向、程度和规模大小等受供需双方的共同影响。环境规制作用下的企业技术创新假定市场结构和产业边界并非固定，企业在追求差异化和低成本时可以突破原有边界超越原需求，并通过环境规制的外在作用创造有效供给，进而导致供求曲线发生位移，产生新的技术创新均衡点，技术创新主体会根据技术创新的边际供需均衡点变化做出不同的决策行为。

3.2.1 环境规制作用下企业技术创新的价值提升

对政府、企业和个人而言，技术创新的效用（U）表现出差异性。对政府来说，环境规制作用下的技术创新效用表现为迎合公众的环境偏好，增加社会福利，降低能源消耗，缓解资源枯竭，为环境规制政策制定者赢得声誉；对企业而言，其效用表现在降低环境成本，提高降污减排效率等，这种"创新补偿"效应可以增加企业的绿色市场份额，增强企业竞争优势；对个人的效用表现在满足绿色消费偏好，能提供更清洁、更环保和更健康的消费产品和生存环境。

为简化分析，鉴于市场上的所有效用类型都以价格（P）体现，效用值越大价格越高，以下对不同含义的效用不做区分。从经济学理论分析，通常 $P \in (C, U)$，其中 C 为生产成本，即：U 是 P 波动的上限，一旦 $P > U$，则商品无市场需求；成本 C 是 P 波动的下限，一旦 $P < C$，则无人供给产品。当供不应求时，P 上升，但不超过 U；当供大于求时，P 下降，但不低于 C。$(P - C)$ 为生产者剩余；$(U - P)$ 为消费者剩余。在环境规制作用下，企业试图通过技术创新成功地发掘出全新的绿色市场需求，并实现价值创新，不断提升 U 并降低 C，同时增加

消费者剩余和厂商利润。

环境规制约束下的企业技术创新活动通过追求产品差异化和成本最小化，可以有效整合边际效用（MU）递增和边际成本（MC）递减的特殊定律。

3.2.1.1 边际效用递增

在环境规制作用下，企业通过实施绿色技术创新提升价值，使 MU 呈现递增趋势，$\partial(MU)/\partial Q > 0$，如图 3–11 所示。

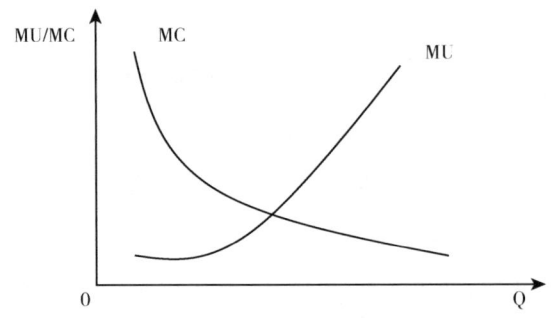

图 3–11 价值提升中递增的边际效用和递减的边际成本

原因在于：其一，绿色技术创新通过提升产品性能、追求差异化，提供处于价值链高端的产品，挖掘绿色消费市场以拓展市场边界。其二，很多效用创新可以满足消费者清洁心理消费和社会责任需求，这种满足程度不会随着消费量的增加而减少，而极有可能出现相反趋势。其三，消费者的绿色消费偏好存在累积效应。公众的环境偏好越强，对绿色消费的追求越明显，构成了绿色生产与绿色消费之间的复杂动态依存关系，提升了价值优势。其四，正反馈和正外部性使消费者的效用函数相互依赖，重视需求方的规模经济效应。

3.2.1.2 边际成本递减

环境规制影响下的企业技术创新活动打破了 MC 递增规律，通过价值创新实现 MC 递减，$\partial(MC)/\partial Q < 0$，如图 3–11 所示。原因在于：其一，实施既能降低成本又能提升价值的价值工程（VE），通过有组织的产品功能分析，以最低的总成本可靠地实现产品的核心功效，以提高产品价值。其二，生产厂商的供给规模经济效应有助于降低生产成本。其三，消费者需求的范围经济效应。企业面向买方大众，通过工业创新等整合不同消费需求，合并细分市场，提供某种特定形式的产品以满足消费者的差异化需求，降低向消费者提供差异化产品满足各种不同

消费需求的成本。其四，发挥内生经济增长作用。绿色技术创新催生新兴产业，新兴产业的发展依赖于原有知识的积累。通过将创新技术内生化，构建内生经济增长模型，可同时获得规模经济和要素的递增收益，收益递增从成本角度即反映为边际成本递减。

3.2.2 环境规制约束下企业技术创新的供求曲线重塑

3.2.2.1 重塑后的需求曲线

竞争性市场上的价格变化同时产生替代与收入两种效应，导致需求量与价格呈反向变动。需求曲线向右下方倾斜是众所周知的经济学假设之一，价格机制作用的发挥产生竞争市场均衡。环境规制作用下的技术创新力求满足社会和公众的环境偏好，进入一个崭新的领域，而并非在原有竞争市场上同对手博弈以抢占市场份额，因此价格机制在协调供求矛盾中的作用被弱化。经过系统性价值提升之后的技术市场上，效用取代价格成为决定需求的主要因素，消费者更关注总效用的大小而并非价格的高低，效用与需求呈正相关关系。结合 MU 递增规律，构建新的需求函数如下：

$$D = f(MU), \partial(MU)/\partial Q > 0 \quad (3-40)$$

因此，需求曲线 D 向右上方倾斜，如图 3-12 所示。

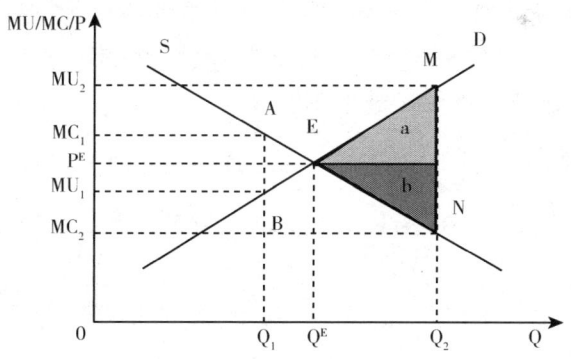

图 3-12 重塑后的供求曲线及均衡分析

3.2.2.2 重塑后的供给曲线

在竞争市场上，企业的产品供给量受市场主体的价格博弈影响，符合经济学上的一般市场规则，供给量与价格呈同向变动，供给曲线向右上方倾斜。企业试图以价格优势抢占市场，而并非通过降低成本、增加效用价值扩大市场份额。环境规制政策工具组合通过激励企业技术创新并拓展其市场边界，重塑市场的供给规则。首先，环境规制可以帮助解决企业技术创新中的有限理性问题。与企业相比，政府在技术预见性上具有明显优势，可以通过环境规制政策约束缩小企业寻找先进技术的范围，减少搜索成本；另外，政府通过制定技术标准降低企业技术搜索难度，帮助企业做出最优技术决策的理性判断。环境成本和收益的显性化促使环境成本和收益进入企业会计核算体系，进一步提高了企业经营管理者的环保意识。强化环境审计工作，加强环保宣传，有利于改善环境成本和收益隐性化的问题。其次，环境规制有利于弥补市场手段的不足，解决环境外部性问题。例如，排污费、环境税费、排污权交易等环境规制方式有助于调节企业的最佳排污量；财政补贴制度可以补偿企业的减排成本。再次，不同环境规制政策对技术创新风险产生不同的影响。一方面，行政命令政策降低了政策的不确定性，可以长期发挥作用，避免企业对环境规制政策调整的短期预期，有利于解决环境规制政策与企业创新行为之间的时滞及投资刚性问题；另一方面，技术直接投入和补贴等规制方式帮助解决技术投资不足的问题。美、日、欧盟各国政府都强调对绿色技术创新的财政投入，占绿色技术创新总支持的比重分别为 50%、30% 和 40%。美国政府对投资大、收益慢的基础研究给予大量政府支持，极大降低了绿色技术创新的风险和不确定性。在这种综合作用下，企业为解决环境规制带来的社会成本增加问题，更加关注低成本的清洁生产，而不再将价格置于首位。供给量与成本呈反向变动关系。结合 MC 递减规律，构建新的供给函数如下：

$$S = f(MC), \partial(MC)/\partial Q < 0 \qquad (3-41)$$

因此，供给曲线 S 向左下方倾斜，如图 3-12 所示。

3.2.3 环境规制下企业技术创新的供需均衡分析

3.2.3.1 最佳供给量

市场的供需均衡状态决定了企业技术创新的最佳供给量，如图 3-12 所示。S 和 D 相交于 E 点，均衡产量为 Q^E，均衡价格为 P^E，此时 $MU = P = MC$；$\int (P -$

MC)dQ 为生产者剩余，$\int (MU - P)dQ$ 为消费者剩余。

若环境规制制度不健全且强度不高，对企业和消费者的约束力和影响较弱，技术创新对消费者的效用微乎其微，企业普遍采用成本相对较低的末端治理技术，提供的技术创新产量较低。在 E 点左侧，对于任意 $Q_1 < Q^E$，都有 $MU_1 < P < MC_1$。此时，企业无法实现价值最大化，消费者也难以实现消费效用最大化，因此，全社会不能追求福利最大化。

随着环境规制制度的强化，对创新产品市场影响越来越大。财政补贴等规制方式提高了消费者的边际效用，增强技术创新资源支付意愿，技术创新需求增加，而不再仅满足于末端治理技术。因此，企业相应调整生产函数，追加创新投入，满足市场对创新技术的需求，企业的技术供给增加。在 E 点右侧，对于任意 $Q_2 > Q^E$，此时，$MC_2 < P < MU_2$。阴影面积 a 为消费者剩余，b 为生产者剩余。随着 Q 的增加，P 的波动空间越来越大，但是企业依然追求合理的战略性定价，增加消费者价值以开拓市场，a 和 b 持续增加。从全社会的角度来看，社会边际效用远远超过边际成本，社会福利逐渐提高，社会资源得以优化配置，在该区域内的均衡点实现了高效用和低成本的理想组合。

随着生态环境的进一步恶化，以及环境规制政策进一步改善和增强，有效制约企业技术创新的负面影响因素，降低了企业技术创新的边际成本，提升了边际收益，直接导致企业技术创新的供给曲线 S 下移，在消费者对技术创新的支付意愿不变的情况下，此时，产生新的供需均衡点，企业的总收益增大，对技术创新的最佳供给量增加。

由此可见，借助环境规制的外力作用，企业技术创新市场的供需曲线朝着更清洁更高效的方向移动，呈现动态均衡的供给过程。在这个过程中，当企业每一阶段的收益变化为一个增量时，企业才会增加最佳技术创新供给量。在升级均衡时期，企业的收益增量越大，环境规制对企业开展技术创新活动的激励越大。

3.2.3.2 最佳供给水平

借助企业的边际减排成本曲线可以更直观地考察环境规制作用下企业技术创新供给水平。假设边际减排收益和边际减排成本分别以 MAR 和 MAC 表示，MAC 越小表明技术创新水平越高。假设企业 1、企业 2 和企业 3 分属三个不同行业，排放同质污染物，边际减排成本曲线分别为 MAC_1、MAC_2 和 MAC_3，实线 ac 表示当前可以获取的减排技术，虚线 de、df、dg 分别为未来的创新技术水平，如图 3-13 所示。

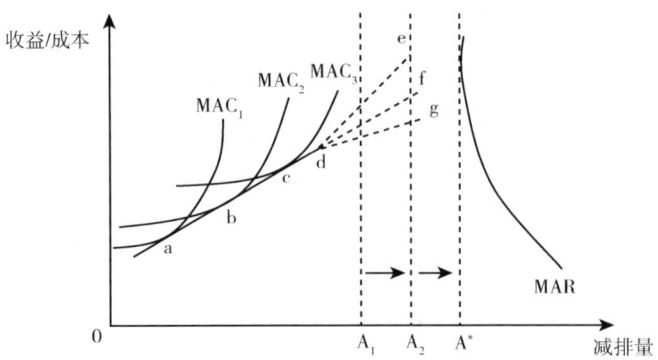

图 3-13　企业边际治污成本/收益曲线图

因采纳的技术水平差异导致三个企业具有不同的边际减排成本函数，$MAC_1 > MAC_2 > MAC_3$。当环境规制处于较低强度水平时，三个企业都能满足政府的环境规制要求，此时 $MAC_1 = MAC_2 = MAC_3$。随着环境规制政策的制定与执行，政府规定企业的减排标准为 A_1，但是在现有的减排技术水平下企业不能满足该规制标准，只能通过技术创新提高减排技术水平才能实现。随着环境规制强度水平的提高，减排量增至 A^*，则企业可以通过技术创新完成规制目标，并在 $MAC = MAR$ 点处实现资源的优化配置。因此，随着政府环境规制日益趋紧，对技术落后企业造成的冲击要大于技术水平先进的企业。技术水平相对较高的企业表现出创新技术比较优势，受到较小的负面影响，可以吸引更多的资源禀赋投入以追加环保投入，进一步采纳创新技术减少排污量，降低边际治污成本，提高生产效率，实现创新补偿效应。技术落后企业为避免因成本大幅度上涨或无法满足环境规制要求退出市场，也会积极投身创新活动以降低治污成本，以谋求自身的发展。

在实践中，政府通过制定恰当的环境规制政策工具组合和强度水平，可以改变企业技术创新供求曲线，改变企业技术创新的均衡状态，提高最佳均衡供给量。离开环境规制的约束，企业只能维持较低水平的技术创新供给，而且更倾向于开展转换成本低、创新风险相对小的末端治理技术创新。

3.3 基于动态演化博弈的企业技术创新均衡策略研究

3.3.1 基本假设和演化博弈模型描述

3.3.1.1 模型假设和描述

(1) 企业与政府的两方博弈。

假设在没有公众参与的情况下,企业和政府构成一个完整系统,两者构成了一场混合战略均衡的博弈过程[233,234]。企业的纯选择策略是技术创新与不创新,政府的纯选择策略是环境规制与不规制。表 3-3 运用混合策略概括了对应不同纯战略组合的收益矩阵。

表 3-3　　　　　　企业与政府之间的博弈收益矩阵

企业		政府	
		环境规制（β）	不规制（1-β）
	技术创新（α）	$(R_1 - C_1 + A, -S_1 - A + T)$	$(R_1 - C_1, 0)$
	不创新（1-α）	$(R_2 - H - F, -K - S_1 + F + T)$	$(R_2 - H, -K)$

其中,R_1 和 R_2 分别为企业技术创新和不创新的对应收益。C_1 为企业技术创新支付的成本费用;A 是政府创新补贴;H 是企业不进行创新时的声誉损失。S_1 为政府的环境规制成本;T 是政府的环境规制收入(企业缴纳的排污税等);F 为企业超标排污罚款等规制支出;假设企业不进行环境治理,由政府投资治理,需支出费用 K。α 为企业选择技术创新策略的概率,β 为政府选择环境规制策略的概率。

(2) 企业、政府与公众的三方博弈。

随着环境规制不断强化,作为关键利益相关方的政府、企业和公众对技术创新行为产生重要影响。作为技术创新主体的企业,会将自身利益、政府要求和公众消费偏好进行综合考虑,在创新技术和传统技术的相互竞争中,做出相关技术决策,形成"物竞天择,适者生存"的演化规律,最终的演化结果是一方退出或共存。因此,企业绿色技术创新伴随传统非环保技术的抵制,形成政府、企业、公众三方推进的演化路径[235]。

假设政府、企业、公众构成了一个完整的生态系统,三方均有自身利益最大化下的行为选择方案,通过在学习模仿中不断调整自身策略以达到均衡。企业、政府和公众均有两种策略选择:企业是否开展技术创新、政府是否制定并实施环境规制、公众是否参与环保监督。企业开展技术创新活动、政府制定并实施环境规制、公众参与环保监督的概率分别为 α、β、$\gamma \in [0,1]$,且为时间 t 的函数。R_3 为公众获得的绿色创新收益。C_2 为政府裁定的企业创新成本转嫁部分,C_3 为企业创新成本转嫁给公众的部分。S_1 为政府环境规制成本,S_2、S_3 分别为政府环境规制和不规制情况下的公众环保监督成本。B_1 和 B_2 分别为企业和政府支付给公众的污染补偿额。D_1 和 D_2 分别为生态环境破坏带来的政府和公众损失。运用混合策略概括对应不同纯战略组合的收益矩阵,见表 3-4 ~ 表 3-7。

表 3-4 公众采取环保监督策略 (γ) 时三方博弈收益矩阵

	政府环境规制		
	企业	政府	公众
企业创新 (α)	$R_1 - C_1 + A$	$-S_1 - A + T$	$R_3 - S_2 - C_2$
企业不创新 ($1-\alpha$)	$R_2 - H - F - B_1$	$-K - S_1 + F + T - B_2$	$-S_2 + B_1 + B_2$

表 3-5 公众采取环保监督策略 (γ) 时三方博弈收益矩阵

	政府不进行环境规制		
	企业	政府	公众
企业创新 (α)	$R_1 - C_1$	0	$R_3 - S_3 - C_3$
企业不创新 ($1-\alpha$)	$R_2 - H - B_1$	$-K$	$-S_3 + B_1$

表 3-6 公众不采取环保监督策略 ($1-\gamma$) 时三方博弈收益矩阵

	政府环境规制		
	企业	政府	公众
企业创新 (α)	$R_1 - C_1 + A$	$-S_1 - A + T$	$R_3 - C_2$
企业不创新 ($1-\alpha$)	$R_2 - F$	$-S_1 + F + T$	0

表 3-7 公众不采取环保监督策略 ($1-\gamma$) 时三方博弈收益矩阵

	政府不进行环境规制		
	企业	政府	公众
企业创新 (α)	$R_1 - C_1$	0	$R_3 - C_3$
企业不创新 ($1-\alpha$)	R_2	$-D_1$	$0 - D_2$

3.3.1.2 构建复制者动态方程

（1）两方博弈的动态复制方程。

假设给定 α，企业采取技术创新策略的概率已知，则：政府环境规制的效用为：

$$U_g(1,\alpha) = \alpha(-S_1 + T - A) + (1-\alpha)(-K - S_1 + T + F) \quad (3-42)$$

政府不进行环境规制的效用为：

$$U_g(0,\alpha) = (1-\alpha)(-K) \quad (3-43)$$

政府的平均效用：

$$U_g = \beta U_g(1,\alpha) + (1-\beta)U_g(0,\alpha) \quad (3-44)$$

假设给定 β，政府进行环境规制的概率已知，则：
企业开展技术创新的效用为：

$$U_c(\beta,1) = \beta(R_1 - C_1 + A) + (1-\beta)(R_1 - C_1) \quad (3-45)$$

企业不进行技术创新的效用为：

$$U_c(\beta,0) = \beta(R_2 - H - F) + (1-\beta)(R_2 - H) \quad (3-46)$$

企业的平均效用：

$$U_c = \alpha U_c(\beta,1) + (1-\alpha)U_c(\beta,0) \quad (3-47)$$

根据 Malthusian 动态方程，选择策略的增长率与其相对适应度相等。只要选择该策略的个体适应度高于群体的平均适应度，则所选择采纳的策略就呈增长趋势。政府和企业的策略演化用动力学方程表示为：

$$\begin{cases} \dfrac{d\alpha}{dt} = \alpha(1-\alpha)[\beta(A+F) + (R_1 - C_1) - (R_2 - H)] \\ \dfrac{d\beta}{dt} = \beta(1-\beta)[-\alpha(A+F) + (F - S_1 + T)] \end{cases} \quad (3-48)$$

令 $\dfrac{d\alpha}{dt} = 0$，$\dfrac{d\beta}{dt} = 0$，在 $R = \{(\alpha,\beta) | 0 \leq \alpha \leq 1, 0 \leq \beta \leq 1\}$ 上可得五个均衡点：(0,0)、(0,1)、(1,0)、(1,1)、(α^*, β^*)；其中 $\alpha^* = \dfrac{F - S_1 + T}{A + F}$，$\beta^* = \dfrac{(R_2 - H) - (R_1 - C_1)}{A + F}$。

系统的雅克比矩阵如下：

$$J = \begin{bmatrix} (1-2\alpha)[\beta(A+F) + [(R_1 - C_1) - (R_2 - H)]] & \alpha(1-\alpha)(A+F) \\ -\beta(1-\beta)(A+F) & (1-2\beta)[-\alpha(A+F) + (F - S_1 + T)] \end{bmatrix} \tag{3-49}$$

应用雅克比矩阵的局部稳定分析法分析上述五个局部平衡点的稳定性。只有当系统雅克比矩阵的行列式（DetJ）为正值且迹（TrJ）为负值时，该平衡点才具有局部稳定性，当行列式和迹均为正值时该点为不稳定点。

（2）三方博弈的复制动态方程。

由于博弈三方存在信息不对称，只有通过动态调整 α、β、γ，以进化博弈理论的动态复制形式得到混合意义下的均衡解。令 E_1、E_2、E_3 表示企业、政府和公众在混合策略下的平均期望收益。

$$E_1 = E_{11}\alpha + E_{12}(1-\alpha) \tag{3-50}$$

其中，E_{11}——企业采取技术创新策略时的期望收益；

E_{12}——企业采取非技术创新策略时的期望收益。

$$\begin{aligned} E_{11} &= (R_1 - C_1 + A)\beta\gamma + (R_1 - C_1)(1-\beta)\gamma + (R_1 - C_1 + A)\beta(1-\gamma) \\ &\quad + (R_1 - C_1)(1-\beta)(1-\gamma) \\ &= A\alpha\beta + R_1\alpha - C_1\alpha = (A\beta + R_1 - C_1)\alpha \end{aligned} \tag{3-51}$$

$$\begin{aligned} E_{12} &= (R_2 - H - F - B_1)\beta\gamma + (R_2 - H - B_1)(1-\beta)\gamma + (R_2 - F)\beta(1-\gamma) + R_2(1-\beta)(1-\gamma) \\ &= (-H - B_1)\gamma - F\beta + R_2 \end{aligned} \tag{3-52}$$

则企业的复制动态方程为：

$$\begin{aligned} U_1(\alpha) &= d\alpha/dt = (E_{11} - E_1)\alpha \\ &= \alpha(1-\alpha)[(A+F)\beta + (H+B_1)\gamma + (R_1 - C_1 - R_2)] \end{aligned} \tag{3-53}$$

同理可求得政府及公众的复制动态方程分别为：

$$\begin{aligned} U_2(\beta) &= d\beta/dt = \beta(1-\beta)[(B_2 + D_1)\alpha\gamma - (A + F + D_1)\alpha \\ &\quad - (B_2 + D_1)\gamma + (F + T + D_1 - S_1)] \end{aligned} \tag{3-54}$$

$$\begin{aligned} U_3(\gamma) &= \gamma(1-\gamma)[\alpha\beta(-B_2 - D_2) + \alpha(D_2 - B_1) + \beta(D_2 + B_2 + S_3 - S_2) \\ &\quad + (B_1 - S_3 - D_2)] \end{aligned} \tag{3-55}$$

3.3.2 模型的演化及稳定性分析

3.3.2.1 两方博弈模型的演化及稳定性分析

企业与政府两方博弈各均衡点的雅克比矩阵 DetJ 和 TrJ 的具体计算结果如表 3-8 所示。

表 3-8　雅克比矩阵的行列式（DetJ）和迹（TrJ）

均衡点	等式类型	等式结果
(0,0)	DetJ TrJ	$(F-S_1+T)[(R_1-C_1)-(R_2-H)]$ $(F-S_1+T)+[(R_1-C_1)-(R_2-H)]$
(0,1)	DetJ TrJ	$-(F-S_1+T)\{(A+F)-[(R_2-H)-(R_1-C_1)]\}$ $-(F-S_1+T)+\{(A+F)-[(R_2-H)-(R_1-C_1)]\}$
(1,0)	DetJ TrJ	$(A+S_1-T)[(R_1-C_1)-(R_2-H)]$ $-(A+S_1-T)-[(R_1-C_1)-(R_2-H)]$
(1,1)	DetJ TrJ	$(A+S_1-T)\{[(R_2-H)-(R_1-C_1)]-(A+F)\}$ $(A+S_1-T)+\{[(R_2-H)-(R_1-C_1)]-(A+F)\}$
(α^*,β^*)	DetJ TrJ	$(1-\alpha^*)(1-\beta^*)\{[(R_2-H)-(R_1-C_1)]\}$ 0

各均衡点雅克比矩阵的 DetJ 和 TrJ 的符号及稳定性分析结果如表 3-9 所示。

表 3-9　局部稳定性分析结果

序号	条件	等式/结果	平衡点 (0,0)	(0,1)	(1,0)	(1,1)	(α^*,β^*)
1	$F+T>S_1, A+S_1>T,$ $(R_2-H)-(R_1-C_1)>A+F$	DetJ TrJ 结果	− 鞍点	+ − ESS	− 鞍点	+ + 不稳定	+ 0 鞍点
2	$F+T>S_1, A+S_1<T,$ $(R_2-H)-(R_1-C_1)>A+F$	DetJ TrJ 结果	− 鞍点	+ − ESS	+ + 不稳定	− 鞍点	+ 0 鞍点

续表

序号	条件	等式/结果	平衡点 (0, 0)	(0, 1)	(1, 0)	(1, 1)	(α^*, β^*)
3	$F + T > S_1, A + S_1 > T,$ $0 < (R_2 - H) - (R_1 - C_1) < A + F$	DetJ	−	−	−	−	+
		TrJ					0
		结果	鞍点	鞍点	鞍点	鞍点	中心点
4	$F + T > S_1, A + S_1 < T,$ $0 < (R_2 - H) - (R_1 - C_1) < A + F$	DetJ	−	−	+	+	+
		TrJ			+	−	0
		结果	鞍点	鞍点	不稳定	ESS	鞍点
5	$F + T > S_1, A + S_1 > T,$ $(R_2 - H) - (R_1 - C_1) < 0$	DetJ	+	−	+	−	−
		TrJ	+		−		0
		结果	不稳定	鞍点	ESS	鞍点	鞍点
6	$F + T > S_1, A + S_1 < T,$ $(R_2 - H) - (R_1 - C_1) < 0$	DetJ	+	−	−	+	−
		TrJ	+			−	
		结果	不稳定	鞍点	鞍点	ESS	鞍点
7	$F + T < S_1, A + S_1 > T,$ $(R_2 - H) - (R_1 - C_1) > A + F$	DetJ	+	−	−	+	+
		TrJ	−			+	0
		结果	ESS	鞍点	鞍点	不稳定	鞍点
8	$F + T < S_1, A + S_1 > T,$ $0 < (R_2 - H) - (R_1 - C_1) < A + F$	DetJ	+	+	−	−	+
		TrJ	−	+			0
		结果	ESS	不稳定	鞍点	鞍点	鞍点
9	$F + T < S_1, A + S_1 > T,$ $(R_2 - H) - (R_1 - C_1) < 0$	DetJ	−	−	+	−	−
		TrJ				−	0
		结果	鞍点	鞍点	ESS	鞍点	鞍点

3.3.2.2 三方博弈模型的演化及稳定性分析

(1) 演化博弈均衡点求解。

为了寻求公众参与情形下，政府环境规制下企业技术创新的均衡点，则有：

$$\begin{cases} U_1(\alpha) = 0 \\ U_2(\beta) = 0 \\ U_3(\gamma) = 0 \end{cases} \quad (3-56)$$

存在八个特殊均衡点：$M_1(0,0,0)$、$M_2(1,0,0)$、$M_3(1,0,1)$、$M_4(1,1,1)$、$M_5(0,0,1)$、

$M_6(0,1,0)$、$M_7(1,1,0)$、$M_8(0,1,1)$。构成了演化博弈解域的边界：$\{(\alpha,\beta,\gamma)|\alpha=0,1;\beta=0,1;\gamma=0,1\}$，即：$\Omega=\{(\alpha,\beta,\gamma)|0<\alpha<1,0<\beta<1,0<\gamma<1\}$。

对复制动态方程求导可得：

$$\begin{cases} U_1'(\alpha) = (1-2\alpha)[(A+F)\beta + (H+B_1)\gamma + (R_1-C_1-R_2)] \\ U_2'(\beta) = (1-2\beta)[(B_2+D_1)\alpha\gamma - (A+F+D_1)\alpha - (B_2+D_1)\gamma + (F+T+D_1-S_1)] \\ U_3'(\gamma) = (1-2\gamma)d\gamma/dt = (1-2\gamma)[(-B_2-D_2)\alpha\beta + (D_2-B_1)\alpha \\ \qquad\qquad + (D_2+B_1+S_3-S_2)\beta + (B_1-S_3-D_2)] \end{cases}$$

(3-57)

(2) 三方演化博弈的稳定性分析。

根据演化博弈的相关性质，当 $U_1'(\alpha)<0$，$U_2'(\beta)<0$，$U_3'(\gamma)<0$ 时，式 (3-57) 所示的策略 α、β、γ 代表三方应采取的稳定策略 (ESS)。

当 $\alpha\in(0,1)$ 时，$U_1(\alpha)>0$，企业稳定性的演化相位图取决于直线 $(A+F)\beta+(H+B_1)\gamma+(R_1-C_1-R_2)=0$ 的形态。在式 (3-57) 中的第 1 式中，$(A+F)\beta+(H+B_1)\gamma+(R_1-C_1-R_2)=0$ 表示企业稳定状态的分界线，若 $(A+F)\beta+(H+B_1)\gamma+(R_1-C_1-R_2)>0$，则有 $U_1'(0)>0$，$U_1'(1)<0$，此时表明企业采纳技术创新策略是稳定状态，采纳传统污染技术策略是不稳定状态；反之，如果 $(A+F)\beta+(H+B_1)\gamma+(R_1-C_1-R_2)<0$，则结论相反。

同理，可分析政府和公众策略的稳定性。

(3) 三方演化博弈的渐进稳定性分析。

由于博弈三方选取不同策略的概率 α、β、γ 与 t 有关，设定时间步长 Δt，则 $U_1(\alpha)$、$U_2(\beta)$、$U_3(\gamma)$ 可改写为：

$$\begin{cases} \dfrac{d\alpha(t)}{dt} \approx \dfrac{\alpha(t+\Delta t)-\alpha(t)}{\Delta t} \\ \dfrac{d\beta(t)}{dt} \approx \dfrac{\beta(t+\Delta t)-\alpha(t)}{\Delta t} \\ \dfrac{d\gamma(t)}{dt} \approx \dfrac{\gamma(t+\Delta t)-\gamma(t)}{\Delta t} \end{cases}$$

(3-58)

因此，有：

$$\begin{cases} \dfrac{d\alpha(t)}{dt} = \alpha(t)[1-\alpha(t)][(A+F)\beta + (H+B_1)\gamma + (R_1 - C_1 - R_2)] \\ \dfrac{d\beta(t)}{dt} = \beta(t)[1-\beta(t)][(B_2+D_1)\alpha\gamma - (A+F+D_1)\alpha - (B_2+D_1)\gamma + (F+T+D_1-S_1)] \\ \dfrac{d\gamma(t)}{dt} = \gamma(t)[(1-\gamma(t))][(S_2+S_3-B_1)\alpha\beta + (S_2-S_3)\alpha + B_1\beta - S_2] \end{cases}$$

(3-59)

根据企业技术创新共生演化特征，结合演化的仿生学研究，对 Lotka-Volterra 模型进行改编，以表示企业采纳技术创新策略和传统技术策略在时间 t 内的生存演化情况，得出如下的模型。

$$\begin{cases} \dfrac{dT_G(t)}{dt} = \gamma_1 T_G \left(\dfrac{K_G - T_G - \chi_{G0} T_0}{K_G} \right) \\ \dfrac{dT_0(t)}{dt} = \gamma_2 T_0 \left(\dfrac{K_0 - T_0 - \chi_{0G} T_G}{K_0} \right) \end{cases}$$

(3-60)

其中，T_G——采纳创新技术的企业群体数量；

T_0——采纳传统技术的企业群体数量；

γ_1——创新技术单独存在时的最大增长率；

γ_2——传统技术单独存在时的最大增长率；

K_G——创新技术群体在现有条件下的最大容纳量；

K_0——传统技术群体在现有条件下的最大容纳量；

χ_{G0}——传统技术对创新技术的抑制系数；

χ_{0G}——创新技术对传统技术的竞争效应。

为求系统的均衡状态，令 $\dfrac{dT_G}{dt} = \dfrac{dT_0}{dt} = 0$，则：

$$\begin{cases} \dfrac{dT_G(t)}{dt} = \gamma_1 T_G \left(\dfrac{K_G - T_G - \chi_{G0} T_0}{K_G} \right) = 0 \\ \dfrac{dT_0(t)}{dt} = \gamma_2 T_0 \left(\dfrac{K_0 - T_0 - \chi_{0G} T_G}{K_0} \right) = 0 \end{cases}$$

(3-61)

则可得四个平衡点：$P_1(0,0)$，$P_2(0, K_0)$，$P_3(K_G, 0)$，$P_4\left(\dfrac{K_G(1-\chi_{G0})}{1-\chi_{G0}\chi_{0G}}, \dfrac{K_0(1-\chi_{0G})}{1-\chi_{G0}\chi_{0G}} \right)$。令 $f(T_G, T_0) = \dfrac{K_G - T_G - \chi_{G0} T_0}{K_G} = 0$，$g(T_G, T_0) = \dfrac{K_0 - T_0 - \chi_{0G} T_G}{K_0} = 0$。

该两组直线方程取决于 χ_{G0}、χ_{0G} 的取值范围。在直线内侧，即 $\frac{dT}{dt}>0$，主体容量会不断增加；在直线外侧，$\frac{dT}{dt}<0$，主体容量会减少。在竞争过程中，因 K_G、K_0、χ_{G0}、χ_{0G} 值的不同，可得四种不同情形。

情形一：当 $K_G>K_0/\chi_{0G}$，$K_0<K_G/\chi_{G0}$ 时，形成三个区域 N_1、N_2 和 N_3，如图3-14所示。若初始点落入区域 N_1 内，则两种技术类型的企业群体增长率都大于0，平衡点向右上方移动，最终进入区域 N_2；若初始点落入区域 N_2 内，则创新技术企业群体增长率大于0，传统技术企业群体增长率小于0，平衡点向右下方移动，最终趋于均衡点 $(0,K_G)$；若初始点落入区域 N_3 内，则两种技术类型的企业增长率都小于0，平衡点向左下方移动，最终进入区域 N_2 或者趋于均衡点 $(0,K_G)$。因此，在政府严格进行环境规制并给予创新补贴，公众积极进行环保监督时，激励企业开展技术创新活动，并摒弃传统非环保技术，在 K_G、K_G/χ_{G0} 和 K_0、K_0/χ_{0G} 之间的区域 N_2 里，采纳创新技术的群体继续成长，即传统技术的群体已达到最大容量。最终的演化结果是创新技术群体占领市场，传统技术群体退出市场。

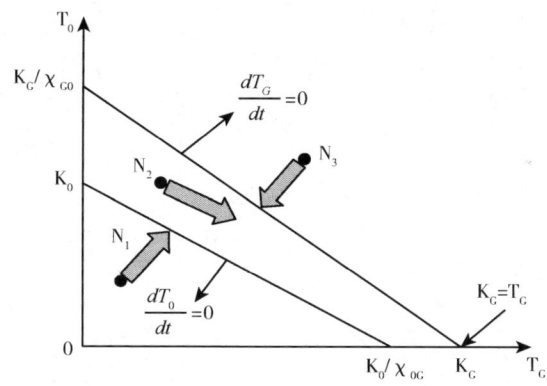

图3-14 三方竞争博弈情形一

同理可以分析情形二、情形三、情形四。

情形二：当 $K_G<K_0/\chi_{0G}$，$K_0>K_G/\chi_{G0}$ 时，形成三个区域 N_1、N_2 和 N_3，如图3-15所示。

在 K_G、K_G/χ_{G0} 和 K_0、K_0/χ_{0G} 之间的区域 N_2 里，因政府环境规制和公众环保监督成本过高而收益较低时，放弃规制和监督，则采纳创新技术的企业不再受到相关制约，该群体不再增长；相反，传统技术群体可继续增长，而最终占领市场，

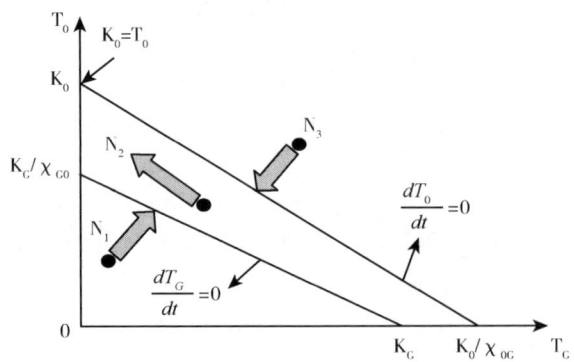

图 3–15　三方竞争博弈情形二

创新技术群体退出。

情形三：当 $K_G < K_0/\chi_{0G}$，$K_0 < K_G/\chi_{G0}$ 时，两个技术群体的直线相交于 E，形成四个区域 N_1、N_2、N_3 和 N_4，如图 3–16 所示。

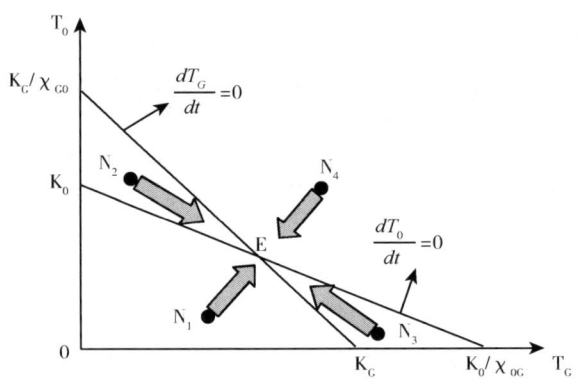

图 3–16　三方竞争博弈情形三

由于 $K_G < K_0/\chi_{0G}$，在 E、K_G 和 K_0/χ_{0G} 的区域 N_3 里，创新技术群体无法继续增长，传统技术群体继续增长，最终趋于 E 点。同理，在 E、K_0 和 K_G/χ_{G0} 的区域 N_2，最终也达到稳定竞争平衡点 E，即：政府和公众作为有限"理性人"，其对环境污染的规制和监督，以及对创新技术的推动，受规制和监督成本及收益的影响，因其作用力度不同，使两种技术群体共存，达到稳定状态。

情形四：当 $K_G > K_0/\chi_{0G}$，且 $K_0 > K_G/\chi_{G0}$ 时，两技术群体相关的直线相交于 E′点，形成四个区域 N_1、N_2、N_3 和 N_4，如图 3–17 所示。在 E′、K_G 和 K_0/χ_{0G} 形成的区域 N_3 内，传统技术群体不可以继续增长，而创新技术群体可继续增长；

在 E′、K_0 和 K_G/χ_{G0} 的区域 N_2 内，则相反。在区域 N_1 和 N_4 内，竞争的结果趋向于均衡点 E′，因此，无法形成稳定的平衡状态，两种技术群体的竞争结果取决于初始容纳量和政府规制强度、公众监督力度。

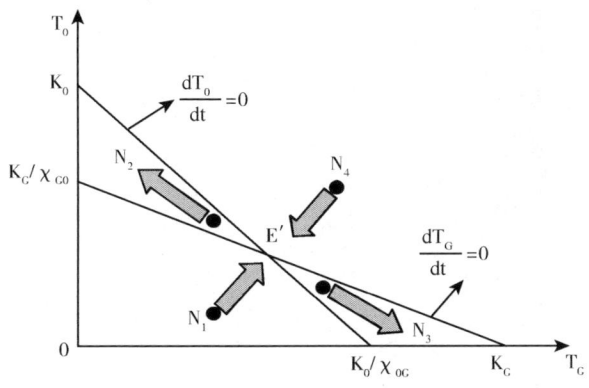

图 3 – 17　三方竞争博弈情形四

综上所述，在企业、政府和公众共同作用下，不同的政府环境规制和公众环保监督强度会产生不同的企业技术策略演化状态。因此，必须重视协同效应对企业技术创新演化策略的重要作用，不断加强政府和公众对环境污染的监督力度，防止过度竞争，促进企业的技术创新活动。

3.3.3　数值分析及结论

3.3.3.1　两方博弈的数值分析

下面对企业和政府两方演化模型作数值分析，检验上述均衡点，并分析不同初始值点向均衡点的演化轨迹。初始值分别取 (0.9，0.1)、(0.8，0.3)、(0.6，0.4)、(0.5，0.5)、(0.4，0.7)、(0.3，0.9)，时间段为 [0，50]。横轴和纵轴分别代表 α 和 β 值。

图 3 – 18 表示参数 $F=4$、$S_1=2$、$R_1=15$、$R_2=20.5$、$C_1=5$、$H=2.5$、$A=3$、$T=1$ 时的演化情况。图 3 – 18 说明，较低的环境规制收益、成本以及创新收益所对应的演化稳定策略为 (0，1)，即（企业不创新，政府规制）。不同的初始值 (α，β) 趋向演化稳定均衡点 (0，1) 的路径：当初始值 α 较大时，随着政府与企业的博弈，α 值急剧下降，然后再共同增加 β 值，最后趋向稳定均衡点 (0，1)。说明最初有很大比例的企业采取技术创新策略，但是由于所获得的创

新收益过低,企业宁愿放弃政府的创新补贴、支付超标排污罚款,也不愿意采纳创新策略,这就需要政府强化环境规制,以约束并监督企业排污行为,因而最终的策略是:企业不进行技术创新,政府实施环境规制政策。

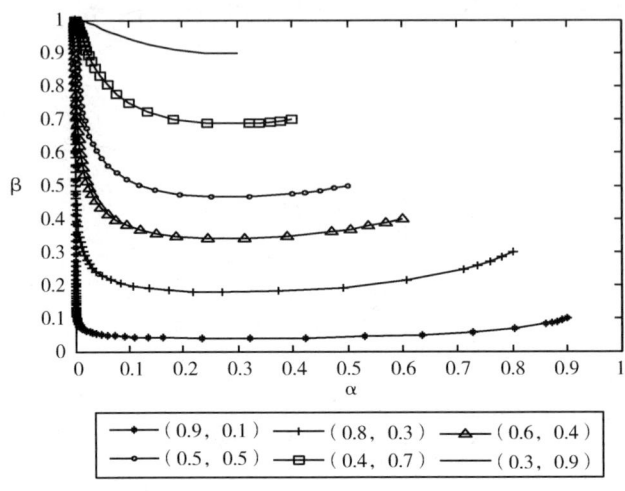

图 3-18　政府环境规制低成本和收益、企业
技术创新低收益时的动态演化图

图 3-19 表示参数 $F=4$、$S_1=2$、$R_1=15$、$R_2=20.5$、$C_1=5$、$H=2.5$、$A=3$、$T=10$ 时的演化情况。图 3-19 说明,当政府环境规制成本和企业技术创新

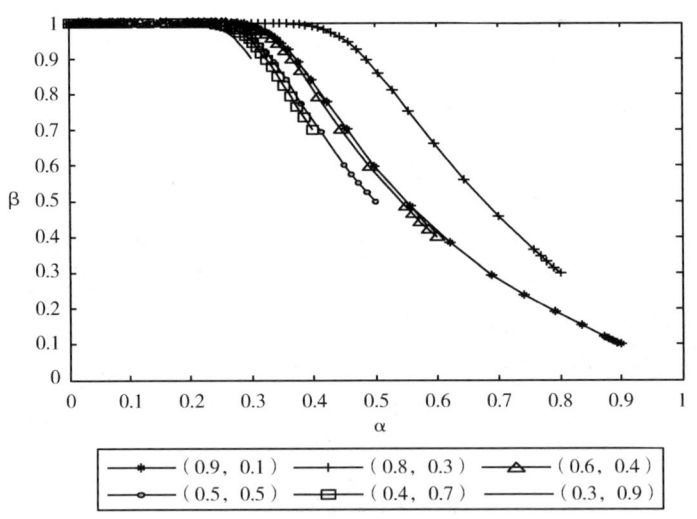

图 3-19　政府环境规制成本和企业技术创新收益
较低、规制收益较高时的动态演化图

收益较低,但是环境规制收益较高时,形成的最终演化稳定策略为 (0,1),即 (企业不创新,政府规制)。不同初始值 (α,β) 的演化路径为:当初始值 β 较小时,随着政府与企业的博弈行为,β 值急剧增加,随之降低 α 值,进而趋向稳定均衡点 (0,1)。最初政府采取环境规制的概率较小,受到较高规制收益的刺激会提高环境规制强度,采取环境规制策略,而企业不创新的收益大于创新收益,因此最终达成的最优策略是:企业采取不创新策略,政府实施环境规制政策。

图 3 - 20 表示参数 $F=4$、$S_1=2$、$R_1=15$、$R_2=18.5$、$C_1=5$、$H=2.5$、$A=3$、$T=1$ 时的演化情况。若政府通过环境规制获取的收益和支付的成本都较低,企业技术创新收益处于中等水平时,政府和企业的博弈具有相互依赖性,没有形成演化稳定策略,(0.29, 0.86) 为博弈中心点,表现出一种周期行为模式。当初始值 α 大于 0.29 时,β 趋向 0 的方向演化;反之,β 趋向 1 的方向演化。当初始值 β 大于 0.86 时,α 趋向 1 的方向演化;反之,α 趋向 0 的方向演化。最终,政府和企业都选择了混合策略。

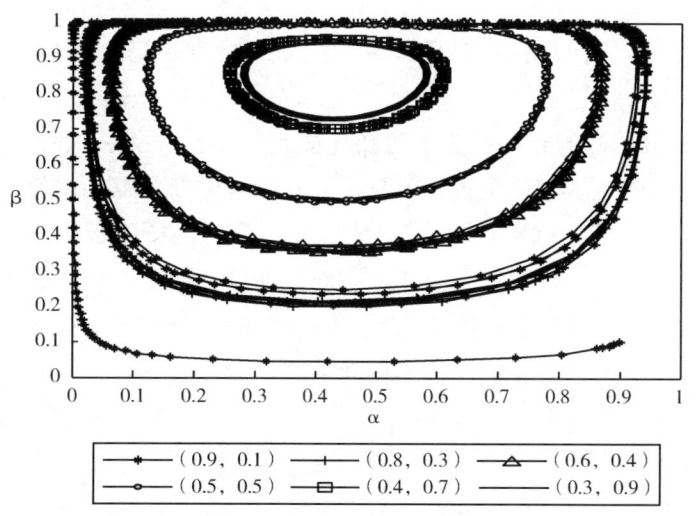

图 3 - 20　政府环境规制成本和收益较低、企业技术创新收益适中时的动态演化图

图 3 - 21 表示参数 $F=4$、$S_1=2$、$R_1=15$、$R_2=18.5$、$C_1=5$、$H=2.5$、$A=3$、$T=10$ 时的演化情况。

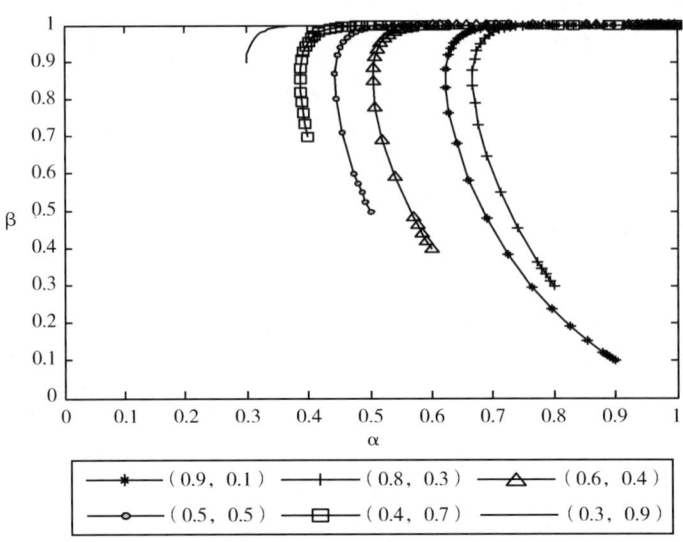

图 3-21　政府环境规制低成本、高收益和企业
技术创新收益适中时的动态演化图

图 3-21 说明，在政府环境规制成本较低、规制收益较高、技术创新收益处于中等水平时的演化稳定策略为（1，1），即（企业技术创新，政府规制）。不同初始值（α，β）的演化路径为：当初始值 β 较小时，随着政府和企业的博弈，β 值急剧上升，并在一定程度上刺激企业采取技术创新策略，α 值增加，进而趋向稳定均衡点（1，1）。最初政府采取环境规制策略的概率较小，但是受到较高环境规制收益的吸引，政府转向提高环境规制强度，而企业采取技术创新策略的收益处于中等水平，在规制力度不大时，企业倾向于采纳原有技术，随着环境规制强度的提升，企业转向积极的技术创新策略选择。

图 3-22 表示参数 $F=4$、$S_1=2$、$R_1=19$、$R_2=18.5$、$C_1=1$、$H=2.5$、$A=3$、$T=1$ 时的演化情况。图 3-22 表明，在政府环境规制成本和规制收益都较低，但是企业可以通过技术创新获得较高收益时，演化稳定策略为（1，0），即（企业技术创新，政府不规制）。（α，β）趋向演化稳定均衡点（1，0）的路径：当初始值 α 值较小时，经过政府和企业之间的博弈，α 急剧提升，随之降低 β 值，最后趋向稳定均衡点（1，0）。最初有一定比例的企业采取技术创新策略，企业受较高创新收益驱动相继迅速转向积极开展绿色技术创新；另外，政府环境规制的收益较低，没有进行环境规制的动力，为节约规制成本和补贴支出，政府不实施环境规制。

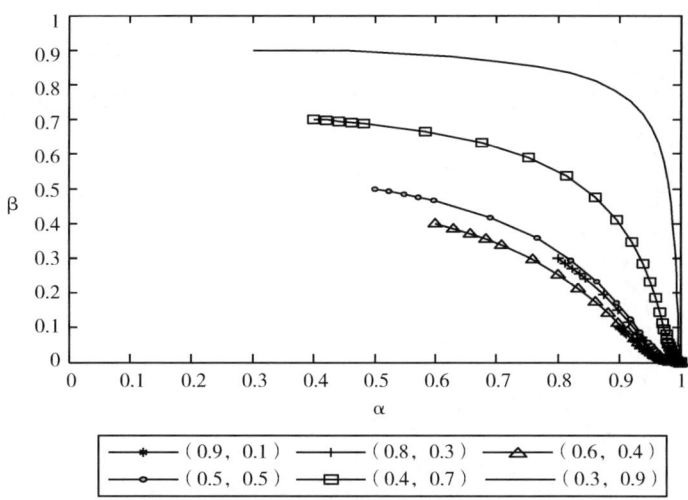

图 3-22　政府环境规制成本和规制收益较低、企业
技术创新收益较高时的动态演化图

图 3-23 表示参数 $F=4$、$S_1=2$、$R_1=19$、$R_2=18.5$、$C_1=1$、$H=2.5$、$A=3$、$T=10$ 时的演化情况。图 3-23 说明，在政府环境规制成本较低、规制收益较高，且企业可以从技术创新中获取较高收益时，演化稳定策略为（1，1），即（企业技术创新，政府规制）。当初始 β 值较小时，随着政府与企业之间的博弈，

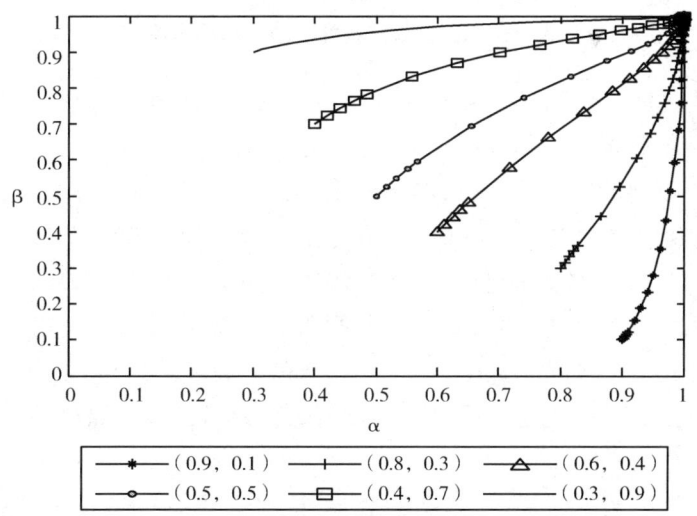

图 3-23　政府环境规制成本较低、规制收益和
企业技术创新收益较高时的动态演化图

β 值急剧提升,并继而增加 α 值,最终趋向稳定均衡点 (1,1)。较高的政府环境规制收益和低环境规制成本刺激政府采取积极的环境规制政策措施。企业一方面受较高的技术创新收益吸引;另一方面受到政府环境规制政策的约束,选择积极的绿色技术创新策略。

图 3-24 表示参数 $F=4$、$S_1=6$、$R_1=15$、$R_2=20.5$、$C_1=5$、$H=2.5$、$A=3$、$T=1$ 时的演化情况。

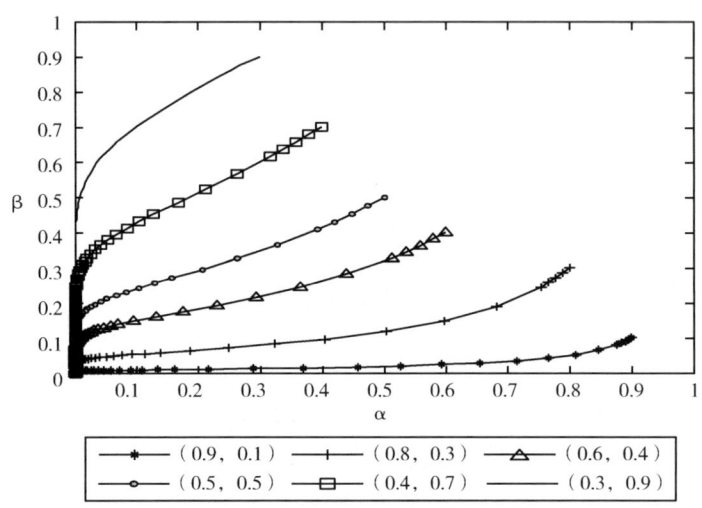

图 3-24 政府环境规制成本较高、规制收益和
企业技术创新收益较低时的动态演化图

图 3-24 说明,若政府需要支付较高的环境规制成本,却只能获取较低的规制收益,而且企业技术创新收益也较低时,演化稳定策略为 (0,0),即(企业不创新,政府不规制)。(α,β) 趋向演化稳定均衡点 (0,0) 的路径:当初始 α 值较大时,随着政府与企业的博弈,α 值先急剧下降并作用于 β,导致 β 值减少;当初始 β 值较大时,博弈过程导致 β 值先降低,然后共同降低 α 值,最终趋向稳定均衡点 (0,0)。即:政府起初采取环境规制策略,但由于环境规制费用和补贴支出过高、收益较低,宁愿承担"先污染后治理"的后果而放弃环境规制,这在一定程度上助长了企业的污染行为,此时选择非绿色技术创新的策略也能获得高收益。

图 3-25 表示参数 $F=4$、$S_1=6$、$R_1=15$、$R_2=18.5$、$C_1=5$、$H=2.5$、$A=3$、$T=1$ 时的演化情况。图 3-25 说明,若政府需要支出较高的环境规制成本,获取较低的规制收益,而且企业技术创新收益处于中等水平时,演化稳定策略为

(0,0),即(企业不创新,政府不规制)。不同初始值(α,β)的演化路径为:当初始值α较大时,在政府和企业的博弈过程中,先迅速降低α值,然后共同降低β值,最终演化为稳定均衡点(0,0)。该演化过程类似于上述情形,只是β值的变化相对更为急剧。

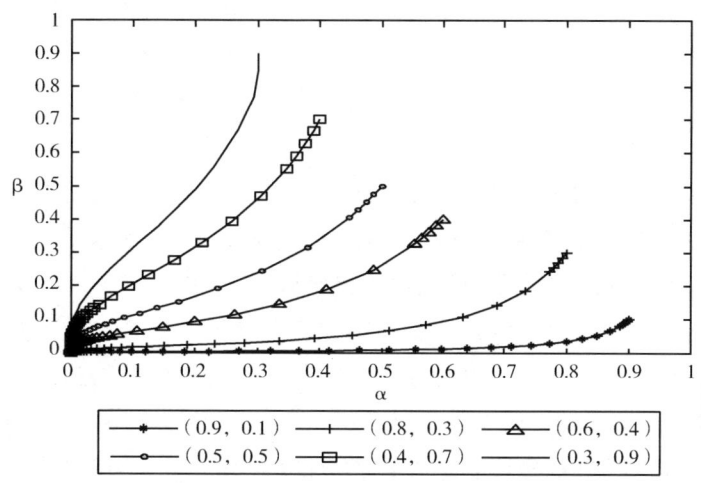

图3-25 政府环境规制高成本、低收益和企业技术创新收益适中时的动态演化图

图3-26表示参数$F=4$、$S_1=6$、$R_1=19$、$R_2=18.5$、$C_1=1$、$H=2.5$、$A=3$、$T=1$时的演化情况。图3-26说明,在政府环境规制高成本、低收益及企业

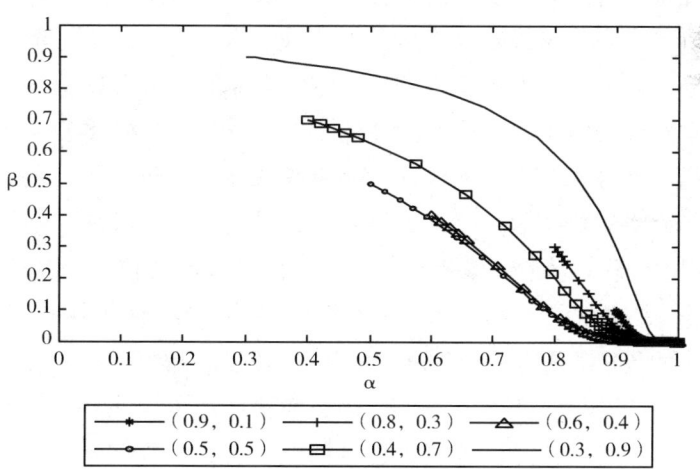

图3-26 政府环境规制成本较高、规制收益和企业技术创新收益较低时的动态演化图

通过技术创新加强环境管理可获得高收益时的演化稳定策略为（1,0），即（企业技术创新，政府不规制）。当初始 β 值较大时，先迅速降低 β 值，然后提升 α 值；当初始 α 值较小时，先迅速提高 α 值，然后降低 β 值。即：起初采取技术创新策略的企业比例较小，由于受到可观的创新收益吸引和政府补贴的诱发，企业相继迅速转向积极的技术创新策略，而政府因环境规制成本过高、收益过低，选择不实施环境规制的策略。

同理也可以对政府环境规制收益、治污成本、企业的补贴和罚款等进行演化分析。

由此看出，与不进行技术创新相比，企业开展技术创新获得的收益和政府给予的补贴越高，治理成本越低，政府对企业环境破坏的处罚越严厉，则企业改善生态环境、开展治理工作的积极性越高，越倾向于选择创新策略；政府环境规制成本越小，规制收益越大，则政府的规制力度也就越大。若企业通过积极的技术创新策略获得的收益远远大于采纳原有技术，则无论政府是否进行规制，企业都会实施技术创新策略。但是，在现实生活中，企业往往难以量化积极绿色技术创新收益，一旦政府不严加规制，企业很有可能会消极应对环境管理，以实现利润最大化。因此，应该积极引入市场机制，促使环境绩效向经济绩效的转换，并通过强化政府的环境规制力度，激发企业积极的创新行为。

3.3.3.2 三方博弈的仿真分析

为更直观地分析不同环境规制强度以及公众监督力度下，企业技术创新的渐近稳定演化轨迹，利用 Matlab 仿真工具对企业、政府和公众三方演化博弈的稳定性进行动态分析。基于前面的理论分析，博弈主体的策略受到相应成本和收益的影响，因此本部分按照收益和成本的高低，以及企业、政府和公众不同初始策略选择概率进行仿真分析，三个轴分别代表企业选择技术创新策略的概率 α、政府选择环境规制策略的概率 β 以及公众选择环保监督策略的概率 γ。

当企业技术创新、政府环境规制和公众环保监督收益较高，以及成本较低时，进行仿真分析，结果如图 3-27 所示。由图 3-27 发现，不论三方的初始选择战略如何，其博弈结果的最终均衡状态为（企业技术创新，政府环境规制，公众环保监督）。当企业技术创新收益较低、成本较高，而政府环境规制和公众环保监督仍然处于高收益和低成本时，对系统演化进行仿真分析，结果如图 3-28 所示。由图 3-28 发现，当初始值为（0.2,0.2,0.2）和（0.5,0.5,0.5）时，最终的均衡策略是（企业不创新，政府环境规制，公众不监督）；初始值为（0.9,0.9,0.9）

时，政府环境规制和公众环保监督程度继续增加，最终达到完全规制和监督，而企业因创新收益低且成本高导致其缺乏创新动力，部分企业倾向于采纳传统技术，但是受到政府环境规制和公众环保监督的双重约束，最终仍然停留在较高的创新程度上。

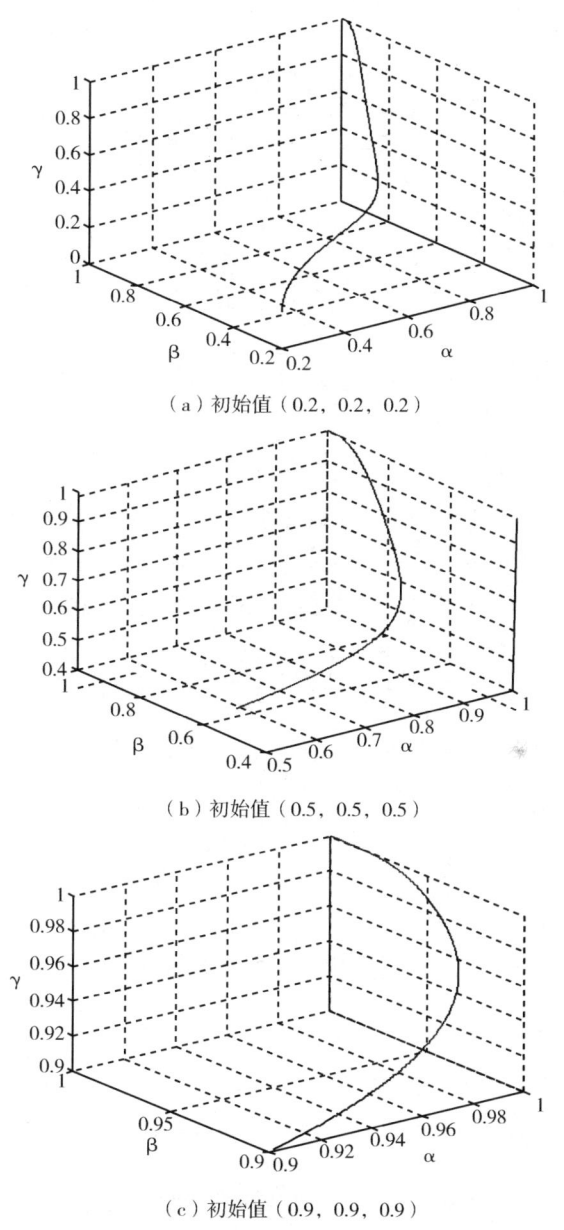

(a) 初始值（0.2, 0.2, 0.2）

(b) 初始值（0.5, 0.5, 0.5）

(c) 初始值（0.9, 0.9, 0.9）

图 3-27 企业技术创新、政府环境规制和公众环保监督高收益、低成本时的演化轨迹

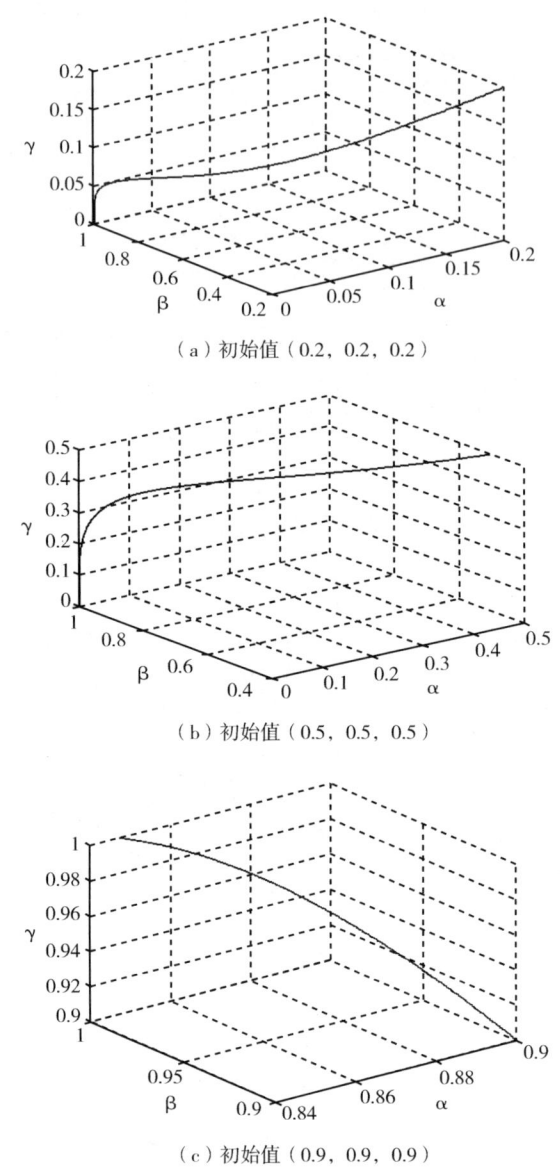

图 3-28　企业技术创新低收益和高成本、政府环境
规制和公众环保监督高收益且低成本的演化轨迹

当企业技术创新、政府环境规制和公众环保监督收益较低且成本较高时，进行仿真分析，结果如图 3-29 所示。由图 3-29 发现，不论三方的初始选择战略如何，其最终的博弈均衡状态为（企业不创新，政府不规制，公众不监督）。

第 3 章　环境规制对企业技术创新的影响机理研究　　**107**

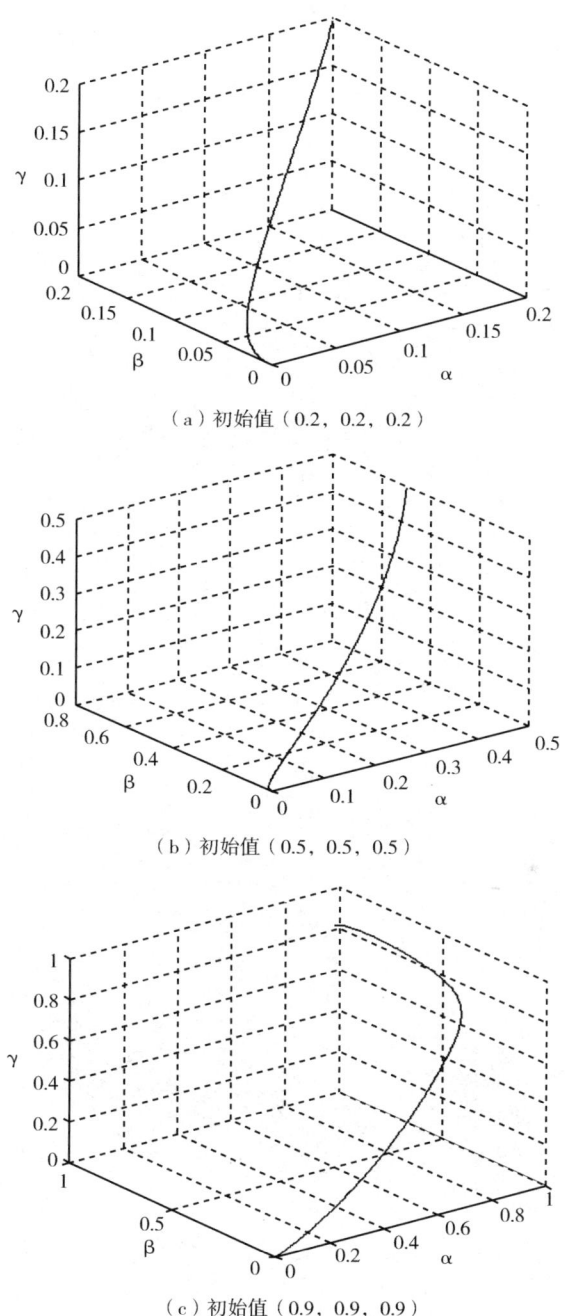

(a) 初始值 (0.2, 0.2, 0.2)

(b) 初始值 (0.5, 0.5, 0.5)

(c) 初始值 (0.9, 0.9, 0.9)

图 3-29　企业技术创新、政府环境规制和公众环保监督低收益、高成本时的演化轨迹

当企业技术创新收益和成本都较高，而政府环境规制和公众环保监督高收益和低成本，但加大政府环境规制对公众环境效益损失的补偿金额时，对系统演化进行仿真分析，结果如图 3－30 所示。由如图 3－30 可知，当初始值为（0.2，

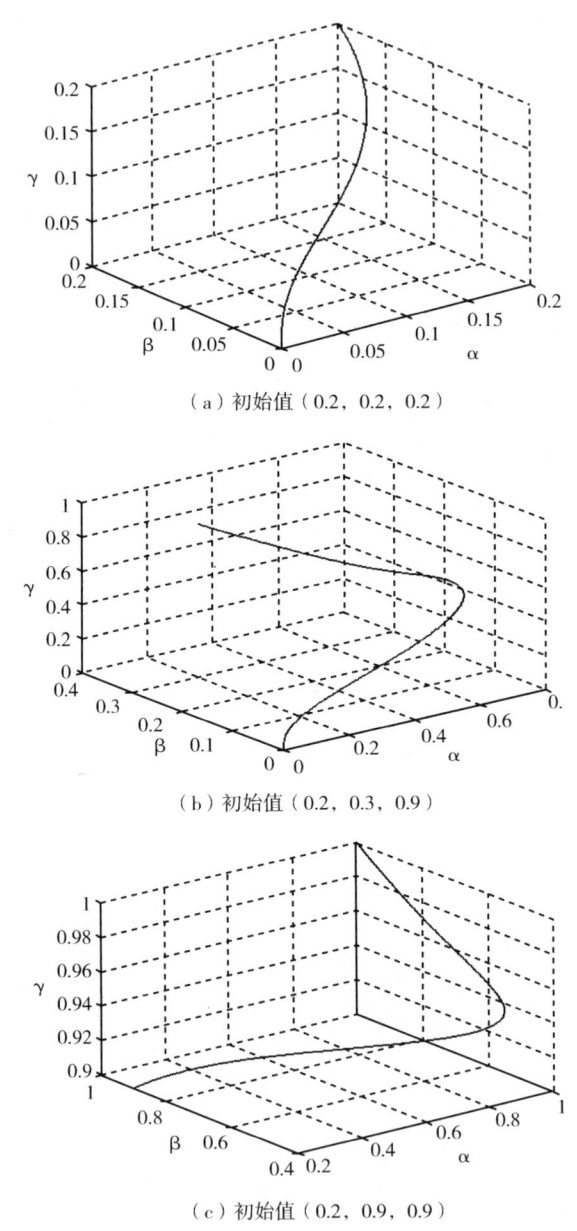

(a) 初始值 (0.2, 0.2, 0.2)

(b) 初始值 (0.2, 0.3, 0.9)

(c) 初始值 (0.2, 0.9, 0.9)

图 3－30　企业技术创新高收益和高成本、政府环境规制和公众环保监督高收益、低成本时的演化轨迹

0.2，0.2）和（0.2，0.3，0.9）时，最终的均衡策略是（企业不创新，政府不规制，公众不监督）。但当初始值为（0.2，0.3，0.9）时，因公众环保监督力度大，所以先是迫使企业采用创新技术，但是企业因面临较高创新成本，最终仍倾向于不进行技术创新的策略。当初始值为（0.2，0.9，0.9）时，企业面临高强度的政府环境规制和公众环保监督双重约束，最终的均衡策略是（企业技术创新，政府环境规制，公众环保监督）。

同理，可对企业罚款、政府环境治理支出参数等进行仿真。

综上所述，企业、政府和公众的行为决策受其收益和成本大小的影响。若与采纳传统技术相比，企业技术创新所获得的收益较高、成本不高，且不创新导致环境污染而缴纳的税金、罚款、公众补偿等较高时，则倾向于选择技术创新策略；当政府环境规制和公众环保监督所获得收益较高，而成本不高时，政府选择严格环境规制策略，公众积极进行环保监督。政府的环境规制和公众环保监督程度越高，越有利于激励企业开展技术创新活动。此外，博弈三方的初始策略影响演化方向和速度。

因此，政府应把握环境规制强度，注重多规制手段结合，强调处于社会网络各个节点的公众环保监督作用，增强环保意识，以推动企业的技术创新活动。作为创新主体的企业也应该以环保为己任，努力开展研发活动，提供绿色产品和服务，提升技术创新效果。

3.4 本章小结

首先，本章分析了环境规制对企业技术创新产生的影响效应，包括创新效应和抵消效应共同作用下的直接影响效应，以及基于产业集中度、企业环境管理战略、公众环境偏好和 FDI 的间接影响效应。其次，分析了环境规制作用下边际效用递增和边际成本递减的价值提升过程，以及向右上方倾斜的需求曲线和向右下方倾斜的供给曲线的供求重塑过程，通过经济学的供需理论和均衡求解探讨环境规制对企业技术创新的影响路径。最后，从演化经济学和仿生学的视角探讨环境规制与企业技术创新之间的策略选择，通过建立企业与政府两方的演化博弈模型以及企业、政府和公众三方的演化博弈模型，分析了相关的策略选择演化规律，得出了不同情况下的演化稳定策略，并运用 MATLAB 对动态策略演化进行赋值仿真分析。研究结果表明：（1）环境规制不仅直接影响企业技术创新活动，还基于中介变量间接作用于企业技术创新。（2）环境规制通过影响边际效用和边际成本提升企业价值，并改变供给和需求曲线，激励企业开展技术创新活动。（3）企业技术创新、政府环境规制和公众环保监督成本越低、收益越大，政府越倾向于严格的环境规制，公众越积极参与环保监督活动，企业越致力于积极开展技术创新活动；政府环境规制及创新激励政策、公众环保监督对企业技术创新产生正向激励作用；但是过于严厉的政府规制降低企业的技术创新积极性。

第4章 不同环境规制工具对企业技术创新的影响差异

差异化的环境规制政策和工具手段为企业技术创新行为设置了不同的约束或激励条件，不同的环境规制政策工具组合和强度对企业技术创新的方向、时机和规模等方面的影响效果存在差异，会导致不同的排污效率和生产效率。为满足公众的环境偏好，争夺技术创新的领先优势，政府应积极开发差异化的环境规制政策工具，以规避对技术创新的抑制作用，激发技术创新动机。在企业当前的技术水平条件下，环境规制是约束和调节企业环保行为的主要推动力。忽视不同类型环境规制对技术创新影响的差异性，就难以提出有针对性和差异化的规制政策，进而难以有效促进技术创新。制定环境规制政策时应充分注重政策对技术创新影响的差异性和实效性。

由于自愿型环境规制不成熟，而且指标难以准确量化，本章通过比较命令控制型环境规制政策和市场激励型环境规制政策对企业技术创新行为的作用方式和途径，研究不同环境规制政策、工具手段和强度对企业技术创新的影响效果。在评价命令控制型环境规制与市场激励型环境规制的优劣时，西方学者过于强调后者的履约成本优势，忽略了规制政策形成、执行和监控成本以及对排污主体环境道德意识的影响。两者相结合的环境规制政策搭配才有助于发挥最大实效。

4.1 命令控制型环境规制对企业技术创新的影响效果

4.1.1 政策工具概述

环境质量标准、排污标准和强制性排污技术标准是比较典型的命令控制型环境规制政策类型,本部分通过比较分析其对企业技术创新的影响效果,探讨同为命令控制型环境规制政策的三项标准对企业技术创新的影响差异。

环境质量标准是旨在提供保护人类健康的生存环境,对污染物含量所作的规定。在制定环境质量标准时应以最佳技术条件为基础,重点限制单位产出或消费的排污量。

排污标准是为实现环境质量标准或环境目标,以人类健康和生态安全为基准,限量规定人为污染源排入生态系统的污染物总量或浓度的政策措施,重点在于控制排污总量。

强制性排污技术标准环境规制要求排污者必须达到特定的技术标准,该规制政策因其所固有的简便性和短期性被普遍应用,可能比较符合规制者和排污者双方的利益。在强制性排污技术标准环境规制下,企业几乎没有选择的余地,排污企业之间不能进行减污量的交易,而只能通过技术创新以最低成本实现减污目标,达到规定的技术标准。

4.1.2 基本假设和模型设定

假定政府制定环境规制政策的最终目标是实现社会福利最大化,而作为市场主体的排污企业,其目标是实现经济利润最大化。为简化分析,假设市场处于完全竞争状态,m 个企业面临相同的单位生产成本 $C(q)$,产出为 q,市场总产出 $Q = \sum_{i=1}^{m} q_i$,单位产出排污量(排放浓度)为 ρ,总排污量为 $e = \rho \cdot q$,产品价格为 P,利润为 π。企业的反需求函数为:$P = P(Q)$。假设在完全竞争市场条件下,企业通过技术创新可以降低排污量,但不会对企业的生产率产生影响,边际生产成本保持不变,即:$(p - C'(q))$ 是固定不变的。

企业通过技术创新降低排污量 r,减排成本为 $k \cdot C(r)$,而且边际减排成本递增,则有:$k > 0, C'(r) > 0, C''(r) > 0$。其中,k 是不同技术水平对应的污染减排技术效应,如果企业采纳传统技术,则 $k = 1$,k 越小说明技术创新能力越强,企业技术创新研发总投入 $R(k), R'(k) < 0, R''(k) > 0$。排放浓度 ρ 与技术水平 k 相对应,$\rho = g(k)$。企业的效用函数如下:

$$U = \pi = (p - C(q))q - k \cdot C(r) - R(k) \quad (4-1)$$

假设企业偷排漏排行为忽略不计,在排污标准环境规制政策下,企业排污上限设定为 $\bar{e}$,则 $r = e - \bar{e}$。在环境质量标准的环境规制政策下,企业排污

浓度上限设定为 $\bar{\rho}$ 且 $0 \leq \bar{\rho} \leq 1$,则 $\bar{e} = \bar{\rho} \cdot q, r = (\rho - \bar{\rho}) \cdot q$。企业通过技术创新确定 k,环境质量标准和排污标准约束下企业的目标函数分别为 π_1 和 π_2 如下:

$$\begin{cases} MAX\pi_1 = (P - C(q)) \cdot q - k_1 \cdot C((\rho - \bar{\rho}) \cdot q) - R(k_1) \\ MAX\pi_2 = (P - C(q)) \cdot q - k_2 \cdot C(e - \bar{e}) - R(k_2) \end{cases} \quad (4-2)$$

如果政府掌握减排成本和污染损害成本的完备信息,即可通过制定明确的技术标准谋求社会福利最大化。但是现实中政府难以掌握完备信息以制定最佳技术标准。假定排污企业要在特定技术标准 ($\bar{k}$) 条件下实现利润最大化,构造如下拉格朗日函数:

$$Max\pi_3 = (P - C(q)) \cdot q - \bar{k} \cdot C(r) - R(\bar{k}) + \lambda(e_{\bar{k}} - r) \quad (4-3)$$

其中 λ 为拉格朗日乘子。

4.1.3 模型推导及最优决策分析

在既定环境规制政策下,企业通过确定产量和减排技术水平来实现福利最大化,由式 (4-2) 对 k 求偏导数可得:

$$\begin{cases} \dfrac{\partial \pi_1}{\partial k_1} = -C((\rho - \bar{\rho}) \cdot q) - R'(k_1) = 0 \\ \dfrac{\partial \pi_1}{\partial k_2} = -C(e - \bar{e}) - R'(k_2) = 0 \end{cases} \quad (4-4)$$

由式 (4-2) 对 p 求偏导数可得:

$$\begin{cases} \dfrac{\partial \pi_1}{\partial q} = (P - C'(q)) - (\rho - \bar{\rho}) \cdot k_1 \cdot C'((\rho - \bar{\rho}) \cdot q) = 0 \\ \dfrac{\partial \pi_2}{\partial q} = (p - C'(q)) - k_2 \cdot C'(e - \bar{e}) = 0 \end{cases} \quad (4-5)$$

对式 (4-4) 进行微分可得:

$$\begin{cases} \dfrac{d[C((\rho - \bar{\rho}) \cdot q)]}{dk_1} = -R''(k_1) \\ \dfrac{dC(e - \bar{e})}{dk_2} = -R''(k_2) \end{cases} \quad (4-6)$$

根据企业技术创新成本函数的性质则有：

$$\begin{cases} \dfrac{dk_1}{d[C((\rho-\bar{\rho})\cdot q)]} = -\dfrac{1}{R''(k_1)} < 0 \\ \dfrac{dk_2}{d[C(e-\bar{e})]} = -\dfrac{1}{R''(k_2)} < 0 \end{cases} \quad (4-7)$$

所以，在通常情况下，不论环境质量标准政策还是排污标准，所设定的环境质量标准和排污标准越小，规制强度越高，企业减排量越大，减排成本越高，此时要求的技术水平越先进，因此越有利于推动企业开展技术创新活动。

由式（4-5）可得：

$$k_2 \cdot C'(e-\bar{e}) = (\rho-\bar{\rho}) \cdot k_1 \cdot C'((\rho-\bar{\rho}) \cdot q) \quad (4-8)$$

若政府规定企业的排污限额为 $\bar{e}$ 或环境质量标准为 $\bar{\rho}$，则企业的减排量相等，可得：$C'(e-\bar{e}) = C'((\rho-\bar{\rho}) \cdot q)$。因为 $0 < (\rho-\bar{\rho}) < 1$，则 $k_2 < k_1$，所以如果政府旨在控制企业排污总量，排污标准规制政策可以在更大程度上激发企业技术创新动机。

令企业在环境质量标准和排污标准政策下的排污总量分别是 e_1 和 e_2。因为 $C'' > 0$，所以必须满足 $((\rho-\bar{\rho}) \cdot q) > (e-\bar{e})$，则 $e_1 < e_2$。因此，在同样技术创新水平下，环境质量标准更有利于企业减少污染物的排放。

若政府设定技术标准，企业只能采用特定的技术 $\bar{k}(\bar{k} < 1)$，只有 $C'(e-\bar{e}) < C'((\rho-\bar{\rho}) \cdot q)$，才能满足 $\bar{k} \cdot C'(e-\bar{e}) = (\rho-\bar{\rho}) \cdot \bar{k} \cdot C'((\rho-\bar{\rho}) \cdot q)$。

在 P 和 C_r 既定的情况下，对式（4-3）在 Kuhn-Tucker 条件下求偏导，则存在一内点解（q^*, e^*），即此时的约束条件是松弛的，则：

$$\begin{cases} \lambda = -C_r \\ e^* = e_{\bar{k}}, (k^* = \bar{k}) \end{cases} \quad (4-9)$$

* 表示最优水平，$\bar{k}$ 是由环境政策规制者确定的外生变量。λ 可视作减排的影子价格，是减排措施对损害成本所产生的影响。在完备信息条件下，若规制者能有针对性地为每个排污企业确定效用最大化的最优减排技术，则 λ 对每个减排企业而言无异质性。在特定条件下，强制性技术标准有利于约束排污企业，以达到理想的污染排放水平。

强制性排污技术标准有助于聚集分散的企业技术创新，否则极容易出现过度的多样性和不同的发展方向。强制性技术标准作为技术创新的起源,可以为技术创新提供统一的标准,约束技术创新方向,该约束过程如图4-1所示[236]。横轴表示因设计和配置不同出现的横向差异,纵轴表示功能和效用的纵向差异。图4-1(a)表示打开技术创新框架的起点,起点向上的线条表示技术创新贡献度。图4-1(b)表示技术创新的第一个阶段,此时由强制性排污技术标准引发两个同步创新活动,它们朝着不同的方向发展并延伸。图4-1(c)表示技术创新的第二个阶段,每个创新方向又引发了两个相关子创新。技术创新和市场竞争推动"标准树"的枝干进一步成长,最终促成"树冠"的繁盛,推动了整个创新体系的形成,如图4-1(d)所示。强制性排污技术标准引导并最终促成了排污技术的规模化发展,整个发展过程呈现出规律、有序的结构特征。

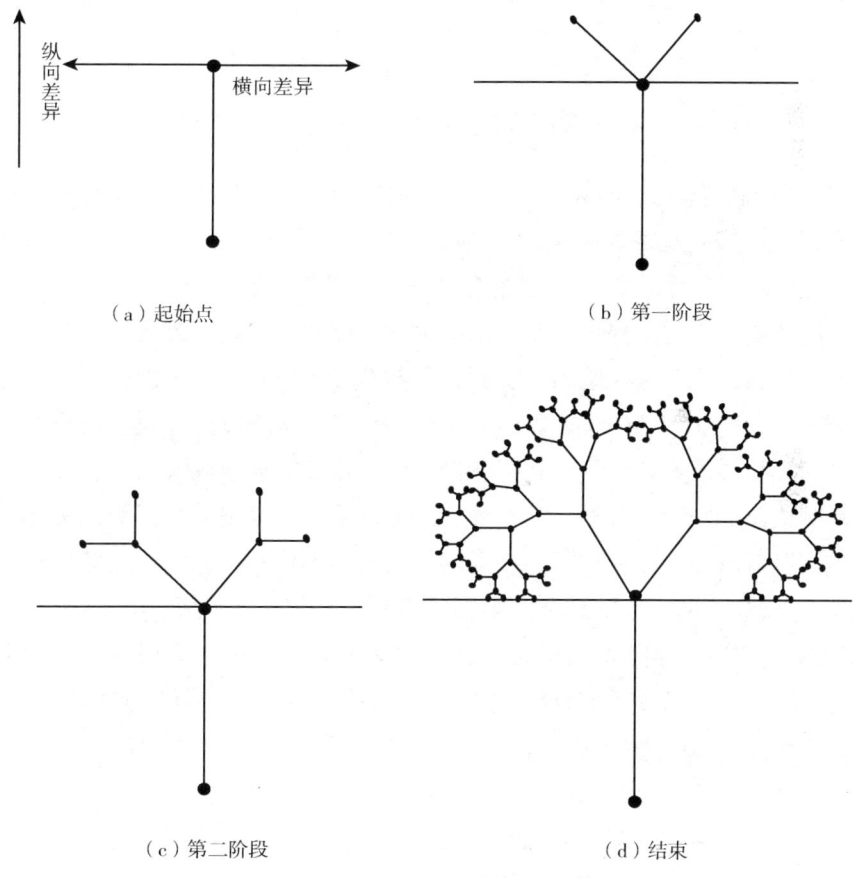

图4-1 强制性排污技术标准对技术创新的约束

反之,若没有强制性排污技术标准,如图4-2所示。由图4-2(a)可以发现，同一时期从基础创新点衍生的技术创新没有方向性，而且差异较小。如图4-2（b）所示的第二个创新阶段，就已经呈现密集的"树冠"，显得杂乱无章。因此，此时的技术创新可能会出现低效率，难以实现高水平和规模经济效应。

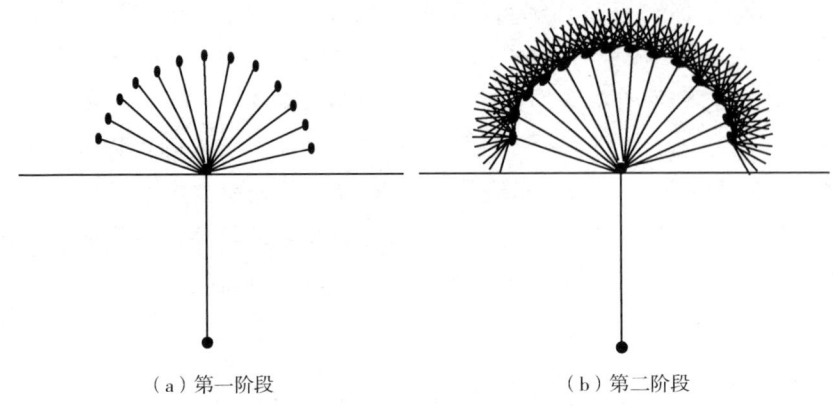

(a) 第一阶段　　　　　　　　(b) 第二阶段

图 4-2　不考虑强制性排污技术标准时的技术创新

因此，强制性排污技术标准是企业开展技术创新活动的基础，通过约束技术创新的多样化，设定的标准技术可以为技术创新提供有效信息，规划技术创新成果转化的优化路径，为企业技术创新提供了制度保障，有助于提高技术创新效率。从网络效应的角度来看，提供技术标准的主导厂商通过先动优势发挥示范效应。

然而，创新技术开发风险较大，预期收益存在不确定性，加之传统技术标准的网络效应，大大增加了新旧技术的转化难度，创新技术难以市场化，而且产品价格不能反映污染损害成本。因此，在强制性排污技术标准环境规制下，企业产量并未因污染削减机制而减少，单个排污企业无法通过采纳创新技术降低规制成本。信息不对称使规制者难以完全获取排污企业的减污或技术信息。此时，环境规制者通常希望企业采纳统一的、容易监督的末端治理技术，但由于企业的排污函数存在差异，相同排污量并非伴随相同排污率，边际减排成本通常也不相等，此时企业通常不能达到最优排污水平和满足基本的配置效率条件。若边际减排成本高的企业把部分减排任务向边际减污成本较低的企业转移可节省成本，增加总效用。

4.1.4　结果分析与比较

通过分析环境质量标准、排污标准和强制性排污技术标准对企业技术创新的影响，主要得出以下结论：

第一,若政府设定较低的排污量或排污浓度,提高污染控制的严格程度,则企业的减排量越大,企业越有动力提升技术创新水平;若政府在掌握完备的企业减排成本及污染损害成本信息的情况下,制定恰当技术标准,则可以推动企业技术创新健康发展。

第二,若政府的污染控制目标明确,排污标准政策比环境质量标准政策更有利于激励企业采纳高效的创新技术,增加社会总福利。我国政府应完善相关的法律法规和具体实施制度,强化环保部门的监督执法工作。结合人体健康和生态环境强化排污标准的评估、制定和实施的力度,提高排污标准的可操作性,构建全程跟踪监测体系,加强实施状况评估,通过绩效考核进行考评,充分发挥企业作为技术创新主体的积极性。

第三,由于在特定的技术创新条件下,环境质量标准比排污标准更有利于提高企业环境绩效,对企业技术创新的影响效果更好,但须配合技术标准共同实施。由于环境质量标准的制定受到保护对象及污染物项目选择、限值及阶段目标设立、划区实施与监测评价等影响,因此应针对不同的用途功能,设定指标含义明确的污染物项目和差异化限值要求,并根据区域、流域主导功能,开展监测评价工作。

第四,在环境污染极为严重且影响效果长期不可逆转的情形下,若技术与生态信息复杂、可行的替代性技术种类有限、排污企业难以获取关键技术、对价格信号反应迟钝,而且环境规制主体容易实施技术监督时,技术标准环境规制有其明显优势。但是,该政策缺乏一定的灵活性,难以对产量形成约束而实现减污目标,在一定程度上成为企业技术创新的阻力,限制了技术创新的社会总供给。倘若政府因有限理性对技术的成熟度、适用性、可靠性、可转化性、经济性和风险等指标评估不充分、欠准确,所制定的技术标准将会有损于社会总福利。随着时间的推移必然造成技术标准环境规制措施变得效率低下,因此,追求灵活的环境规制政策,积极构建企业技术创新的动力机制,充分调动创新积极性,是实现环境规制目标的根本所在。

4.2 市场激励型环境规制对企业技术创新的影响效果

4.2.1 政策工具概述

排污税费和排污权交易是比较典型的市场激励型环境规制政策,国内外已有文献从税收作为补贴、转移支付、公共物品和服务支出等影响企业技术决策等方面进行了探讨[237,238]。

排污费又称庇古税，在我国排污费实质上是一种"准排污税"，通过对污染者征收税费的形式，弥补污染企业的私人成本和社会成本之差，实现外部成本的内部化，降低企业的排污量。减污成本与外部成本之差即为确定的最优排污费，如图4-3所示。

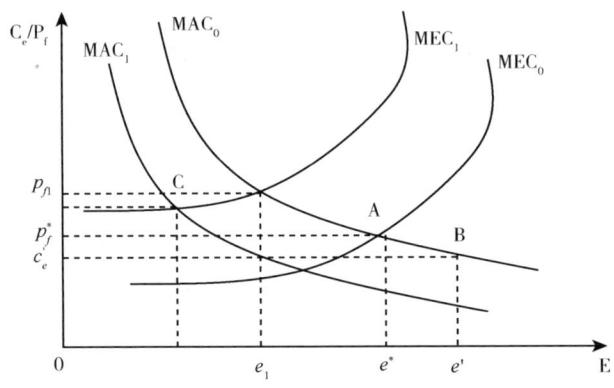

图4-3 排污费作用下的均衡分析

当 $MAC_0 = MEC_0$ 时，交于 A 点，此时的最优排污量 e^*，排污费 p_f^*。当排污量超过 e^* 时，如图4-3中的 e' 点，则排污费超过减排成本，污染企业会采取措施降低排污量。如果企业通过改进工艺和排污技术等技术创新活动强化污染治理，则 MEC_0 向左上方移动至 MEC_1，MAC_0 向左下方移动至 MAC_1，两者交于 C 点，确定新的最优排污量 e_1 和排污费 p_{f1}。MEC 和 MAC 的相对变动幅度决定了最优排污费的大小。因此，征收排污费可以在一定程度上激励企业通过技术创新活动降低边际减排成本，以避免缴纳过高的排污费。

但是，政府部门无法获得排污企业的污染治理成本信息，加之外部成本存在差异性，如果政府只依靠单一的收费标准且部分地区的收费标准较低，此时排污企业宁愿缴纳排污费而增加排污量，难以激励企业通过技术创新降低排污量。

因此，本部分重点研究排污税和排污权交易两种不同的市场激励型环境规制政策对企业技术创新的影响效果及差异。

排污税政策，是指政府通过设定排污税率 t，向排污企业按照排污量征收税金的一个税种，有利于实现外部成本的内部化，对企业的环境污染进行监管。

排污权交易政策，是指为在市场化条件下实现环境资源的产权化，建立环境资源的有偿使用机制,反映排污权的稀缺性特征,政府设定合法的污染排放许可,通过市场交易手段买卖排污许可,改变企业的要素分配和发展模式,增加环境资源使用成本,达到控制污染排放的目的。

4.2.2 基本假设和模型设定

假设政府先制定相关规制政策,企业与政府之间存在信息不对称,企业完全了解政府征收行为,而政府不了解企业的环境行为。企业通过技术创新影响连续的短期边际减排成本(MAC)。企业采纳传统落后技术与创新技术的边际减排成本分别为 MAC_0 和 MAC_1,两者存在交点。采纳创新技术降低的减排成本与减排量并非单调线性关系。给定边际污染损害成本(MDC),MDC 的斜率和技术创新程度呈现倒"U"型特征,若污染损害因子较小,采用传统技术比创新技术带来更大经济利益,适中的 MDC 斜率要求企业部分或者完全选择创新技术策略;若污染损害因子过大,则企业再次转向传统技术策略。

假设市场上有 m 个企业,用 $g \in [0, 1]$(连续区间)表示企业的污染程度。所有企业都可以选择技术创新策略,可由 0 技术水平(传统技术状态)提高到 G 水平(创新技术状态)。e 为企业的排污量,当前技术水平条件下企业的总减排成本和边际减排成本函数如下:

$$C_0(e_0) = \frac{1}{2}(1 - e_0)^2 \qquad (4-10)$$

$$MAC_0(e_0) = 1 - e_0 \qquad (4-11)$$

企业 i 开展技术创新活动的变动成本如下:

$$VC_G^i(e_G) = \frac{1}{2}(G - e_G)^2 \qquad (4-12)$$

其中,G 可视作成本参数,与创新技术的成本下降速度以及企业获取相应财力支持的难易程度相关。政府决定其值为 L 的概率是 ϑ,值为 H 的概率是 $1 - \vartheta$,$\frac{1}{2} < L < H < 1$①。企业 i 开展技术创新的总减排成本和边际减排成本分别为:

$$C_G^i(e_G) = VC_G^i(e_G) + F^i = \frac{1}{2}(G - e_G)^2 + F^i \qquad (4-13)$$

---

① $L > \frac{1}{2}$ 的假设是为了考虑增量创新逐渐降低减排成本。

$$MAC_G(e_G) = G - e_G \quad (4-14)$$

因初始污染程度和技术水平各异，企业开展技术创新投入的固定成本 F^i 也不同，初始污染越严重，技术创新水平越高，固定投入越大，$F^i \geq 0$，$F' > 0$，$\underline{F}$ 和 $\overline{F}$ 分别为 F 的下限和上限。$C_\kappa(e) \geq 0 (\kappa = (0, G))$，当 $e < e_\kappa^{max}$ 时，$C_\kappa(e) > 0$，$C'_\kappa(e) < 0, C''_\kappa(e) > 0$。即：当实际排污量小于非规制下的最大排污量时，减排成本始终为正，与排污量呈反比关系，是排污量 e 的连续递减、严格凸函数。当 $e \geq e_\kappa^{max}$ 时，$C_\kappa(e) = 0$。$e_G^{max} \leq e_0^{max}$，企业选择创新技术策略时的非规制排污量小于传统技术水平下非规制排污量。

用 α 表示开展绿色技术创新的企业所占比例，则总的排污量为：

$$E = \alpha \cdot e_G + (1 - \alpha) \cdot e_0 \quad (4-15)$$

总的环境损害函数和边际损害成本分别可表示为：

$$D(E, \delta) = \frac{1}{2}\delta E^2 \quad (4-16)$$

$$MDC(E) = \delta E \quad (4-17)$$

污染损害参数 $\delta \geq 0$，是 MDC 的外生变量，排污量决定污染损害程度的大小。假设若 $\delta > 0$，则 $D(0, \delta) = 0, D_E(E, 0) = 0$；当 $E > 0, \delta > 0$ 时，分别求 E, δ 的导数可得 $D_E(E, \delta) > 0, D_\delta(E, \delta) > 0, D_{E\delta}(E, \delta) > 0$，因此，δ 导致污染损害和边际污染损害增加。

为了求角解 $\alpha = 1(\alpha = 0)$，则假设：

$$F > L(1 - L) \quad (4-18)$$

$$L > \frac{\delta F}{\delta[F + (1-H)^2] + F} \quad (4-19)$$

$$H > \frac{\delta}{\delta + 1} \quad (4-20)$$

结合之前的假设条件，则有：

$$F > (1 - G)^2 \quad (4-21)$$

存在某一排污量 $\hat{e}$ 满足两种技术条件下 MAC 相交，且存在单一交点，则式 (4-22) 成立：

$$\begin{cases} -C'_G(e) = -C'_0(e), \text{当 } e = \hat{e} \text{ 时} \\ -C'_G(e) < -C'_0(e), \text{当 } \hat{e} < e < e_0^{max} \text{ 时} \\ -C'_G(e) > -C'_0(e), \text{当 } e < \hat{e} \text{ 时} \end{cases} \quad (4-22)$$

由此可以得出：

(1) 在 $\hat{e}$ 点，选择创新技术策略产生的成本优势最大，而且严格为正；

(2) 当满足前提假设条件时，存在特定污染排放量 $e_a < \hat{e}$，当 $e > e_a$ 时，则 $C_G(e) < C_0(e)$；

(3) 如果 $-C'_G(e_G) = -C'_0(e_0)$，那么存在：

$$\begin{cases} -C'_\kappa(e_\kappa) = -C'_\kappa(\hat{e}), \text{当 } e_0 = e_G = \hat{e}, \kappa = (0, G) \text{时} \\ -C'_\kappa(e_\kappa) < -C'_\kappa(\hat{e}), \text{当 } e_0 > e_G, \kappa = (0, G) \text{时} \\ -C'_\kappa(e_\kappa) > -C'_\kappa(\hat{e}), \text{当 } e_0 < e_G, \kappa = (0, G) \text{时} \end{cases} \quad (4-23)$$

因为在 $\hat{e} < e < e_0^{max}$ 范围内，$MAC_G < MAC_0$，所以在 $\hat{e}$ 处成本差异为正。由边际均等原理可知，若 MAC_0 较高，则选择创新技术策略的企业排污量小于使用传统技术的企业排污量；反之亦然。

4.2.3 模型推导及社会福利最大化

假设在传统技术和创新技术同时存在的市场上，总社会成本（TSC）包括企业减排成本、技术创新及扩散成本、污染损害成本三部分[239]。

$$\begin{aligned} TSC(e_0, e_G, \alpha) &= \alpha \cdot C_G(e_G) + \int_{\sigma=0}^{\alpha} F(\sigma) d\sigma + (1-\alpha) \cdot C_0(e_0) + D(E, \delta) \\ &= (1-\alpha) \frac{1}{2}(1-e_0) + \alpha \cdot \frac{1}{2}(G-e_G)^2 + \frac{1}{2}\alpha^2 F \\ &\quad + \frac{1}{2}\delta[\alpha e_G + (1-\alpha)e_0]^2 \end{aligned} \quad (4-24)$$

其中，由于企业技术创新固定成本 F 在区间 (0, αF) 内平均分布，因此总固定成本可以表示为 $\frac{1}{2}\alpha^2 F$。e_0, e_G, α 都非负，环境规制政策制定者的最优策略是寻求社会总成本最小。

根据式 (4-24) 应用 Kuhn-Tucker 积分法，可得：

$$\begin{cases} C'_0(e_0) + D_E(E, \delta) = 0 \\ C'_G(e_G) + D_E(E, \delta) = 0 \end{cases} \quad (4-25)$$

$$C_G(e_G) + F(\alpha) - C_0(e_0) + (e_G - e_0) \cdot D_E(E, \delta) - \lambda_0 + \lambda_1 = 0 \quad (4-26)$$

拉格朗日函数如下：

$$L = \alpha \cdot C_G(e_G) + \int_{\sigma=0}^{\alpha} F(\sigma)d\sigma + (1-\alpha) \cdot C_0(e_0) + D(E,\delta) - \lambda_0 \alpha - \lambda_1(1-\alpha)$$
(4-27)

其中，λ_i 是对 α 和 $(1-\alpha)$ 非负限制的 Kuhn-Tucker 乘子。当 $\lambda_0 = \lambda_1 = 0$ 时，则有：

$$\frac{\partial \alpha}{\partial \delta} = \frac{-D_{E\delta}C''_0 C''_G \cdot [e_G - e_0]}{C''_0 C''_G [F_\alpha + (e_G - e_0)^2]D_{EE} - \alpha \cdot (1-\alpha)F_\alpha D_{EE}}$$
(4-28)

当 $e_G > e_0$ 时，式（4-28）的分子为正；反之，为负；当 $e_G = e_0$ 时，为 0。在满足成本为最小解时，分母为正。

对于角解 $\alpha = 1$ 时，λ_1 表示社会福利的边际增加额。结合隐函数定理和包络定理可得：

$$\frac{\partial \lambda_1}{\partial \delta} = -(e_G - e_0)D_{E\delta}(E, \delta)$$
(4-29)

$\hat{\delta}$ 表示在传统技术和创新技术水平下，最优排污量为 e^* 时的污染损害参数的临界值，$D_E(e^*, \hat{\delta}) = -C'_\kappa(e^*), \kappa = (0, G)$。当 $\delta \leq \hat{\delta}$ 时，式（4-29）为正；当 $\delta > \hat{\delta}$ 时，式（4-29）为负。

根据式（4-26）可知，如果 $\overline{F} \leq C_0(e_0) - C_G(e_G) - (e_G - e_0) \cdot D_E(E, \delta)$，企业选择采纳创新技术作为其最优策略。最大化该临界值则有：$-(e_G - e_0) \cdot D_{E\delta}(E, \delta) = 0, \delta = \hat{\delta}$。如果 $\underline{F} \geq C_0(e_0) - C_G(e_G) - (e_G - e_0) \cdot D_E(E, \delta)$，对于某些 $\delta > 0$，环境规制不能激励企业开展技术创新活动。其充分但不必要条件是：对于所有的 $\delta > \hat{\delta}$，$-(e_G - e_0) \cdot D_E(E, \delta)$ 非正，$\underline{F} \geq \lim_{e \to 0} C_0(e) - C_G(e)$。

因此，可得如下结论：

（1）当 $\delta \leq \hat{\delta}$ 时，企业最优技术创新水平与 δ 呈现弱单调递增关系；当 $\delta > \hat{\delta}$ 时，两者存在弱单调递减关系。

（2）如果 $\overline{F} \leq C_0(e^*) - C_G(e^*)$，存在 $\hat{\delta} \in [\underline{\delta}, \overline{\delta}]$，创新技术的完全扩散成为社会最优策略选择；如果 $\overline{F} \geq \lim_{e \to 0}[C_0(e) - C_G(e)]$，$\delta$ 足够大，则社会的最优策略选择是所有企业都选择传统技术策略。

技术创新的非单调成本优势导致 δ 与企业技术创新程度是倒"U"型关系，极大或极小的 δ 值都不会激发企业的技术创新活动；当 δ 值处于中间水平时，企业是否选择技术创新策略依然存在不确定性。

当 δ 较小、边际污染损失较低时，技术创新带来的成本优势随减排量增加而凸显，有利于降低企业的整体排污水平。当 MDC 的斜率较小时，δ 边际递增迫切要求企业加大减排力度，会提高技术创新带来的成本优势。一旦超过 $\hat{\delta}$，δ 边际增加依然会促使企业采取积极的减排措施，但是减排技术效果减弱，技术创新的成本优势会随减排量的增加而变得不再明显，整个社会承担技术创新成本的意愿降低，并且导致社会最优技术创新水平随 δ 增加而降低。因此，为实现减排成本最小化，务必有效权衡实施技术创新的 F（α）和总减排成本优势。

根据式（4-24），对 e_0 和 e_G，以及 α 求偏导可得：

$$\tau \equiv 1 - e_0 = G - e_G = \delta E \tag{4-30}$$

$$\frac{1}{2}(G - e_G)^2 - \frac{1}{2}(1 - e_0)^2 + \alpha F = (e_0 - e_G)\delta E \tag{4-31}$$

则将式（4-30）代入式（4-31）可得：

$$\alpha F = \tau(e_0 - e_G) = \tau(1 - G) \tag{4-32}$$

即实现社会总成本最小化时满足每个企业的边际减排成本相等且等于边际损害成本。社会优化均衡分析如图 4-4 所示，减排的影子成本为 τ'，企业通过技术创新可以减少减排成本，表示为：$A_0B_0B_GA_G = \tau'(e_1' - e_G') = \tau'(1 - G)$。表明当 $F < \tau'(1 - G)$ 时会采纳创新技术，最高固定成本 $\alpha'F = A_1B_1B_GA_G$。

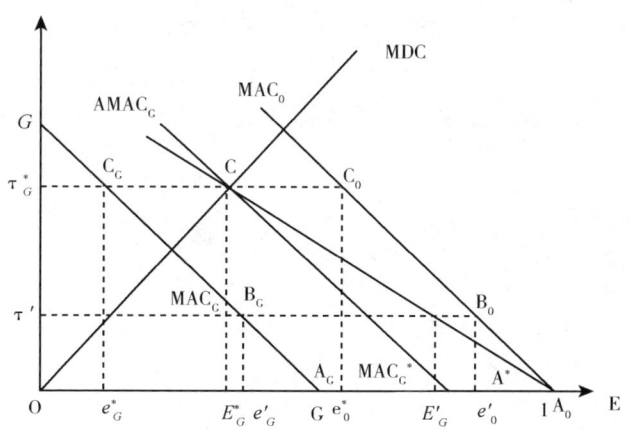

图 4-4 社会最优均衡分析

将式（4-32）和式（4-30）代入（4-15）可得：

$$E_G = e_0 - \alpha(1-G) = e_0 - \frac{\tau(1-G)^2}{F} \qquad (4-33)$$

根据式（4-30）、式（4-32）和式（4-33）可将总边际减排成本 $AMAC_G$ 定义为：

$$1 - e_0 = C_G(1 - E_G) \equiv AMAC_G \qquad (4-34)$$

结合式（4-21）可得：

$$C_G = \frac{F}{F + (1-G)^2} > G, C_L < C_H \qquad (4-35)$$

根据式（4-30）和式（4-34）求最优排污水平、边际损害和总边际减排成本得：

$$E_G^* = \frac{C_G}{C_G + \delta}, \tau_G^* = \frac{C_G \delta}{C_G + \delta} \qquad (4-36)$$

将式（4-36）代入式（4-32）可得：

$$\alpha^* = \frac{(1-G)}{F} \cdot \frac{C_G \delta}{C_G + \delta} = \frac{\delta(1-G)}{F(\delta+1) + \delta(1-G)^2} < \frac{\delta}{\delta+G} < 1 \qquad (4-37)$$

由式（4-21）和式（4-37），$\alpha_L^* > \alpha_H^*$，则：

$$\frac{\partial \alpha_G^*}{\partial G} = \frac{\delta[\delta(1-G)^2 - F(\delta+1)]}{[F(\delta+1) + \delta(1-G)^2]^2} < 0 \qquad (4-38)$$

当 $E=1$ 时，总的减排成本为0，根据式（4-30）、式（4-32）和式（4-34）则有：

$$AMAC_G = \frac{1}{2}C_G(1-E)^2 \qquad (4-39)$$

图4-4给出了最优排污水平 e_G^*、e_0^* 和 E_G^*，以及最优边际减排成本 τ_G^*。若采纳创新技术的企业比例为 α^*，边际减排成本为 MAC_G^*。最优水平下的总变动减排成本为 $E_G^*A^*C$，总固定减排成本为 CC_0A_0，$CC_0A_0 = A^*CA_0$，社会最优决策下的总减排成本 $ATAC_G$ 由变动成本和固定成本构成，即：$E_G^*A^*C + CC_0A_0 = E_G^*CA_0$。总环境损害成本为 OCE_G^*，所以社会最优决策下总社会成本为 OCA_0。最优决策下的社会最小成本可表示为：

$$SC_G^* = ATAC_G(E_G^*) + D(E_G^*, \delta^*) = \frac{1}{2}C_G(1-E_G^*)^2 + \frac{1}{2}\delta E_G^{*2} = \frac{C_G\delta}{2(C_G+\delta)}$$
(4-40)

4.2.4 最优决策分析与比较

在环境规制政策下，假设 λ 表示单位排污量的规制成本，则在当前技术水平下的企业最小化成本为 $C(e_0) + \lambda e_0$，根据式（4-10）和式（4-11）可得：

$$e_0 = 1 - \lambda \qquad (4-41)$$

技术创新企业最小化成本 $VC_G(e_G) + \lambda e_G$，根据式（4-12）可得：

$$e_G = G - \lambda \qquad (4-42)$$

将式（4-41）和式（4-42）代入式（4-15）可得：

$$\lambda = 1 - E_G - \alpha(1-G) \qquad (4-43)$$

由式（4-10）和式（4-41）可得不采纳技术创新企业的总成本为：

$$\Re_0 = \frac{1}{2}(1-e_0)^2 + \lambda e_0 = \frac{\lambda(2-\lambda)}{2} \qquad (4-44)$$

由式（4-13）和式（4-42）可得采纳技术创新企业的总成本为：

$$\Re_G^i = \frac{1}{2}(G-e_G)^2 + \lambda e_G + F^i = \frac{\lambda(2G-\lambda)}{2} + F^i \qquad (4-45)$$

如果 $\Re_G < \Re_0$，则企业会开展技术创新活动，根据式（4-44）和式（4-45）可得：

$$F^i < F_G \equiv \lambda(1-G) \qquad (4-46)$$

由于假设固定成本在 $(0, F)$ 上呈均匀分布，因此根据式（4-46）可得：

$$\alpha = \frac{F_G}{F} = \frac{\lambda(1-G)}{F} \qquad (4-47)$$

给定 λ，则有：

$$E_G = \frac{C_G - \lambda}{C_G} \qquad (4-48)$$

4.2.4.1 排污税[240]

政府按照排污量征收排污税,企业为了实现利润最大化目标,选择 MAC = t 时决定的排污量作为最优决策,即:

$$-C'_\kappa(e) = t, \kappa = (0, G) \quad (4-49)$$

在求 α 的内部均衡最优解时,对于边际企业是否采纳创新技术并无差异,即:

$$C_G(e_G) + F(\alpha) - C_0(e_0) + t \cdot (e_G - e_0) = 0 \quad (4-50)$$

若上述式 (4-49) 和式 (4-50) 两式同时成立,则可得式 (4-51):

$$\frac{\partial \alpha}{\partial t} = \frac{e_0 - e_G}{F'} \begin{cases} > 0 & (e_0 > e_G) \\ = 0 & (e_0 = e_G) \\ < 0 & (e_0 < e_G) \end{cases} \quad (4-51)$$

为了求角解 α = 1(α = 0),则由式 (4-50) 可得:

$$C'_G(e_G) \cdot \frac{\partial e_G}{\partial t} - C_0(e_0) \cdot \frac{\partial e_0}{\partial t} + (e_G - e_0) + \left(\frac{\partial e_G}{\partial t} - \frac{\partial e_0}{\partial t}\right) \cdot t = e_G - e_0 \quad (4-52)$$

若 $\hat{t} = -C'_\kappa(\hat{e})$,则当 $t \leq \hat{t}$ 时,$(e_G - e_0)$ 值为负;当 $t > \hat{t}$ 时,$(e_G - e_0)$ 值为正。

由式 (4-50) 可以发现,若 $C_G(e_G) + \overline{F} - C_0(e_0) + t \cdot (e_G - e_0) = 0$,则采纳创新技术与否并无差异;当 $\hat{t} = -C'_\kappa(\hat{e})$ 时,企业采纳创新技术的动机最大;当 $\overline{F} \leq C_0(\hat{e}) - C_G(\hat{e})$ 时,实现创新技术的完全扩散。

如果满足 $\underline{F} \geq C_0(e_0) - C_G(e_G) - t \cdot (e_G - e_0) = 0 (t > 0)$,当 t 足够大时,则排污税不能激励企业开展技术创新活动。其充分但不必要条件是:对于所有的 $t > \hat{t}$,$-t \cdot (e_G - e_0)$ 非负,$\underline{F} \geq \lim_{e \to 0} C_0(e) - C_G(e)$。

如果 $t = D_E(E^*, \delta)$,根据式 (4-49) 和式 (4-50) 以及式 (4-25) 和式 (4-26) 可以得出社会最优解。若 $\hat{t} = -C'_\kappa(\hat{e})$,排污税环境规制下的企业技术创新策略选择结果为:

(1) 若当实际税率 $t > \hat{t}$ 时,企业的技术创新程度随着税率的变化呈现弱单调递减关系;若当实际税率 $t < \hat{t}$ 时,则反之。

(2) 若企业开展技术创新的初始固定成本小于或等于最优排污量决策下创新技术带来的减排成本优势，则在某特定税率下，实现创新技术的完全扩散成为最优策略选择。

(3) 若企业的排污量极小，且企业技术创新的初始固定投入大于或等于最优排污量决策下创新技术带来的减排成本优势，将税率提升到足够高的水平时，最优技术决策就是所有企业都选择传统技术。

(4) 对于任意污染损害参数 δ，排污税都可以通过外部成本内部化实现社会资源的最优配置，当 $t = D_E(E^*, \delta)$，即税率与最优排污量对应的边际损害相等时，产生最佳环境规制效果。

极小的边际减排成本产生创新技术的诱导扩散效应。传统技术和创新技术边际减排成本曲线的交点是临界值，超过临界值继续提高排污税率会导致企业难以承担增加的环境成本，不利于激发企业的技术创新动机。可见，创新技术的成本优势与减排量为非线性关系，导致环境规制强度与技术创新程度呈现非单调关系。

若考虑具体的函数参数，将式（4-48）代入式（4-16）、式（4-17）和式（4-39）得：

$$\mathrm{TSC}_G = D(E_G, \delta_G) + \mathrm{ATAC}_G(E_G) = \frac{\delta}{2}\left(\frac{C_G - t}{C_G}\right)^2 + \frac{t^2}{2C_G} \quad (4-53)$$

结合企业是否有效的概率 ϑ 和 $1 - \vartheta$，则期望社会成本为：

$$\overline{\mathrm{TSC}}(t) = \vartheta\left[\frac{\delta}{2}\left(\frac{C_L - t}{C_L}\right)^2 + \frac{t^2}{2C_L}\right] + (1-\vartheta)\left[\frac{\delta}{2}\left(\frac{C_H - t}{C_H}\right)^2 + \frac{t^2}{2C_G}\right] \quad (4-54)$$

求解 t 的一阶导数则可得：

$$(t - \delta)C_H C_L \hat{C}_G + \delta t[(1-\vartheta)C_L^2 + \vartheta C_H^2] = 0 \quad (4-55)$$

$$\hat{C}_G \equiv (1-\vartheta)C_L + \vartheta C_H \quad (4-56)$$

最优税率为：

$$t^* = \frac{\delta C_H C_L \hat{C}_G}{C_H C_L \hat{C}_G + \delta[(1-\vartheta C_L^2) + \vartheta C_H^2]} \quad (4-57)$$

将式（4-57）代入式（4-47）可得：

$$\alpha(t^*) = \frac{(1-G)}{F} \frac{\delta C_H C_L \hat{C}_G}{C_H C_L \hat{C}_G + \delta[(1-\vartheta C_L^2) + \vartheta C_H^2]} \quad (4-58)$$

在排污税规制政策下,如果采纳技术创新的固定资本投入很高,技术改进投入相对较小,损害参数较小时,企业开展技术创新的期望水平很有可能高于最优水平。这些因素导致 AMAC 曲线比 MDF 曲线陡峭。这意味着排污量相对较高,并且与减排成本相比较而言规制者更关注环境损害成本。因此,政府会设定接近于 τ_H^* 的较高排污税率,进而产生比最优企业技术创新采纳比例更高的技术创新程度。

政府的最优目标是实现社会福利最大化。根据假设条件,构建政府的总目标效用函数如下所示:

$$MAXU_g = T - S(\gamma) + t \cdot \tilde{e} + \gamma[t \cdot (e - \tilde{e}) + f(e - \tilde{e})] - H(\gamma), (\xi = e - \tilde{e} \geq 0) \quad (4-59)$$

其中,T 是企业上交政府的经济税收效益,γ 为企业被抽查谎报排污量的概率,用抽查企业数占总企业数的比重表示,政府的监管成本 $S(\gamma), \frac{\partial S}{\partial \gamma} > 0$;$\tilde{e}$ 表示企业上报的排污量,$t \cdot \tilde{e}$ 表示按照企业上报的排污量计算缴纳的排污税;$\xi = e - \tilde{e}$ 为企业的污染谎报量,$t \cdot (e - \tilde{e})$ 表示企业补交的排污税;$f(e - \tilde{e})$ 是因企业谎报排污量上交的罚款,是 $(e - \tilde{e})$ 的严格凸函数,$f'_\xi(\cdot) = \frac{\partial f}{\partial \xi} > 0, f''_{\xi\xi}(\cdot) = \frac{\partial^2 f}{\partial \xi^2} > 0$,说明罚金与谎报排污量呈严格边际递增关系;$H(\gamma)$ 是政府对排污企业监管不力而承担的政治成本,γ 越大,H 越小。

企业的最优目标是在环境规制政策约束下,实现经济利润最大化,其最优目标效用函数如下:

$$MAXU_c = R - C(e) - t\tilde{e} - \alpha[t(e - \tilde{e}) + f(e - \tilde{e})] - h(e - \tilde{e}), (\xi = e - \tilde{e} \geq 0) \quad (4-60)$$

其中,R 为企业的经济利润;$h(\xi)$ 是企业谎报排污量承担的声誉损失,$h'_\xi(\cdot) = \frac{\partial h}{\partial \xi} > 0, h''_{\xi\xi}(\cdot) = \frac{\partial^2 h}{\partial \xi^2} > 0$,说明声誉损失与谎报量呈现边际递增趋势,是严格递增的凸函数。

通过理性分析可知:$\frac{\partial \gamma}{\partial t}>0, \frac{\partial \gamma}{\partial f}>0, \frac{\partial \gamma}{\partial e}>0, \frac{\partial \lambda}{\partial H}>0, \frac{\partial \gamma}{\partial S}<0$,即:排污税率越高、谎报排污量缴纳的罚款越多、企业排污量越大、政府对排污企业不监管承担的政治成本越高,则政府的监管力度越大;政府实施监管支付的成本越高,监管力度越小。

企业的最优规划解如下:

$$\begin{cases} \frac{\partial U_c}{\partial e} = -C'_e(e) - e \cdot t - \gamma f'_\xi(e - \tilde{e}) - h'_\xi(e - \tilde{e}) = 0 \\ \frac{\partial U_c}{\partial \tilde{e}} = -t + e \cdot t + \gamma f'_\xi(e - \tilde{e}) + h'_\xi(e - \tilde{e}) = 0 \end{cases} \quad (4-61)$$

由 $\frac{\partial U_c}{\partial e}$ 和 $\frac{\partial U_c}{\partial \tilde{e}}$ 相加可得:$C'_e(e) + t = 0$。经过最优规划后求解,企业最优排污量满足:$e^*(t) = \{e | C'_e f(e) + t = 0\}$。所以企业的最优排污量($e^*$)与排污税率和排污技术相关,而与政府的环保监管力度无明显相关关系,因此提高监管力度难以直接影响企业的排污行为,可能的原因是政府的环保监管在短期内难以较大程度地激励企业开展创新活动。当 MAC = t 时,企业选择最优决策实现最优排污水平 e^*。

由式(4-61)可得:

$$\begin{cases} \gamma = \frac{-C'_e(e) - h'_\xi(e - \tilde{e})}{t + f'_\xi(e - \tilde{e})} \\ \gamma = \frac{t - h'_\xi(e - \tilde{e})}{t + f'_\xi(e - \tilde{e})} \end{cases} \quad (4-62)$$

当企业谎报量为 0 时,监管强度最小,$\gamma_{\min} = \frac{-C'_e(e) - h'_\xi(0)}{t + f'_\xi(0)}$。

因此可得:

$$\begin{cases} \tilde{e}(t, \gamma, f, h) = \{\tilde{e} | t - \gamma \cdot t - \gamma \cdot f'_\xi(e - \tilde{e}) - h'_\xi(e - \tilde{e}) = 0\} \\ \xi(t, \gamma, f, h) = \{\xi | t - \gamma \cdot t - \gamma \cdot f'_\xi(\xi) - h'_\xi(\xi) = 0\} \end{cases} \quad (4-63)$$

对式(4-63)分别求偏导则有:$\frac{\partial \tilde{e}}{\partial t} = \frac{\partial e}{\partial t} - \frac{1-\gamma}{\gamma f''_{\xi\xi}(\xi) + h''_{\xi\xi}(\xi)} < 0$,$\frac{\partial \tilde{e}}{\partial \gamma} = \frac{t + f'_\xi(\xi)}{\gamma f''_{\xi\xi}(\xi) + h''_{\xi\xi}} > 0$,$\frac{\partial \tilde{e}}{\partial k} = \gamma f''_{\xi\xi}(\xi) + h''_{\xi\xi}(\xi) + \frac{\partial e}{\partial k} > 0$,$\frac{\partial \tilde{e}}{\partial f} > 0$,$\frac{\partial \tilde{e}}{\partial h} > 0$;$\frac{\partial \xi}{\partial t} =$

$$\frac{1-\gamma}{\gamma f''_{\xi\xi}(\xi)+h''_{\xi\xi}(\xi)}>0, \frac{\partial\xi}{\partial\gamma}=-\frac{t+f'_\xi(\xi)}{\gamma f''_{\xi\xi}(\xi)+h''_{\xi\xi}(\xi)}<0, \frac{\partial\xi}{\partial\omega}=0, \frac{\partial\xi}{\partial f}>0, \frac{\partial\xi}{\partial h}>0。$$

由此可见,高排污税率对企业自愿上报排污量产生不利影响,企业为减少排污税会加大谎报量;在同等排污水平下,企业的污染上报量与政府对排污企业的监管力度、征收的谎报罚金、企业承担的声誉损失呈同向变化。但是企业的排污技术系数与企业的谎报量没有直接关系。

4.2.4.2 排污权交易[241]

排污权交易制度通过将排污总量控制在特定范围之内,利用市场行为实现环境污染外部性的内部化,激励企业增强自身控污和治污能力,达到环保目的。企业通过综合权衡技术创新的成本和净收益变动的影响,决定是否开展技术创新活动。

排污权交易若政府设定总排污许可量 $\overline{E}$,则:

$$\alpha \cdot e_G + (1-\alpha) \cdot e_0 \leqslant \overline{E} \quad (4-64)$$

不论企业做出何种排污技术决策,$MAC = P_e$(P_e 为排污权交易价格)时企业可以实现利润最大化目标,此时确定的最优排污量满足:

$$P_e = -C'_i(\hat{e}), i=(0,G) \quad (4-65)$$

技术创新采纳份额的内部均衡解、α 无差别,即:

$$C_G(e_G) + F(\alpha) - C_0(e_0) + P_e \cdot (e_G - e_0) = 0 \quad (4-66)$$

根据式(4-64)~式(4-66),则有:

$$\begin{cases} C'_0(e_0) - C_G(e_G) = 0 \\ C_G(e_G) + F(\alpha) - C_0(e_0) + C'_0(e_0) \cdot (e_G - e_0) = 0 \\ \alpha \cdot e_G + (1-\alpha)e_0 - \overline{E} = 0 \end{cases} \quad (4-67)$$

α 随许可证数量相应调整,存在如下关系:

$$\frac{\partial \alpha}{\partial \overline{E}} = \frac{C''_0 C''_G \cdot [e_G - e_0]}{F'(\alpha C''_0 - (1-\alpha)C''_G) + (e_G - e_0)^2 C''_0 C''_G} \quad (4-68)$$

e_G 和 e_0 的大小决定了式(4-68)的分子为正、负和0三种情况;当存在排污水平的次优决策时,分母始终为正。

为了求 $\alpha = 0$($\alpha = 1$)时的角解,则由式(4-66)可得:

$$C_G'(e_G) \cdot \frac{\partial e_G}{\partial \overline{E}} - C_0(e_0) \cdot \frac{\partial e_0}{\partial \overline{E}} + (e_G - e_0) \cdot \frac{\partial P_e}{\partial \overline{E}} + \left(\frac{\partial e_G}{\partial \overline{E}} - \frac{\partial e_0}{\partial \overline{E}} \right) \cdot P_e = (e_G - e_0) \cdot \frac{\partial P_e}{\partial \overline{E}}$$
(4-69)

因为 $\frac{\partial P_e}{\partial \overline{E}} < 0$,则当 $\overline{E} < \hat{e}$ 时,式(4-69)值为负;当 $\overline{E} > \hat{e}$ 时,式(4-69)值为正。当 $\overline{F} \leqslant C_0(\hat{e}) - C_G(\hat{e})$ 时,可以实现创新技术的完全扩散,当 $\overline{E} = \hat{e}$ 时采纳创新技术的动机最大,若 $C_G(e_G) + \overline{F} - C_0(e_0) + P_e \cdot (e_G - e_0) = 0$,企业是否采纳创新技术无差异。

如果存在 $P_e > 0$,$\underline{F} \geqslant C_0(e_0) - C_G(e_G) - P_e \cdot (e_G - e_0) = 0$,则对于足够低的 $\overline{E}$ 而言,排污权交易难以激励企业采纳技术创新策略。其充分但不必要条件是:对于所有的 $\overline{E} < \hat{e}$,$-(e_G - e_0) \cdot P_e$ 非负,$\underline{F} \geqslant \lim_{e \to 0} C_0(e) - C_G(e) - P_e \cdot (e_G - e_0)$。

如果 $t = D_E(E^*, \delta)$,根据式(4-65)和式(4-66)以及式(4-13)和式(4-14)可以得出社会最优解。若 $P_e = D_E(E^*, \delta)$,$\overline{E} = E^*$,把企业总体进行归一化处理,假设所有企业的排污量为临界水平 $\hat{e}$,总排污量为 $\hat{E}$。

(1) 当 $\overline{E} < \hat{E}$ 时,技术创新份额与 $\overline{E}$ 呈现弱单调递增;反之递减。

(2) 如果 $\overline{F} \leqslant C_0(\hat{e}) - C_G(\hat{e})$,存在 $\hat{E} \in [\underline{E}, \overline{E}]$,满足整个社会的最优策略选择是实现创新技术的完全扩散;如果 $\underline{F} \geqslant \lim_{e \to 0} C_0(e) - C_G(e)$,$\overline{E}$ 足够小,则所有企业采纳传统技术成为社会的最优选择。

(3) 对于任一污染损害参数 δ,政府都可以通过制定并实施特定环境规制政策,实现社会资源的最优配置,此时满足 $\overline{E} = E^*$,E^* 表示最优排污水平。

排污权交易约束下的企业总效益主要受产出收益、排污成本和许可交易收益影响。ω_i 为政府授予企业 i 的排污许可,$\overline{E} = \sum_{i=1}^{m} \omega_i$,$\overline{E}$ 越大说明环境规制强度越小。$\frac{\partial P_e}{\partial \overline{E}} < 0$,$-\frac{\partial e}{\partial \overline{E}} < 0$,说明排污权交易价格越高,环境规制强度越大,则企业减排积极性越高,减排量就越大。

市场上 m 个企业的污染损害、技术创新成本和减排成本构成了社会总成本(TSC):

$$TSC(e_0, e_G, \alpha) = D(E, \delta) + \alpha \cdot C(e_G) + (1 - \alpha) \cdot C(e_0) + \int_{\kappa=0}^{G} F(\kappa) d\kappa$$
(4-70)

e_0、e_G、α 都非负，社会总成本最小是其优化解。应用库恩—塔克微积分，则：

$$C_0'(e_0) = C_G'(e_G) = -D(E,\delta) \quad (4-71)$$

$$C_G(e_G) + F(\alpha) - C_0(e_0) + (e_G - e_0) \cdot D(E,\delta) - \lambda_0 + \lambda_G = 0 \quad (4-72)$$

其中 λ_i 是库恩—塔克乘数，当 $\lambda_0 = \lambda_G = 0$ 时求其优化解为：

$$\frac{\partial \alpha}{\partial \delta} = \frac{-D_{E\delta}C_0''C_G'' \cdot [e_G - e_0]}{C_0''C_G''[F_\alpha + (e_G - e_0)^2]D_{EE} - \alpha \cdot (1-\alpha)F_\alpha D_{EE}} \quad (4-73)$$

$D_E(\hat{e},\hat{\delta}) = C_\kappa'(\hat{e})$，$\kappa = (0,G)$，$\hat{\delta}$ 表示最优排污量为 $\hat{e}$ 时的污染损害参数的临界值。当 $\delta \leq \hat{\delta}$ 时，企业最优技术创新程度与 δ 呈现弱单调递增相关关系；当 $\delta > \hat{\delta}$ 时，则为弱单调增减关系。若 $F \leq C_0(\hat{e}) - C_G(\hat{e})$，存在特定 $\hat{\delta}$ 促使创新技术的完全扩散成为最优技术决策；若 $F \geq \lim_{e \to 0} C_0(e) - C_G(e)$，$\delta$ 足够大，则最优技术决策是采纳传统技术。

因此，δ 与技术创新程度呈现倒"U"型关系。当 δ 较小、边际污染损失较低时，创新技术的减排成本优势凸显，总排污量呈现弱递减变化趋势。当 MDC 的斜率较小时，δ 的边际增加迫使企业加大减排力度，降低排污量，因此激发企业的技术创新动机，创新技术的成本优势明显。一旦超过 $\hat{\delta}$，δ 的边际增加依然会促使企业减少排污量，但创新技术的成本优势则被弱化，导致企业创新技术程度随 δ 增加而降低。

从收益视角来看，企业的最优决策是实现效益最大化。企业 i 开展技术创新时的最优决策为：

$$\text{Max} \pi_i = q_i p - C(e_i) - P_e(\overline{E})[e_i - \omega_i], i = 1,2,\cdots,n$$

$$\text{S.T.} \sum_{i=1}^{n} e_i = \sum_{i=1}^{n} \omega_i \quad (4-74)$$

未实施技术创新的企业 $j \in (n+1,m)$ 最优决策为：

$$\text{Max} \pi_j = q_j p - C(e_j) - P_e(\overline{E})[e_j - \omega_j], j = n+1, n+2, \cdots, m$$

$$\text{S.T.} \sum_{j=n+1}^{m} e_j = \sum_{j=n+1}^{m} \omega_j \quad (4-75)$$

则 $\sum_{i=1}^{n} e_i(P_e(\overline{E}),C_G) + \sum_{j=n+1}^{m} e_j(P_e(\overline{E}),C_0) = \sum_{i} \omega_i = \overline{E}$。因为 $e_i < e_j$，所以当 $P_e^* = -C_\kappa'(\hat{e})$，$\kappa = (0,G)$ 时，$\sum_{i=1}^{n} e_i(P_e^*,\beta_g) + \sum_{j=n+1}^{m} e_j(P_e^*,\beta_0) < \overline{E}$。因此，当

市场重新达到均衡时，$P_e^* < P_e(\overline{E})$。

$$\frac{\partial P_e^*}{\partial n} = -\frac{e_j - e_i}{n\left(\frac{\partial e_i}{\partial P_e^*}\right) + (m-n)\left(\frac{\partial e_j}{\partial P_e^*}\right)} \quad (4-76)$$

因为 $\frac{\partial e_i}{\partial P_e^*} < 0, \frac{\partial e_j}{\partial P_e^*} < 0$，所以 $\frac{\partial P_e^*}{\partial n} < 0$，说明随着更多企业采纳技术创新策略，对排污许可的需求减少，导致排污权交易价格下降，则降低了企业技术创新收益优势，导致环境规制对企业技术创新的激励效果减弱。若 $P_e^* = P_e$，总排污许可 $\overline{E}^* = \sum_{i=1}^{n} e_i(P_e, C_G) + \sum_{j=n+1}^{m} e_j(P_e, C_O)$，此时 $E^* < \overline{E}$，因此，如果政府可以适时调整排污许可总量，控制排污交易价格，维持创新收益优势，则依然可以刺激企业的创新行为。

若考虑具体的函数参数，根据式（4-47）和式（4-48）可得：

$$P_e(\overline{E}) = C_G(1 - \overline{E}) \quad (4-77)$$

$$\alpha(\overline{E}) = \frac{C_G}{F}(1-G)(1-\overline{E}) = \frac{(1-G)(1-\overline{E})}{F + (1-G)^2} \quad (4-78)$$

根据式（4-16）、式（4-17）、式（4-39）、式（4-77）和式（4-78）可得：

$$\overline{TSC}(\overline{E}) = \frac{1}{2}\delta\overline{E}^2 + \frac{1}{2}\vartheta C_L(1-\overline{E})^2 + \frac{1}{2}(1-\vartheta)C_H(1-\overline{E})^2] \quad (4-79)$$

求解 $\overline{E}$ 的一阶导数则可得：

$$(\delta + \breve{C}_G)\overline{E} = \breve{C}_G \quad (4-80)$$

$$\breve{C}_G = \vartheta C_L + (1-\vartheta)C_H \quad (4-81)$$

$$\overline{E}^* = \frac{\breve{C}_G}{\delta + \breve{C}_G} \quad (4-82)$$

将式（4-82）代入式（4-77）可得最优排污权交易价格为：

$$P_e^*(\overline{E}) = \frac{\delta C_G}{\delta + \breve{C}_G} \quad (4-83)$$

将式（4-82）代入式（4-78）可得技术创新企业所占比例：

$$\alpha(\overline{E}^*) = \frac{C_G \delta (1-G)}{F(\delta + \widetilde{C}_G)} \quad (4-84)$$

根据式（4-37）可得：

$$\overline{\alpha}^* = \vartheta \alpha_L^* + (1-\vartheta) \alpha_H^* = \frac{1}{F}\left(\vartheta(1-L)\frac{\delta C_L}{\delta + C_L} + (1-\vartheta)(1-H)\frac{\delta C_H}{\delta + C_H}\right) \quad (4-85)$$

将 $E(\overline{\alpha}^*)$ 定义为最优期望采纳水平 $\overline{\alpha}^*$ 下的排污量；$\widetilde{E}$ 是加权平均概率下的最优排污水平。根据式（4-77）、式（4-78）和式（4-85）可得：

$$E(\overline{\alpha}^*) = \frac{(1-\vartheta)(1-H)C_H^2(\delta + C_L) + \vartheta(1-L)C_L^2(C_H + \delta)}{(C_H + \delta)(\delta + C_L)[(1-\vartheta)(1-H)C_H + \vartheta(1-L)C_L]} \quad (4-86)$$

根据式（4-36）可得：

$$\widetilde{E} \equiv \vartheta E_L^* + (1-\vartheta) E_H^* = \vartheta \frac{C_L}{\delta + C_L} + (1-\vartheta) \frac{C_H}{\delta + C_H} \quad (4-87)$$

当 $\vartheta = \frac{1}{2}$ 时，$\widetilde{E}$ 处于最优值 E_L^* 和 E_H^* 的中间值，如图4-5所示。因此，当 $G=L$ 和 $G=H$ 时，从 E_L^* 到 $\widetilde{E}$ 的排污递减量和从 E_H^* 到 $\widetilde{E}$ 排污递增量是相同的。

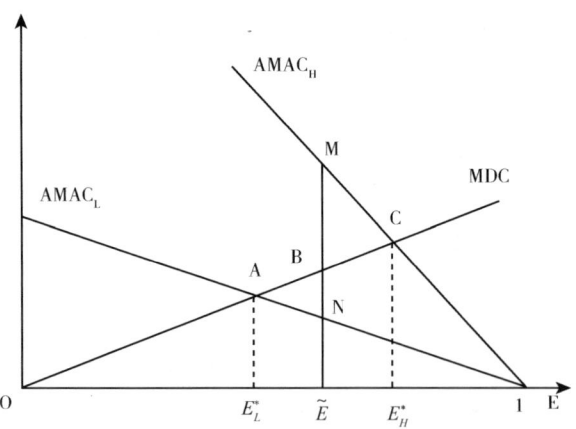

图4-5 排污权交易下的企业技术创新决策行为

由式（4-86）和式（4-87）可得：

第4章 不同环境规制工具对企业技术创新的影响差异

$$E(\overline{\alpha}^*) - \widetilde{E} = -\frac{\delta\vartheta(1-\vartheta)(C_H - C_L)[(1-L)C_L - (1-H)C_H]}{(\delta+C_H)(\delta+C_L)[(1-\vartheta)(1-H)C_H + \vartheta(1-L)C_L]} < 0$$

(4-88)

根据式 (4-35) 可得：

$$(1-L)C_L - (1-H)C_H > 0 \tag{4-89}$$

结合式 (4-21) 则有：

$$\frac{\partial[C_G(1-G)]}{\partial G} = -\frac{F[F-(1-G)^2]}{[F+(1-G)^2]} < 0 \tag{4-90}$$

由式 (4-82) 和式 (4-87) 可知：

$$\overline{E}^* - \widetilde{E} = \frac{\delta\vartheta(1-\vartheta)(C_H - C_L)^2}{(\delta+C_H)(\delta+C_L)[\delta+\vartheta C_L + (1-\vartheta)C_H]} > 0 \tag{4-91}$$

由式 (4-88) 和式 (4-91) 可得 $E(\overline{\alpha}^*) < \overline{E}^*$。$\alpha$ 随 E 递减，因此期望技术创新采纳程度低于 $\overline{\alpha}^*$。当技术创新成本较低时，企业对总排污量的变化更敏感。由式 (4-47) 和式 (4-48) 可得：

$$\frac{\partial\alpha_L}{\partial E} - \frac{\partial\alpha_H}{\partial E} = \frac{(1-H)C_H - (1-L)C_L}{F} < 0 \tag{4-92}$$

所以 G=L 时的技术采纳水平降低程度要大于 G=H 时提升的程度。在 $\widetilde{E}$ 点处，从 E_L^* 到 $\widetilde{E}$ 增加的边际社会排污成本如图 4-5 中的 BN 所示，从 E_H^* 到 $\widetilde{E}$ 减少的边际社会排污成本如图 4-5 中的 BM 所示。BM = $AMAC_H(\widetilde{E}) - MDC(\widetilde{E})$，BN = $MDC(\widetilde{E}) - AMAC_L(\widetilde{E})$，由于 $\vartheta = \frac{1}{2}$，则：

$$AMAC_H(\widetilde{E}) + AMAC_L(\widetilde{E}) - 2MDC(\widetilde{E}) = \frac{\delta(C_H - C_L)^2}{2(\delta+C_H)(\delta+C_L)} > 0$$

(4-93)

所以 BM > BN。由于最优水平要求两者的大小相等，$\widetilde{E}$ 值过低，$\overline{E}^* > \widetilde{E}$，$E(\overline{\alpha}^*) < \overline{E}^*$，技术创新采纳份额随总排污限额减少，在排污权交易政策下的技术创新采纳程度小于最优决策值。这是因为 $AMAC_H$ 比 $AMAC_L$ 陡峭，即：与 G=L

时排污量变得过高相比,环境规制政策制定者更为担心 G = H 时排污量变得过低。因此,规制者设定更接近于 E_H^* 而不是 E_L^* 的排污量,期望的技术创新采纳比例低于最优水平。

4.2.4.3 比较

排污税和排污权交易对技术创新的影响都存在非单调关系,而且满足特定条件时可以激励企业开展技术创新活动。但是排污税的执行效果在很大程度上受到政府监管等因素影响,排污权交易受到市场成熟条件等影响。由于政府制定接近于 τ_H^* 的高排污税率时会导致比最优决策更高的企业技术创新采纳比例,而排污权交易所发挥的作用却低于最优决策水平,因此排污税带来的技术创新激励作用超过排污权交易。若排污权的价格由政府制定,是外生变量(拍卖排污许可证),而并非在市场上自由交易,则当 $P_e = t$ 时,与排污税对技术创新的规制效果相同;但是通常来说,排污权交易价格是由市场决定的内生变量,排污技术水平改变排污量,进而调整 P_e,因此限制了排污权交易对技术创新激励作用的发挥。如果政府可以通过调整 $\bar{E}$ 控制 P_e,则与排污税以及拍卖许可证可实现相同的创新激励效果。随着市场化条件日趋成熟,排污权交易对企业技术创新的刺激作用会越发明显。

为展开更一般化的分析,放松排污权交易完全竞争市场的假设条件,排污权交易价格由市场供需均衡决定,则会加大排污权交易的实施难度,影响效果更加错综复杂,大大延缓了排污权交易制度的推广速度。企业为了实现自身经济效益最大化,迫于信息不对称和"搭便车"行为,极有可能会隐瞒或谎报相关信息,导致政府难以掌握充分有效的边际减排成本信息,而企业边际减排成本是准确计算排污税率和排污权交易价格的根本所在,因此难以保证排污税的征收和排污许可的合理分配。另外,政府是有限理性的决策主体,极易致使政府规制政策失效,难以充分激励企业的技术创新行为。

由于不同企业的边际减排成本相同等同质性假设条件难以成立,因此需要结合企业的异质性,分析环境规制对企业技术创新的复杂影响。既然每个企业面临的非线性关系的拐点不同,因此必须有针对性地确定可以激发创新补偿效应的环境规制强度水平,获得成本优势和竞争优势。技术水平决定了企业的减排成本函数和排污成本的大小。对于每一个企业,基本理论模型中的其他假设条件依然成立,对于所有企业而言,边际减排成本函数相较于不同的排污水平,确定了差异化的边际减排成本,因此不能扩展至整个行业。

4.3 命令控制型与市场激励型环境规制的作用效果比较

为了便于更为直接地比较命令控制型和市场激励型环境规制政策的技术创新效应,本部分主要针对代表性的排污标准和排污权交易制度展开,并在最后进行一般化处理。在排污权交易制度下,企业可以通过减排获得直接经济收益;在排污标准制度下,由于企业的实际排污量少于排放标准不会给企业带来任何经济效益,因此企业会用足政府制定的排污标准,并试图通过增加产量弥补减排损失。

4.3.1 基于供求的均衡分析

假设排污标准和排污权交易具有相同的环境规制政策目标,产品和排污权在完全竞争市场上进行交易,且交易费用忽略不计,排污权交易价格(P_e)为企业减排的边际收益,增加的减排成本等于企业出售排污许可所获得的排污权收益时确定排污权交易价格,而且普遍意义上的企业产出边际成本递增成立。假设企业总成本为:

$$TC(q,r) = (F_p + cq^2/2) + (kr^2/2 + F_r) \quad (4-94)$$

其中,F_p 和 F_r 分别是产品生产和减排的固定成本。由式(4-94)可得,边际生产成本(MPC)为 $c'(q) = cq$,边际减排成本(MAC)为 $c'(r) = kr$,且 $cq>0, kr>0$;产品价格等于边际成本,即 $p = cq + kr > 0$。排污标准和排污权交易的比较如图 4-6 所示。

若企业采纳传统技术($k=1$),不考虑环境规制的外部约束时,企业的供给曲线为 $S_0(=cq)$,由 $P=S_0$ 确定企业的产量和排污量分别为 q_0 和 e_0。在排污标准政策下,政府确定企业的排放标准为 $\bar{e}$,供给曲线可以表示为 $S_1(=cq+r)$,$P=S_1$ 确定企业的产量和排污量分别为 q_1 和 e_1,企业减排量为 $r = e_1 - \bar{e}$。此时企业内部减排成本为 BDJ,因产量下降减少收益部分为 DIJ。在排污权交易规制政策下,如果企业通过购买排污权而并非降低排污量满足规制标准,那么供给曲线将从 $S_0(=cq)$ 平行上移至 $S_2(=cq+p_e)$,当 $P=cq+P_e$ 时,企业实现利润最大

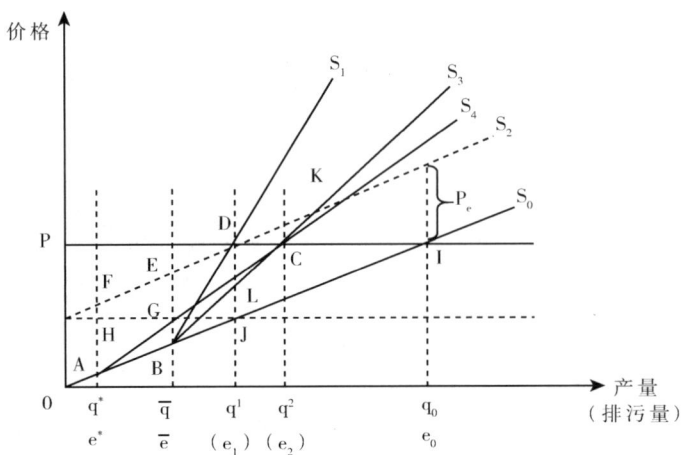

图4-6 排污标准和排污权交易作用下的供求均衡分析

化目标。此时，排污权交易和排污标准作用下的企业污染物排放量和产量并无二异，分别是 e_1 和 q_1，企业为此需要支付 $OBEP_e$ 的费用购买排污权；如果企业积极通过内部减排措施降低排污量，实际排污水平为 $\bar{e}$，则企业可以出售多余的排污权获得收益 BDE（=BDJ），以补偿增加的内部减排成本。

若企业进行技术创新，在排污标准环境规制政策下，企业采纳技术效应为 $k_1(<1)$ 的创新技术时，企业供给曲线由 $S_1(=cq+r)$ 向下移动至 $S_3(=cq+k_1r)$。此时，$P=S_3$ 时决定企业的最优产量和排污量分别为 q_2 和 e_2，企业总收益增加 BCD，包括技术创新带来的减排收益 BDL 和产量收益 CDL 两部分。排污权交易通过增加企业的内部减排收益驱使企业大力开展技术创新活动以降低企业实际排污量，甚至低于政府的预期标准 $\bar{e}$。假设企业采纳技术效应为 $k_2(<k_1)$ 的创新技术时实际排污量为 e^*，且 $e^*<\bar{e}$，此时企业供给曲线为 $S_4(=cq+k_2r)$，$P=S_4$ 确定企业的产量和排污量分别为 q_2 和 e_2，与排放标准制度下的产量（q_2）相同。企业的排污权收益 ABEF 大于支付的技术创新成本 ABC。所以排污权交易比排污标准引致更高的企业收益，这种收益增量激励企业开展更高效的技术创新活动。

随着企业边际成本的增加，其与产品市场价格的均衡点决定的边际收益呈现递减。若排污权交易市场处于完全竞争状态，则减污的边际收益等于排污权价格，是固定值。因此，随着企业采纳技术创新决策，排污量减少且产出不断增加，导致边际减排收益大于边际产出收益。因此，排污权交易比排污标准更有利于激发企业技术创新决策。

4.3.2 基于边际成本的均衡分析

结合企业 MAC 和边际损害成本（MDC）曲线，进一步分析排污权交易和排污标准对企业技术创新的动态影响效率，如图 4-7 所示[241]。

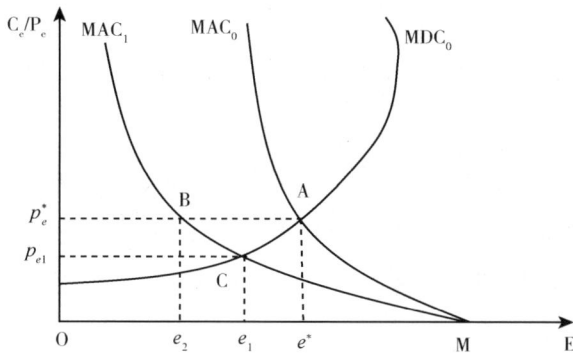

图 4-7　排污标准和排污权交易作用下的边际成本均衡分析

在初始状态，$MAC_0 = MDC_0$ 时交于 A 点，确定最优排污量为 e^*，排污权交易价格 p_e^*。如果政府确定的排污标准 $\bar{e} = e^*$，则排污标准和排污权交易对企业的影响无差异。但是排污标准规制下企业会用足限额，保持目标减排水平，难以发挥对企业技术创新活动的进一步推动作用；而排污权交易制度下会激励企业进一步开展创新活动获取交易排污收益，则边际减排成本由 MAC_0 向下移动至 MAC_1，由 $MAC_1 = MDC_0$ 确定企业的最优排污量降低为 e_1，减排成本由图 4-7 中面积 $OMAp_e^*$ 减少为 $OMBp_e^*$，ABM 为成本节约部分。但是如果排污权交易价格随着企业技术水平的提高相应调整至 p_{e1}，则企业通过提高技术水平降低减排成本所获得的收益会减少，因此排污权交易制度对企业技术创新活动的激励作用会弱化。

4.3.3 结果比较与拓展

如果企业初始技术水平维持不变，则排污标准可以实现最优资源配置。如果企业可以通过创新提升技术水平，则有：

$$C_G(\bar{e}) + F(\alpha) - C_0(\bar{e}) = 0 \tag{4-95}$$

因为当 $\bar{e} = \hat{e}$ 时，技术创新动机最强，当 $\bar{F} \leqslant C_0(\hat{e}) + - C_0(\hat{e}) = 0$ 时，实现创新技术的完全扩散。如果排污标准 $\bar{e}$ 足够低，$\bar{F} > \lim\limits_{e \to 0} C_0(e) + - C_0(e)$ 成为排污标准不能激励企业进行技术创新的充分必要条件。

为求 α 的内部解，由式（4-95）可得：

$$\frac{\partial \alpha}{\partial \bar{e}} = \frac{C'_0(\bar{e}) - C'_G(\bar{e})}{F'} \quad (4-96)$$

根据式（4-22）则有：若当 $\bar{e} > \hat{e}$ 时，值为负；当 $\bar{e} < \hat{e}$ 时，值为正；当 $\bar{e} = \hat{e}$，值为 0。则有：

（1）当 $\bar{e} < \hat{e}$ 时，技术创新程度与 $\bar{e}$ 呈现弱单调递增关系；反之递减。

（2）如果 $\bar{F} \leqslant C_0(\hat{e}) - C_G(\hat{e})$，存在 $\hat{e} \in [\underline{e}, \bar{e}]$，社会的最优选择是实现创新技术的完全扩散；如果 $\bar{F} \geqslant \lim\limits_{e \to 0} C_0(e) - C_G(e)$，当 $\hat{e}$ 足够小时，社会的最优策略为所有企业都选择传统技术。

（3）若市场上只有部分企业采用最优技术策略，则排污标准不能实现最优资源配置。

若环境规制强度极大或极小，则排污标准对技术创新程度和扩散率的激励作用都不及排污权交易；若环境规制强度适中，则结论相反。对高技术水平的企业而言，排污标准对其创新动机的激励作用不及排污权交易，因为排污权交易可以增加企业的额外创新收益；对于落后企业而言，因排污权交易价格随整体技术水平的提升而调整，因此结论相反。研究表明，环境规制对技术创新的影响效果存在不确定性，过于严厉或宽松都不利于技术创新和技术扩散。

若将排污标准和排污权交易的环境规制政策推向更一般化的命令控制型或市场激励型政策，结论仍然成立。通过前面的推理可以发现，排污税、排污权交易和排污标准环境规制政策满足：

（1）在排污税和排污权交易政策下，当 $t < -C'_0(\hat{e}(0); 0)$，$\bar{E} < \sum\limits_{i=1}^{m} \hat{e}_i(1)$ 时，技术创新程度随 t 和 E 的变化呈现弱单调递增趋势，反之递减。在排污标准约束下，$\hat{e}(g)$ 随 g 变化呈现弱单调递增关系，当 $\bar{e} < \hat{e}(0)$ 时，技术创新程度与 $\bar{e}$ 是弱单调递增关系；当 $\bar{e} > \hat{e}(1)$ 时，则呈现弱单调递减；当 $\hat{e}(0) < \bar{e} < \hat{e}(1)$ 时，不存在单调性。

（2）在三种环境规制政策下，如果 $F(g) \leqslant C_0(\hat{e}(g); g) - C_G(\hat{e}(g); g)$，则至少存在某一环境规制强度可以激发企业的技术创新动机；如果 $F(g) \geqslant \lim\limits_{e \to 0}(C_0$

$(e;g) - C_G(e;g))$,则在过于严厉的环境规制政策作用下,没有企业会采纳绿色技术创新策略。

(3) 当 $t = D_E(E^*, \delta)$ 时,政府通过征收排污税实现社会的最优资源配置;当排放限额 $\overline{E} = E^*$ 时,通过颁发可交易排污许可也可以实现最优配置。

通过研究发现,若企业采用传统技术和创新技术的边际减排成本存在交点,则污染边际损害成本和技术创新程度呈现倒"U"型关系。在合理的环境规制政策作用下,企业采纳创新技术可以降低 MAC,激发企业的技术创新动机。但是技术创新策略受企业初始技术水平、减排成本、排污交易价格等影响,如果企业有开展技术创新的足够实力和市场竞争优势,则更容易通过积极的技术创新与扩散,获得"创新补偿优势"。但是若政府根据企业的策略选择调整规制政策,则影响结论会大相径庭。

若不同企业的 MAC 存在差异,过于严厉的环境规制政策会阻碍技术创新;当规制强度适中时,企业选择何种技术策略存在不确定性。不同企业的 MAC 差异化越大,这种非单调关系越明显,环境规制强度与技术创新程度可能呈现锯齿状。尤其是当企业的技术创新策略影响环境规制政策的调整时,极有可能出现技术创新程度的锁定效益或滞后效应。市场激励型环境规制政策与命令控制型政策相比,尽管其对技术实施条件和市场机制要求更为苛刻,但总体来看更有利于激发创新动机,激励企业选择高效、清洁的技术创新策略。但是市场激励型环境规制政策给予企业更大的行为选择空间,政府必须建立有效的监督机制规范和约束企业的环境行为。在市场化程度较高且技术条件成熟的地区,政府应率先试点并推广市场激励型环境规制政策,促使环境规制进入新常态期,以倒逼经济增长方式新常态。

4.4 本章小结

不同环境规制政策的适用条件和作用原理存在一定的差异,因此,对企业技术创新的影响作用也不同。本章从理论上推导了不同环境规制政策及工具手段对企业技术创新作用模式及影响效果的差异化。结果表明:(1) 通常情况下,市场激励型环境规制具有更大的灵活性和长效机制,但必须考虑所适用的法治环境和政治环境,否则可能欠缺相应的执行工具,或因管理和执行成本过高而抵消节约的履约成本,如果市场化条件成熟且应用得当,则比命令控制型环境规制更有利于激发企业的技术创新动机。(2) 命令控制型环境规制工具操作方便、见效快，而且在低经济发展水平的地区，直接推行市场激励型环境规制工具效果不佳，强制性规制措施依然发挥重要的作用，但是其灵活性欠佳，难以向排污实体提供长效的创新激励机制，应积极培育市场机制，完善并发挥市场激励型环境规制政策的作用。(3) 命令控制型和市场激励型环境规制的优劣需要综合评估充分考虑特定地区在特定时期不同的政治、经济和生态环境等因素，并结合不同的政策制定、执行、监控及履约成本、技术创新成效的确定性等因素。虽然从普遍意义上来看，市场激励型环境规制优于命令控制型，但市场激励型环境规制具有较高的政策制定、执行和监控成本会削弱其优势。此外，市场激励型环境规制在环境道德意识的影响方面也较命令控制型次之，所以应重视命令控制型和市场激励型规制政策的协调效应，恰当选择和配置不同环境规制政策，以充分发挥环境规制对企业技术创新的激励作用。

第 5 章 环境规制和企业技术创新变量的指标测度

在实证检验环境规制的技术创新效应时,环境规制和技术创新成为两大核心变量,变量能否被有效测度直接关系实证分析结果的可靠与否。因此,结合样本数据资料,详细严谨地讨论目前环境规制和企业技术创新的指标衡量十分必要。本章主要探讨的环境规制指标包括命令控制型和市场激励型环境规制两大类;环境规制对技术创新的影响程度通过评价创新绩效来提供有力证据,创新绩效包括结果绩效和效率绩效,结果绩效通过技术开发、技术转化、绿色产品创新和绿色工艺创新指标衡量,效率绩效通过基于 GML 指数的企业技术创新效率测算。

5.1 环境规制指标的衡量

5.1.1 指标选取及体系构建

5.1.1.1 主要测度指标比较及选取依据

环境规制是减少污染、保护环境的重要政府举措,但现实的环境规制既不存在普适性的规制工具,也没有独立有效的政府干预模式,导致难以客观测量环境规制强度,而且数据比较难以获取,多维性和可比性成为衡量环境规制的两个重要问题。环境规制强度的有效测度是影响实证分析结论可靠性的重要前提。通过梳理国内外现有文献,目前环境规制强度的衡量主要从三个视角展开:一是从规制主体视角,如相关部门对企业环保行为和效果的检查次数、处罚措施等;二是从环境污染程度,如企业关键污染物的排放量等;三是从污染主体的环保意识角度,如企业的环境污染治理投入等。通过总结有关环境规制评价的指标，主要包括：单一指标、替代指标、基于自然实验的倍差法、赋值法和综合指标法。

(1) 单一指标法。

单一指标法是指采用某种特定的环境规制政策指标表征治污效果以度量环境规制强度，有很多指标是从治理角度考虑的。例如，针对环境质量标准政策可以采用企业主要污染物排放量[243]、废水排放达标率[244]、污水费率、企业承担的污染治理和控制费用[245]、治理污染投资、污染治理投资/GDP、治污成本与企业总产值（或主营业务成本）的比值[246~248]等；针对排污收费政策可以采用排污费收入[249]、排污费/GDP 等。2003~2012 年我国工业污染源治理投资完成情况和环境污染治理投资额分布见表 5-1 和表 5-2。从表中可以看出，我国工业污染治理投资、环境污染治理投资总额及占 GDP 的比重除个别年份略有下降之外，从总体来看呈现逐渐增加的趋势，在一定程度上表明了我国环境规制政策逐步得以强化。单一指标法的优点是：所依据的数据资料比较客观，而且比较容易获取。缺点是：如果仅采用某一绝对数据资料而忽略经济总量的差异则不尽合理；而且只采用某一特定污染物指标来度量总体环境规制强度存在片面性。

表 5-1　　　我国工业污染源治理投资情况（2001~2012 年）　　　单位：亿元

年份	合计	废水	废气	固体废物	噪声	其他	当年完成环保验收项目投资
2001	174.5	72.9	65.8	18.7	0.6	16.5	336.4
2002	188.4	71.5	69.8	16.1	1.0	29.9	389.7
2003	221.8	87.4	92.1	16.2	1.0	25.1	333.5
2004	308.1	105.6	142.8	22.6	1.3	35.7	460.5
2005	458.2	133.7	213.0	27.4	3.1	81.0	640.1
2006	483.9	151.1	233.3	18.3	3.0	78.3	767.2
2007	552.4	196.1	275.3	18.3	1.8	60.7	1367.4
2008	542.6	194.4	265.7	19.7	2.8	59.8	2146.7
2009	442.6	149.5	232.5	21.9	1.4	37.4	1570.7
2010	397.0	129.6	188.2	14.3	1.4	62.0	2033.0
2011	444.4	157.7	211.7	31.4	2.2	41.4	2112.4
2012	500.5	140.3	257.7	24.7	1.2	76.5	2690.4

数据来源：2013 年《中国环境统计年鉴》。

表 5-2　　我国环境污染治理投资额分布情况（2003~2012年）　　单位：亿元

指标	2003年	2004年	2005年	2006年	2007年	2008年	2009年	2010年	2011年	2012年
环境污染治理投资总额	1627.7	1909.8	2388.0	2566.0	3387.3	4937.0	5258.4	7612.2	7114.0	8253.5
城镇环境基础设施建设投资	1072.4	1141.2	1289.7	1314.9	1467.5	2247.7	3245.1	5182.2	4557.2	5062.7
燃气	133.5	148.3	142.4	155.0	160.1	199.2	219.2	357.9	444.1	551.8
集中供热	145.8	173.4	220.2	223.6	230.0	328.2	441.5	557.5	593.3	798.1
排水	375.2	352.3	368.0	331.5	410.0	637.2	1035.5	1172.7	971.6	934.1
园林绿化	321.9	359.5	411.3	429.0	525.6	823.9	1137.6	2670.6	1991.9	2380.0
市容环境卫生	96.0	107.8	147.8	175.8	141.8	259.2	411.2	423.5	556.2	398.6
工业污染源治理投资	221.8	308.1	458.2	483.9	552.4	542.6	442.6	397.0	444.4	500.5
建设项目"三同时"环保投资	333.5	460.5	640.1	767.2	1367.4	2146.7	1570.7	2033.0	2112.4	2690.4
环境污染治理投资总额占国内生产总值比重（%）	1.20	1.19	1.30	1.22	1.36	1.57	1.54	1.90	1.50	1.59

数据来源：2008年和2013年《中国统计年鉴》。

（2）替代指标法。

替代指标法[250]是指以独立于排污变量的指标评价环境规制严厉性的方法，所选用的替代指标与环境规制强度高度相关。例如，汽油中的含铅量、以"人均GDP"、"人均收入"、GDP能耗、环境规制执法强度等衡量环境规制强度，强调从规制效果来衡量。替代指标法的优点是：数据资料容易获取，避免环境规制衡量的复杂性，适用于面板数据资料和时间序列数据的分析。缺点是：容易出现共线性问题。此外，替代指标的适用性也存在特定的条件。例如，发展中国家受经济水平阶段的限制，大部分地区可能位于环境库兹涅茨曲线左侧，高经济增长率对应高污染水平，较高的人均GDP可能表征较低的环境规制强度。

（3）基于自然实验的倍差法。

基于自然实验的倍差法有助于处理反向因果关系，如美国《清洁空气法案》。空气质量标准由联邦政府规定，当个别地区达不到规定的空气质量标准时，表明出现了更高的环境规制标准，空气质量达标与否自然成为衡量环境规制强度的指标，不会受到各地区经济或环境条件的反向影响。Kahn 和 Mansur[251]采用此方法实证验证，发现环境规制降低了非达标地区污染密集型行业的就业率，改变了该行业的就业分布。李树和陈刚[78]以 2000 年《大气污染防治法》修订自然实验，结合倍差法评价了环境规制对中国工业行业 TFP 增长的影响效果。汤韵和梁若冰[252]利用该方法考察了我国设立酸雨和 SO_2 污染控制区对区内外 SO_2 排放与经济发展的影响。这种方法的局限在于典型试验案例的存在。

（4）赋值法。

赋值法是指根据特定依据用数字赋值法表征环境规制强度。例如，采用 1～7 的数字对环境规制强度进行赋值（Van Beers & Van den Bergh）、设置 5 或 10 的赋值增幅表示强度大小[253]、0 和 1 的虚拟赋值等。绝对值赋值法适用于横截面数据资料分析中的单一规制政策衡量；增幅赋值适用于面板数据和时间序列数据中的不同环境规制政策衡量；虚拟赋值法可能会导致解释变量过多，且多用于分析环境规制政策的实施与否。赋值法的优点是：能较好地反映规制政策实施的时间变化情况，对不同的规制措施进行比较分析；缺点是：不适合单一规制政策的度量，主观性太强，影响其精准度。

（5）综合指标法。

综合指标法是指综合采用几种度量方法，全面度量环境规制强度。赵晓丽等[254]借鉴国外某些学者的观点，将环境规制划分为行政性和市场导向性分别度量，行政性环境规制以排放标准、罚款、监督、环境评估体系以及生产技术标准来测量，市场导向性环境规制以税收减免、CDM 机制以及排污权交易机制测量。我国比较有代表性的综合衡量指标有：双重指标、行业环境规制综合指数法[255]、地区环境规制综合指数[256,257]。该方法的优点是可以对环境规制进行综合测度，但数据获取及计算难度较大。

不同衡量指标各有优缺点，无论采用何种方法都不可避免地存在一定的局限性，因此在具体指标选取时应该综合考虑以下几点：其一，结合具体的环境规制政策实施特点和条件；其二，结合研究目的和研究对象选取恰当指标；其三，考虑指标应用的可行性、可靠性、口径一致性和数据的可获得性。

5.1.1.2 指标体系的构建

目前我国环境规制政策主要包括：命令控制型（如排污标准、结构减排中的行业准入、技术标准、三同时制度等)、市场激励型(如排污收费、环境税、排污权交易、绿色补贴政策等)、自愿型规制政策(如环境信访、环境信息自愿披露制度、媒体监督等)。前两种属于正式的环境规制(显性环境规制),后一种属于非正式环境规制(隐性环境规制)。由于我国目前自愿型环境规制的实施还处于起步阶段,尚缺乏非正式环境规制的数据资料,公众通过信访或谈判等方式参与环保活动。考虑到环境规制政策工具的代表性、可适用性、实施范围、数据的可获得性,本书主要测度命令控制型环境规制(ER_1)和市场激励型环境规制(ER_2)对企业技术创新的影响,并将公众参与纳入模型以分析自愿型规制政策影响。

(1)命令控制型环境规制指标。

鉴于命令控制型环境规制主要表现在企业为满足规制标准指标时所体现的污染物达标率及污染物处置情况,综合排放达标率、利用率和处置率能比较客观地反映企业环境规制的执行力度和污染治理成效。因此本书结合目前污染物排放对环境的危害和数据的可获得性,采用综合指数法构建综合测量体系[258,259],选取工业废水排放达标率、SO_2排放达标率、烟尘排放达标率、粉尘排放达标率、工业固体废物综合利用率、工业固定废物处置率六个单项指标来构建评价命令控制型环境规制综合指标。将"生活三废"排除在综合评价指标之外,以"工业三废"评价更能反映政府对企业实施环境规制的真实情况。本书在构建综合指数时采用的指标如表5-3所示。

表5-3　　命令控制型环境规制(ER_1)综合评价指标体系

项目	指标定义	计算公式
废水	工业废水排放达标率	(工业废水排放达标量/工业废水排放总量)×100%
废气	工业SO_2排放达标率	(工业SO_2排放达标量/工业SO_2排放总量)×100%
	工业烟尘排放达标率	(工业烟尘排放达标量/工业烟尘排放总量)×100%
	工业粉尘排放达标率	(工业粉尘排放达标量/工业粉尘排放总量)×100%
固体废物	工业固体废物综合利用率	[工业固体废物综合利用量/(工业固体废物产生量+综合利用往年贮存量)]×100%
	工业固定废物处置率	(工业固体废物处置量/工业固体废物产生量)×100%

首先,通过采用极值法对上述六个单项指标进行标准化处理,消除指标的不可公度性。标准化处理公式如下:

$$R_{i,j}^s = [R_{i,j} - \min(R_j)] / [\max(R_j) - \min(R_j)] \quad (5-1)$$

其中，$R_{i,j}$——第 i 个地区第 j 类污染物单项指标初始值；

$\min(R_j)$——第 i 个地区第 j 类污染物单项指标的最小值；

$\max(R_j)$——第 i 个地区第 j 类污染物单项指标的最大值；

$R_{i,j}^s$——为无量纲标准化后的污染物单项指标值。

其次，计算各单项污染指标的调整系数。因不同地区不同污染物的排放程度相差较大，所以应通过对各个指标赋予不同的权重进行调整，以恰当反映"三废"的治理程度。

$$\omega_{i,j} = \frac{E_{i,j}}{\sum E_{i,j}} \bigg/ \frac{Y_i}{\sum Y_i} \quad (5-2)$$

其中，$\omega_{i,j}$——第 i 个地区的第 j 类污染物单项指标达标排放的调整系数；

$E_{i,j}$——第 i 个地区的第 j 类污染物排放量；

$\sum E_{i,j}$——各地区第 j 类污染物排放总量；

Y_i——第 i 个地区工业产值；

$\sum Y_i$——全国工业总产值。

该调整系数反映的是某地区单位工业产值排放的第 j 类污染物排放量与当年全国工业总产值排放的第 j 类污染物排放总量的比例，这种方法可以较真实地反映各地区环境治理的差异程度。

最后，计算各地区各项污染物达标排放的环境规制指数和总体环境规制指数。

$$ER_{1i} = \sum_{j=1}^{6} \omega_{i,j} \cdot R_{i,j}^s \quad (5-3)$$

ER_1 越大，说明命令控制型环境规制越严厉，强度越大。

（2）市场激励型环境规制指标。

市场激励型环境规制主要以税费形式或污染物排放许可证交易等工具存在，其作用在于内部化企业外部环境成本费用，激励企业降低排污水平，力求社会整体污染状况趋于优化。我国目前的市场体系尚不健全，排污税和排污权交易等工具并未有效地发挥作用，而相比之下排污收费制度实施较早，政策相对稳定，而且能有效测度企业的污染治理成本费用支出。因此，本书选取各个地区征收的排污收费作为度量市场激励型环境规制强度水平及政策执行情况的指标，为保证指标的可比性，用以 2000 年为基期的 GDP 平减指数进行调整计算所得[260]。

5.1.2 指标数据的初步统计分析

以我国 30 个省区市（由于西藏自治区的污染排放数据存在部分缺失，不包括西藏自治区；1"北京"，2"天津"，3"河北"，4"山西"，5"内蒙古"，6"辽宁"，7"吉林"，8"黑龙江"，9"上海"，10"江苏"，11"浙江"，12"安徽"，13"福建"，14"江西"，15"山东"，16"河南"，17"湖北"，18"湖南"，19"广东"，20"广西"，21"海南"，22"重庆"，23"四川"，24"贵州"，25"云南"，26"陕西"，27"甘肃"，28"青海"，29"宁夏"，30"新疆"）的相关数据资料为样本，测算 2003 年、2007 年、2011 年命令控制型环境规制（ER_1）和市场激励型环境规制（ER_2），其结果如图 5-1 和图 5-2 所示。从图 5-1 和图 5-2 可以看出，无论是命令控制型环境规制还是市场激励型环境规制，大部分地区的规制强度都呈现日渐严厉的趋势。除此之外，对于 ER_1 来说，江西的环境规制强度在 2007 年明显高于 2011 年，天津、上海和广东的规制强度在 2007 年却有了明显的下降，之后又大幅提升。而对于 ER_2 来说，广东和云南的环境规制强度在 2007 年明显降低，之后又大幅提升。这与经济发展水平、历史遗留问题和污染程度有关。

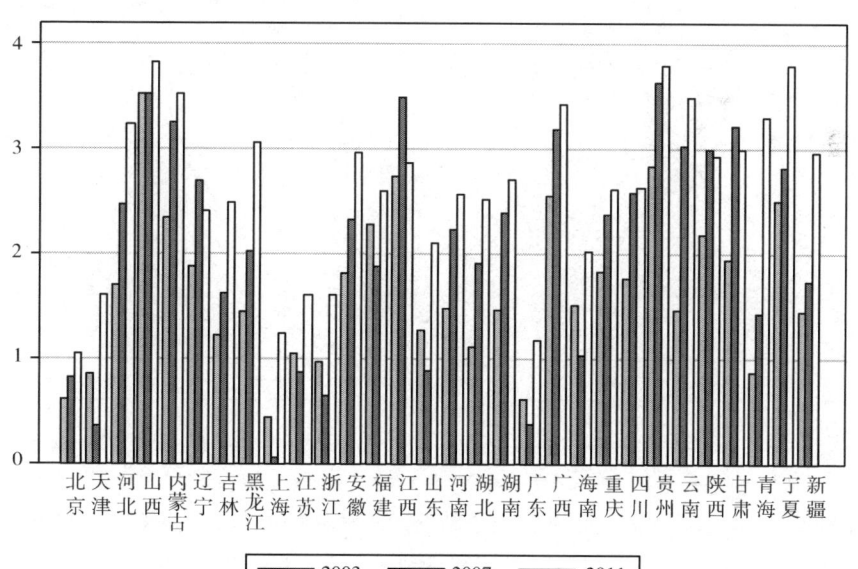

图 5-1　中国 30 个省区市命令控制型环境规制强度

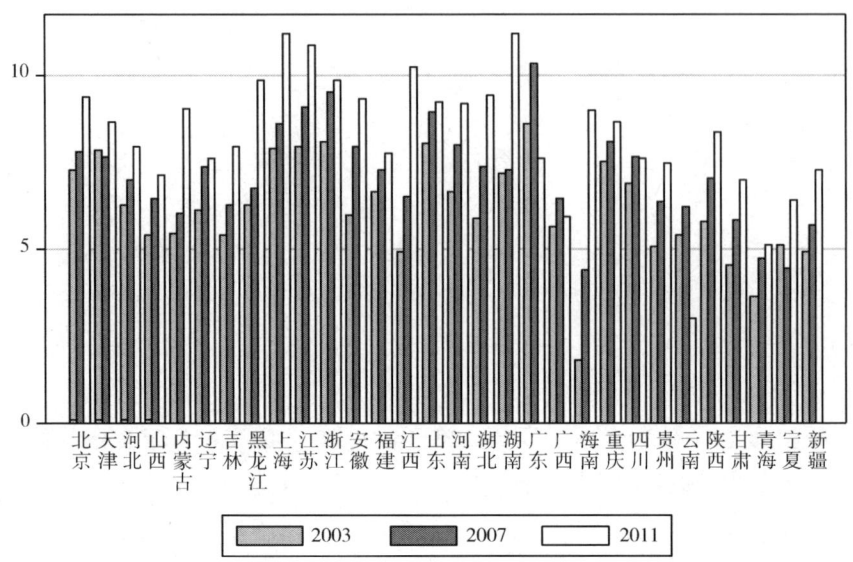

北京 天津 河北 山西 内蒙古 辽宁 吉林 黑龙江 上海 江苏 浙江 安徽 福建 江西 山东 河南 湖北 湖南 广东 广西 海南 重庆 四川 贵州 云南 陕西 甘肃 青海 宁夏 新疆

2003　　2007　　2011

图 5-2　中国 30 个省区市市场激励型环境规制强度

2003~2011 年，我国 30 个省区的平均环境规制强度指标如图 5-3 和图 5-4 所示。

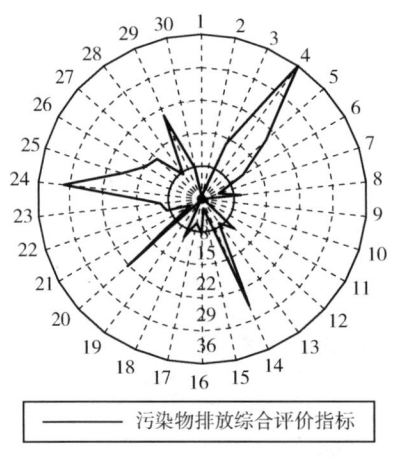

——污染物排放综合评价指标

图 5-3　各地区平均 ER_1 指标

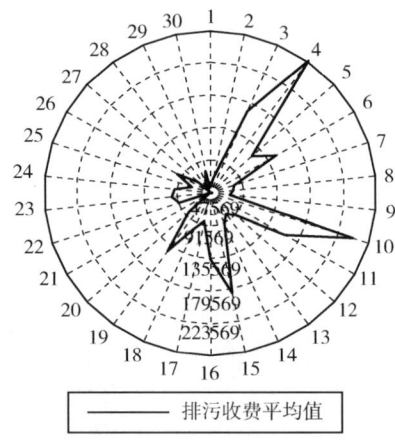

——排污收费平均值

图 5-4　各地区平均 ER_2 指标

从图 5-3 可以看出，区域 4、14 和 24 的命令控制型环境规制强度较大，而区域 1、2、9、10、11、15、19、21 等地区的强度指标相对很低；从图 5-4 可以看出，区域 4 和 10 的雷达图数据表征的市场激励型环境规制强度较高，相反，区域 1、2、7、8、9、12、13、21、27、28 等地区的规制强度低。两种类型的环

5.2 企业技术创新指标的测度

5.2.1 指标选取

在测度技术创新结果绩效指标时通常采用专利申请数、授权数以及新产品产值或销售收入等指标,但是企业技术创新水平是一个系统的综合指标,单纯以某个统计指标不能很好地反映其真实水平。赵晓丽[254]用末端减排技术、节能设备、生产工艺创新以及总体创新能力的提高4个项目综合测度技术进步。

结合前面的理论分析,从价值链的视角将企业技术创新划分为技术开发和技术转化两个阶段。考虑到专利申请具有时滞性,因此选择专利申请数量而非专利授权数量作为技术开发的衡量指标;以新产品销售收入作为技术转化的替代指标,反映技术创新的转化成果。

从技术实施的应用对象,结合技术创新模式,将环境规制作用下的绿色技术创新划分为绿色产品创新和绿色工艺创新两种模式。绿色产品创新是技术创新的最高阶段,是指设计、开发、生产和销售能节省资源、降低能耗,消除或者减少污染物排放以符合环保目标要求的绿色产品。与传统产品相比,绿色产品在整个产品生命周期(采购、生产、销售、运输、使用、回收等)中更重视节能降耗。因此本书采用单位新产品产值的能源消耗水平作为衡量绿色产品创新程度的指标,该指标通过计算能源消耗量与万元新产品产值的比值所得,比值越小,说明企业的绿色产品创新能力越强;反之,比值越大,创新能力越弱。绿色工艺创新是对传统工艺创新的革命,主要通过工艺流程更新、机器设备改造、废弃物回收处置及循环利用等途径,增加产出并减少产污量和排污量,降低生产工艺对生态环境的破坏,强调污染的"防""治"结合,是技术创新的基础和关键。随着工业化和城市化进程的加快,用水量大幅上升,废水排放量增加,成为当前重要的污染物排放。参考毕克新等[261]的观点,结合数据资料的可获得性和连贯性,本书以万元工业产值的废水排放量评价绿色工艺创新能力,该指标通过计算废水排放量与工业产值的比值所得,该比值越小表征的绿色工艺创新能力越强;反之则越弱。

5.2.2 指标测度

5.2.2.1 基于价值链角度划分的技术创新指标测算

2003~2011 年我国 30 个省区市的平均技术开发（TR）和技术转化（TT）创新指标如图 5-5 和图 5-6 所示。从图 5-5 可以发现，区域 18、9 和 10 等地区的平均技术开发能力较强，而区域 3、4、6、13、20、28、29 和 30 的平均技术开发水平很低。从图 5-6 也可以看出，区域 19、10 和 15 等地区的平均技术转化能力较强，而区域 2、3、4、20、21、27、28、29 和 30 的平均技术转化水平很低。我国技术开发和技术转化呈现明显的地区差异。

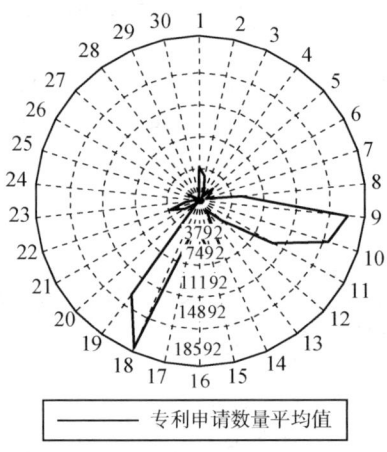

图 5-5　各地区平均 TR 能力指标

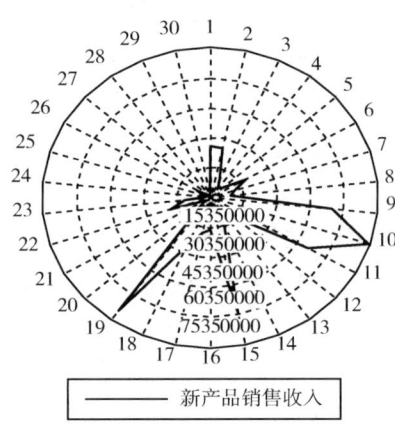

图 5-6　各地区平均 TT 能力指标

2003~2011 年，全国平均 TR 和 TT 趋势图如 5-7 所示。从图 5-7 可以发现，TR 和 TT 指标总体呈上升趋势，只有在 2005 年和 2009 年出现轻微的下降，说明我国的总体技术开发和技术转化能力日渐增强。

5.2.2.2 基于技术实施应用对象划分的技术创新指标测算

2003~2011 年，我国 30 个省区市的平均绿色产品创新（GPD）和绿色工艺创新（GPG）指标如图 5-8 和图 5-9 所示。从图 5-8 可以发现，区域 28 和 30 等地区的平均绿色产品创新能力较强，而区域 1、2、6、7、9、10、11、12、13、22 和 26 的平均绿色产品创新水平很低，即大部分地区的绿色产品制度能力过低。

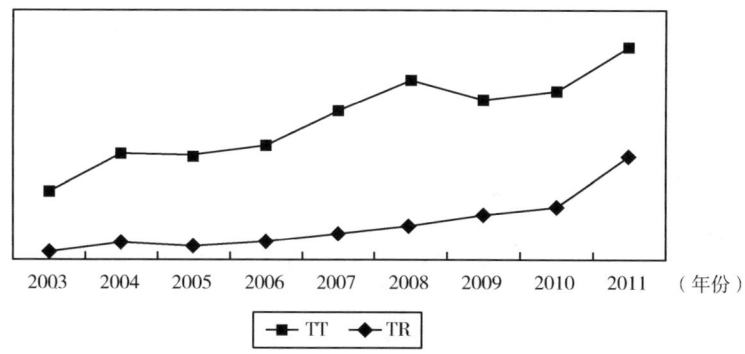

图 5-7　全国平均 TR 和 TT 指标趋势图（2003~2011 年）

从图 5-9 也可以看出，区域 20 的平均绿色工艺创新能力较突出，而区域 1、2、9、10、19 和 24 的平均绿色工艺创新水平很低。我国绿色产品创新和绿色工艺创新呈明显地区差异。

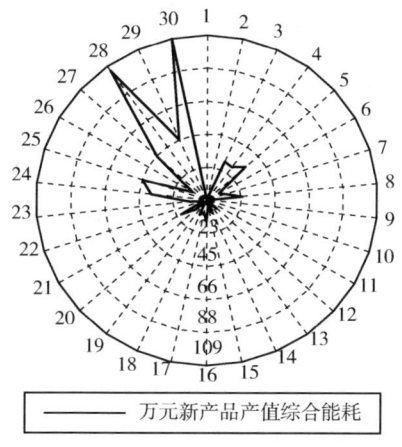

图 5-8　各地区平均 GPD 能力指标

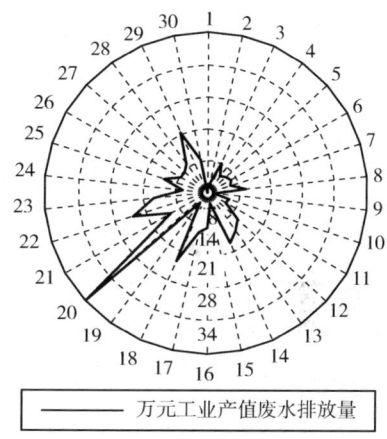

图 5-9　各地区平均 GPG 能力指标

2003~2011 年，全国平均 GPD 和 GPG 趋势如图 5-10 所示。从图 5-10 可以发现，GPD 和 GPG 指标数值总体呈下降趋势，只有 GPD 指标在 2009 年出现暂时的上升，说明我国的总体绿色工艺创新和绿色产品创新能力日益增强。

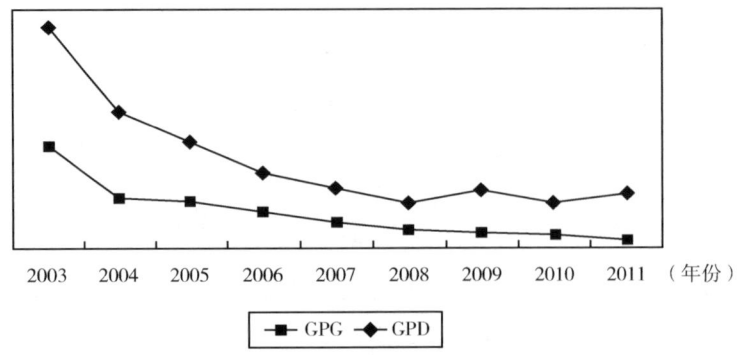

图 5-10 全国平均 GPD 和 GPG 指标趋势图（2003~2011 年）

5.3 基于 GML 指数的企业技术创新效率测算

5.3.1 企业技术创新效率分析与模型描述

5.3.1.1 环境规制下的企业技术创新效率分析

测度创新效率绩效有利于促使工业企业技术创新活动从粗放型向集约型发展方式转变。生产率水平的提高来自效率改进和技术进步两方面，波特假说认为恰当的环境规制强度有助于激发企业的技术创新活动，提高技术水平，进而改进资源的利用效率，其内涵可以用图 5-11 表示。

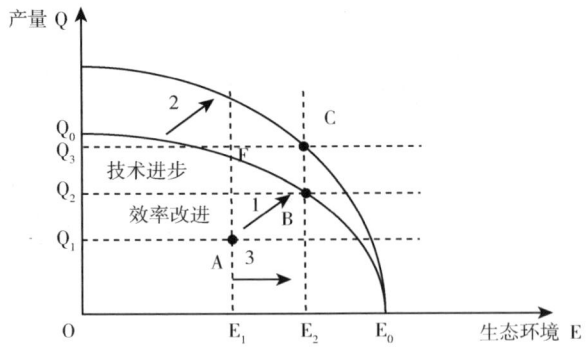

图 5-11 波特假说的内涵

其中，横轴表示环境质量（E），纵轴表示产量（Q），黑体曲线 E_0Q_0 与坐标轴 OQ_0、OE_0 包围的区域为生产可能集。若给定某一环境规制政策，对应环境质量水平为 E_1，则过 E_1 点做 E 轴的垂线，与黑体生产可能性曲线相交于 F 点，则区域 E_1FQ_0O 就是该环境规制政策下的生产可能集。波特假说认为，如果 E_1 代表相对宽松的环境规制政策，则企业没有动力改进技术。图 5-11 中 A 点表示产量为 Q_1 的产品或服务，此时，即使不增加投入要素和降低环境质量，也存在着增加产出的技术可能性，如箭头 1 所示。因此，此时企业的生产技术缺乏效率。

高环境质量要求迫使环境规制日趋严格，环境质量从 E_1 移到 E_2。根据波特假说，环境规制迫使企业更加关注自身产出和排污，为避免缺乏效率的生产活动，企业有了改进生产行为的动机，如从图 5-11 中 A 点移动到 B 点。B 点的效率高于 A 点，产量由 Q_1 增加至 Q_2。更加严格的环境规制政策在增加规制成本的同时，降低技术创新的相对代价，通过移动生产可能性曲线，促使企业采纳更为先进的生产工艺，提供更高质量的产品和服务，等等。这些动机导致企业从 B 点移动到 C 点，通过技术创新活动改变生产可能集。这意味着给定同样的生产投入要素，在保证环境质量不被破坏的前提下，企业可能提供更多的产出；反之，亦然。严格的环境规制约束下带来两部分产出总效用：（1）提高生产效率水平带来的产出增量（Q_2-Q_1）；（2）技术进步增加的产量（Q_3-Q_2）。因此，环境规制可以提升技术创新效应，提高生产率。

全要素生产率（Total Factor Productivity，TFP）最早由美国经济学家罗伯特·索罗（Robert M. Solow）提出，也称为"索罗余值"，是衡量要素投入对经济增长贡献的工具之一，也是探求经济增长源泉的重要手段，体现了市场经济主体的经济增长方式，是反映能否实现可持续发展目标的重要指标。环境规制约束下的企业技术创新效率可以通过计算考虑环境因素的绿色全要素生产率并进行分解来衡量。

5.3.1.2 模型与方法

（1）方向性距离函数模型。

目前数据包络分析（DEA）被广泛应用于生产效率的测算。Pittman[262] 首次在传统 DEA 框架中引入非期望产出（污染物），计算面向非期望产出的环境效率。此后，学者们正式将环境污染纳入 DEA 实证模型，方法一是将非期望产出转换为一种投入，把排污指数的倒数视为产出变量，将好产出和坏产出进行非对称处理，纳入同一模型求解。该方法不能准确评价经济绩效和社会福利水平。方法二是采用环境 DEA 技术，将生产可行集中的坏产出作为弱处置变量，以便分析减排的机会成本。忽视伴随期望产出增加而带来的非期望产出，采用传统的 Shephard 距离函数可能会对生产率的评价产生偏差。Luenberger 结合环境 DEA 技术，引入方向性距离函数（Directional Distance Function，DDF），综合考虑期望产出与非期望产出的影响。Chambers 等[263]和 Chung 等[264]在 Luenberger 利润函数的基础上，提出了非径向 DDF，对 Shephard 产出距离函数进行了一般化处理，可以分析同时调整投入与产出的情况。刘勇等[265]比较了目前 6 种评价存在非期望产出效率的 DEA 方法。这些研究均试图纠正传统处理方法的缺陷，摒弃假定环境因素（非期望产出）为弱可处置变量，而把经济产出（期望产出）作为强可处置变量来处理的方法，把环境因素与经济绩效合并作为产出考虑，若企业能在提供更多期望产出的同时，降低污染排放，通常被认为在技术上是有效的。张江雪等[169]运用基于松弛测度的方向距离函数（SBM – DDF），测算了三种类型的环境规制（行政型、市场型和公众参与型）对工业绿色增长指数的影响。

DDF 被广泛用于解决综合考虑期望产出和非期望产出的效率评价问题。

$$\vec{D}_0(x,y,b;g) = \max\{\beta:[(y,b)+\beta g] \in P(x)\} \qquad (5-4)$$

其中，x——投入要素；

y——期望产出；

b——非期望产出；

$g = (g_y, -g_b)$——产出水平扩张的方向向量，表达人们对期望产出和非期望产出的主观偏好；

β——方向性距离函数值。

方向性距离函数表示某确定投入 x 约束下，在 g 的方向下产出（y，b）的最大扩张倍数 β，β 的大小与生产效率呈反比变动。以设定的方向向量为权数，同时寻求 y 最大化以及 b 最小化。当只考虑一种期望产出和一种非期望产出时，生产可行性集与方向性距离函数的关系如图 5 – 12 所示。

依据 Chung，Fare 和 Grosskopf 的理论，定义给定要素投入和期望产出水平实现最小污染排放的环境效率函数。投入、期望产出（经济产出）和非期望产出（污染排放）向量集分别为 $x = (x_1, \cdots\cdots, x_N) \in R_+^N$，$y = (y_1, \cdots\cdots, y_M) \in R_+^M$，$b = (b_1, \cdots\cdots, b_J) \in R_+^J$。要素投入主要包括劳动力、资本存量和能源消费，经济产出以地区 GDP 表征，污染排放主要是指废水、废气以及固体废物"三废"的排

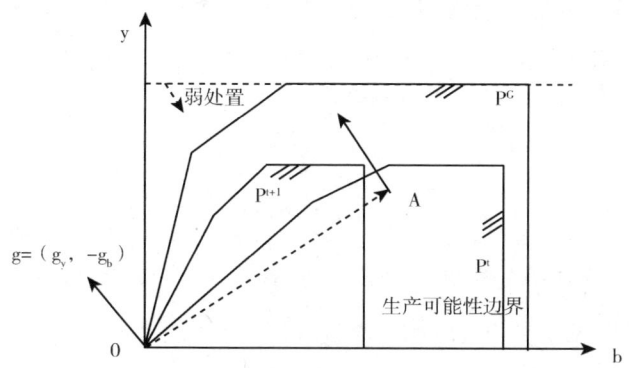

图 5-12　包含期望产出和非期望产出的方向性距离函数

放量。利用每一时刻 $t(t=1,2,\cdots,T)$，第 i 个省区市的投入产出值 $(x^{i,t},y^{i,t},b^{i,t})$，可构造生产可能性技术集合 $P^t(x^t)$，$P^t(x^t) = \{(y^t,b^t) \mid x^t \text{ 能生产}(y^t,b^t)\}$，$x^t \in R_+^N$，$t=1,2,\cdots,T$。生产可能性集可以由方向性距离函数描述。设方向性向量 $g=(g_y,-g_b)$，$g \in R_+^M \times R_+^J$，产生角度的方向性距离函数可定义为：

$$\vec{D}_0(x,y,b;g_y,-g_b) = \max\{\beta:[y+\beta g_y,b-\beta g_b] \in P(x)\} \quad (5-5)$$

向量 $g=(g_y,-g_b)$ 表示给定 x，y 成比例增加，b 成比例减少；β 为 y 增长、b 减少的最大可能数量。$\vec{D}_0(x,y,b;g_y,-g_b)=0$ 说明位于生产前沿面，技术是有效的；$\vec{D}_0(x,y,b;g_y,-g_b)>0$ 说明生产过程技术非有效，需要进一步改进。

DDF 测度了在环境技术结构下，给定方向和要素投入，期望产出增加和非期望产出减少的可能性大小。而 Shephard 产出距离函数表示尽最大可能扩大期望产出和非期望产出增长比例，而忽略了降低非期望产出。DDF 的核心就是既要增加期望产出又要减少非期望产出。如图 5-12 所示，DDF 要求 A 沿方向向量 $g=(y,-b)$ 趋势增加期望产出 y，并减少非期望产出 b，最终到达考虑环境要素的生产前沿。

（2）Global Malmquist-Luenberger 指数。

基于投入导向型（或产出导向型）距离函数计算的 Malmquist 生产率指数（M 指数）是在非期望产出不变的前提下计算所得，仅涉及投入或产出单方面的变化，未将期望产出与非期望产出进行对称处理，其评价的生产率结果存在一定偏差。为弥补 M 指数存在的缺陷，Chambers、Chung 和 Färe[263] 基于 DDF 构建了考虑非期望产出的 Malmquist-Luenberger 生产率指数（ML 指数）。

Kumar[266]实证研究发现，发展中国家的 ML 指数测度的全要素生产率小于传统 M 指数的测度结果。遵循生产率的定义，将 t 到 t+1 时期度量 TFP 的 ML 指数定义如下：

$$ML^s = \frac{1 + \vec{D}_0^s(x^t, y^t, b^t; y^t, -b^t)}{1 + \vec{D}_0^s(x^{t+1}, y^{t+1}, b^{t+1}; y^{t+1}, -b^{t+1})} \quad (5-6)$$

$$\vec{D}_0(x, y, b; y, b) = \max\{\beta : (y + \beta y, b - \beta y \in P^s(x))\}, s = t, t+1$$

基于不同时期的参照技术，ML 指数可写成几何平均的形式：

$$ML^{t,t+1} = (ML^t \times ML^{t+1})^{1/2}$$

$$= \left[\frac{1 + \vec{D}_0^t(x^t, y^t, b^t; y^t, -b^t)}{1 + \vec{D}_0^t(x^{t+1}, y^{t+1}, b^{t+1}; y^{t+1}, -b^{t+1})} \times \frac{1 + \vec{D}_0^{t+1}(x^t, y^t, b^t; y^t, -b^t)}{1 + \vec{D}_0^{t+1}(x^{t+1}, y^{t+1}, b^{t+1}; y^{t+1}, -b^{t+1})} \right]^{1/2}$$

$$(5-7)$$

式（5-7）被广泛应用于测度考虑非期望产出的生产率增长问题，为了反映生产率增长的动因，可进一步分解为技术进步指数（MLTECH）和生产效率指数（MLEFFCH）。式（5-7）可以进一步写成：

$$ML^{t,t+1} = \frac{1 + \vec{D}_0^t(x^t, y^t, b^t; y^t, -b^t)}{1 + \vec{D}_0^{t+1}(x^{t+1}, y^{t+1}, b^{t+1}; y^{t+1}, -b^{t+1})}$$

$$\times \left[\frac{1 + \vec{D}_0^{t+1}(x^t, y^t, b^t; y^t, -b^t)}{1 + \vec{D}_0^t(x^t, y^t, b^t; y^t, -b^t)} \cdot \frac{1 + \vec{D}_0^{t+1}(x^{t+1}, y^{t+1}, b^{t+1}; y^{t+1}, -b^{t+1})}{1 + \vec{D}_0^t(x^{t+1}, y^{t+1}, b^{t+1}; y^{t+1}, -b^{t+1})} \right]^{1/2}$$

$$= MLTECH^{t,t+1} \times MLEFFCH^{t,t+1} \quad (5-8)$$

其中，MLTECH 反映技术追赶程度；MLEFFCH 反映向前沿面移动的程度。ML 指数大于 1 说明全要素生产率呈上升趋势，小于 1 则呈下降趋势，等于 1 说明维持不变；MLTECH 表示生产前沿面的移动情况，大于 1 表明技术进步，可以同时提升期望产出且降低非期望产出，小于 1 则相反；MLEFFCH 反映与前沿面的距离，表达技术效率的改变，大于 1（小于 1）说明从 t 期到 t+1 期该地区距前沿面的距离缩短（增加），效率提高（降低）。

对于某个具体地区 $i'(x^{t,i'}, y^{t,i'}, b^{t,i'})$，在参考技术 $P^t(x^t)$ 下的方向性距离函数见式（5-9），λ_i^t 为权重向量：

$$\vec{D}_0^t(x^{t,i'}, y^{t,i'}, b^{t,i'}; y^{t,i'}, -b^{t,i'}) = \text{Max} \beta$$

$$\text{s.t.} \begin{cases} \sum_{i=1}^{I} \lambda_i^t y_{im}^t \geq (1+\beta) y_{i'm}^t, m=1,\cdots M \\ \sum_{i=1}^{I} \lambda_i^t b_{ij}^t = (1-\beta) b_{i'j}^t, j=1,\cdots J \\ \sum_{k=1}^{I} \lambda_i^t x_{in}^t \leq x_{i'n}^t n, n=1,\cdots N \\ \lambda_i^t \geq 0, i=1,\cdots,I \end{cases} \quad (5-9)$$

方向性距离函数可以通过求解 4 个 DEA 的线性规划来完成。

针对 ML 指数计算全要素生产率的相关研究，Oh[267]指出式（5－8）和式（5－9）可能存在两个重要缺陷：不具有循环性（circularity）或传递性（transitivity）、线性规划可能无可行性解（如图 5－10 中的 A 点），因此，传统 ML 指数可能会误导决策者。

为此，Oh[268]将 Global Malmquist 生产率概念和 DDF 相结合，构建全局曼奎斯特—卢恩伯格（Global Malmquist-Luenberger，GML）指数，以克服上述 ML 指数的两个缺陷。与传统 ML 指数相比，GML 指数同时考虑同期的生产技术和全局生产技术集，进一步修订了生产可能性集定义。同期的生产技术旨在为每个观测单元提供时期 t 的参照技术集，可以定义为：$P^t(x^t) = \{(y^t, b^t) | x^t 能生产(y^t, b^t)\}, t=1,\cdots, T$。所有同期生产技术集的并集即构成了全局生产技术集：$P^G(x) = P^1(x^1) \cup P^2(x^2) \cdots P^T(x^T)$。全局生产技术集囊括了全部观测单元在所有时期的参照技术集。基于 $P^G(x)$ 生产技术集，可将 GML 定义为：

$$GML^{t,t+1}(x^t, y^t, b^t; x^{t+1}, y^{t+1}, b^{t+1}) = \frac{1+\vec{D}_0^G(x^t, y^t, b^t; y^t, -b^t)}{1+\vec{D}_0^G(x^{t+1}, y^{t+1}, b^{t+1}; y^{t+1}, -b^{t+1})}$$

$$(5-10)$$

其中，$\vec{D}_0^s(x^s, y^s, b^s; y^s, b^s) = \max\{\beta : (y^s + \beta y^s, b^s - \beta y^s \in P^G(x^s))\}, s=t, t+1$。

GML 在整个研究期内基于一个全局生产技术集，弥补了因几何平均所导致的缺陷，具有循环性和传递性；也可保证存在线性规划可行性解。GML 也可分解成生产效率指数和技术进步指数两部分：

$$GML^{t,t+1} = \frac{1+\vec{D}_0^G(x^t, y^t, b^t; y^t, -b^t)}{1+\vec{D}_0^G(x^{t+1}, y^{t+1}, b^{t+1}; y^{t+1}, -b^{t+1})}$$

$$= \frac{1+\vec{D}_0^t(x^t, y^t, b^t; y^t, -b^t)}{1+\vec{D}_0^{t+1}(x^{t+1}, y^{t+1}, b^{t+1}; y^{t+1}, -b^{t+1})}$$

$$\times \frac{(1+\vec{D}_0^G(x^t,y^t,b^t;y^t,-b^t))/(1+\vec{D}_0^t(x^t,y^t,b^t;y^t,-b^t))}{(1+\vec{D}_0^G(x^{t+1},y^{t+1},b^{t+1};y^{t+1},-b^{t+1}))/(1+\vec{D}_0^{t+1}(x^t,y^t,b^t;y^t,-b^t))}$$

$$= \frac{TE^t(x^t,y^t,b^t;y^t,-b^t)}{TE^{t+1}(x^{t+1},y^{t+1},b^{t+1};y^{t+1},-b^{t+1})}$$

$$\times \frac{TPG^{G,t}(x^t,y^t,b^t;y^t,-b^t)}{TPG^{G,t+1}(x^{t+1},y^{t+1},b^{t+1};y^{t+1},-b^{t+1})}$$

$$= GMLTC^{t,t+1} \times GMLEC^{t,t+1} \qquad (5-11)$$

式（5-11）符合传递性的特质，GML 增加意味着生产率有所改善。如果 GML>1，表示 TFP 增长；如果 GML≤1，说明 TFP 不变或下降，即出现生产率退步现象，则该地区考虑环境因素的经济增长不可持续。如果 GMLEC>1，表明生产单元从 t 到 t+1 时期更有效地向最佳实践单元的参照点移动；如果 GMLTC>1，表明生产单元从 t 到 t+1 时期的生产技术变化更接近于全局生产技术，提高了技术进步水平。反之，则结论相反。

基于全局生产技术集的 DDF，其 DEA 线性规划可定义为式（5-12），s=t 和 t+1，其中 λ_i^t 是权重向量：

$$\vec{D}_0^G(x^s,y^s,b^s;y^s,-b^s) = \max\beta$$

$$\text{s.t.} \begin{cases} \sum_{t=1}^{T}\sum_{i=1}^{I} \lambda_i^t y_{im}^t \geq (1+\beta) y_m^t, m=1,\cdots M \\ \sum_{t=1}^{T}\sum_{i=1}^{I} \lambda_i^t b_{ij}^t = (1-\beta) b_j^t, j=1,\cdots\cdots,J \\ \sum_{t=1}^{T}\sum_{i=1}^{I} \lambda_i^t x_{in}^t \leq x_n, n=1,\cdots\cdots,N \\ \lambda_i^t \geq 0, i=1,\cdots,I \end{cases} \qquad (5-12)$$

另外，可以证明式（5-12）的线性规划存在可行性解。GML 指数具有可循环累加性，既可以解决多输出和多输入，也可以解决环境污染问题。因此，本书采用 GML 指数计算包括非期望产出的绿色全要素生产率累积值，分析经济增长质量的长期变动趋势，并通过将 GML 指数分解为技术效率变动、技术进步，测度环境规制作用下的企业技术创新效率。

5.3.2 变量处理与数据来源

结合统计口径的一致性和数据的可得性，本部分以 2003~2011 年中国 30 个省区市（因难以获取全面的数据资料，将西藏排除在考察范围之外）的规模以上工业企业为样本进行实证分析，并考虑各个地区经济发展水平存在差异，计算中国东、中、西部地区环境规制作用下的技术创新效率，并衡量总变动情况。所用数据根据历年的《中国统计年鉴》、《中国工业经济统计年鉴》、《中国能源统计年鉴》、《中国环境统计年鉴》、国家统计局（全国 2004~2012 年）；各省统计年鉴（分省 2004~2012 年）等整理获得。

假定工业企业生产过程中投入要素主要包括：物质资本存量、人力资本存量、能源消费；产出包括经济产出（期望产出）和环境污染（非期望产出）两类。

5.3.2.1 投入要素指标与数据资料

投入要素包括资本投资、劳动力投入和能源消耗三种，劳动力投入采用各地区的就业人数衡量，单位为万人；能源消耗采用一次能源消费量衡量，单位为万吨标准煤，可以通过年鉴资料直接获得。资本存量需要通过测量获取相关数据资料。测算资本存量比较通用的方法是永续盘存法，以不变价格计算的过去投资的加权和作为资本存量的衡量指标，计算公式如下：

$$K_t = \sum_{t=0}^{\infty} d_T I_{t-T} \quad (5-13)$$

其中，K_t——第 t 期资本存量；

d_T——权重，表示役龄为 T 的资本品的相对效率；

I_{t-T}——T 年前的资本投资。

假设投入资本服从相对效率几何下降模式，则资本存量的计算公式如下：

$$K_t = I_t + (1 - \delta_t) K_{t-1} \quad (5-14)$$

其中，K_t——第 t 期期末的固定资本存量；

I_t——第 t 期的资本投入或新增固定资本流量；

δ_t——经济折旧率。

（1）投资数据 I_t。

按照计算资本存量的永续盘存法要求，应分别估计设备投资和建筑投资[268]。统计年鉴中全社会固定资产投资包括建筑安装工程、设备工器具购置以及其他投资三部分。全社会固定资产投资划分为：建筑投资和设备投资两类，需要按照建筑投资和设备投资的比例分配其他费用，将分配额归并到建筑和设备投资中。建筑投资和设备投资的价格指数，直接采用国家统计局公布的固定资产投资价格指数。

(2) 固定资产经济折旧率的处理。

参照单豪杰[270]的做法，机器设备和建筑物分别按照16年和38年的年限弥补固定资产损耗。我国法定残值率是3%~5%，本书取中间值4%的法定残值率作为资本品相对效率的替代指标。估算出机器设备的折旧率为18.22%，建筑的折旧率为8.12%。

(3) 固定资本存量 K_0 的选择。

本书将基期定于2003年。基期固定资本存量的确定需要首先计算出2003年的机器设备和建筑物的资本存量。根据 Robert E. Hall 等[271]的估算方法，用2003年的工业机器设备投资和建筑投资除以2003~2012年工业机器设备和建筑物实际投资的几何增长率与折旧率之和，即可估算出基期固定资本存量。

基于上述四个关键变量：基期资本存量、当年实际投资额、价格指数和经济折旧率，运用永续盘存法可估算出各个省区市的资本存量。

5.3.2.2 产出指标与数据资料

(1) 期望产出。

期望产出是衡量经济增长的指标，即通常所指的"好"产出，本书选用我国省域 GDP 作为衡量指标。各个省区市用以2000年为基期的 GDP 平减指数进行调整所得的实际 GDP 为各个地区的期望产出。

(2) 非期望产出。

非期望产出是指伴随经济产出而带来的环境污染。不同的研究目的选用的指标差异较大。Managi 和 Kaneko 在研究中选择工业 SO_2、"三废"排放量、工业烟尘粉尘、COD 以及铅和六价铬等污染物的排放总量作为环境污染指标；涂正革在计算环境技术效率时以工业 SO_2 代表废气污染[272]；胡鞍钢以能源消费所致的 CO_2、废气中的 SO_2、废水中的 COD、废水排放总量和工业用固体废弃物排放作为环境指标[273]；王兵等选择的是 SO_2 和 COD[274]。我国"十一五"规划报告将污染物 COD 和 SO_2 排放量的削减列为重要的环境控制目标，结合"十二五"规划的减排任务，本书选择 CO_2、SO_2、COD 排放总量以及烟尘4种污染物作为非期望产出。SO_2 和 COD 排放总量以及烟尘的排放量可以通过《中国环境统计年鉴》获得。

降低碳排放已成为全世界共同努力的方向，碳排放的增加已经严重阻碍了工业经济的发展。但当前我国 CO_2 的排放并未受到有效管制，历年环境统计年鉴上

缺乏 CO_2 排放量的统计数据资料，需通过相关方法计算得到。鉴于 CO_2 排放与各种化石能源的消耗密切相关，本书使用含碳能源（主要考虑原煤、焦炭、原油、汽油、煤油、柴油、燃料油和天然气八种）消费量估算各个地区的 CO_2 排放总量，计算公式如下：

$$CO_2 = \sum_{i=1}^{8} (CO_2)_i = \sum_{i=1}^{8} [E_i \times CEF_i \times COF_i \times NVC_i \times (44/12)] \quad (5-15)$$

其中，i——消费的能源种类；

E——省域能源的消费总量；

CEF——碳排放系数；

COF——碳氧化率；

NVC——平均低位发热量。

数据来源于《中国能源统计年鉴 2012》和《2006 年 IPCC 国家温室气体清单指南》。

IPCC（2006）计算方法中涉及的各种指标及系数如表 5-4 所示。

表 5-4　　IPCC（2006）计算方法中涉及的各种指标及系数

能源	IPCC 2006 C 排放系数（CEF）（Kg/GJ）	碳氧化率（COF）	平均低位发热量（NCV）KJ/Kg（KJ/m³）	折标准煤系数 Kgce/Kg	二氧化碳排放系数 Kg-co₂/Kg（m³）
原煤	26.4	0.94	20908	0.7143	1.9025
焦炭	29.4	0.93	28435	0.9714	2.8507
原油	20.1	0.98	41816	1.4286	3.0202
汽油	18.9	0.98	43070	1.4714	2.9251
煤油	19.6	0.98	43070	1.4714	3.0334
柴油	20.2	0.98	42652	1.4571	3.0959
燃料油	21.1	0.98	41816	1.4286	3.1705
天然气	15.3	0.99	38931	1.3300	2.1622

说明：（1）低（位）发热量等于 29307 千焦（kJ）的燃料，称为 1 千克标准煤（1 kgce）。

（2）上表前两列数据来源于《省级温室气体清单编制指南》（[2011] 1041 号）。

（3）平均低位发热量和折标准煤系数来源于《中国能源统计年鉴 2012》。

（4）"二氧化碳排放系数"计算得出。

根据式（5-15）可以计算出 2003~2011 年我国各省区市的 CO_2 排放量，如表 5-5 所示。

表 5-5　　　　　　　我国 30 个省区市的 CO_2 排放量　　　　　　单位：亿吨

省区市	2003 年	2004 年	2005 年	2006 年	2007 年	2008 年	2009 年	2010 年	2011 年
北 京	1.0443	1.1675	1.1987	1.2316	1.3101	1.3324	1.3666	1.3854	1.2921
天 津	1.0258	1.1625	1.2420	1.3244	1.4096	1.4040	1.5090	1.8422	2.0211
河 北	3.9546	4.6111	19.3820	6.2080	6.7779	7.0550	7.5255	8.0963	9.1548
山 西	4.8602	5.1389	5.6697	6.3025	6.5650	6.39085	6.2490	6.7045	7.3911
内蒙古	1.9849	2.5195	3.1224	5.0436	4.2390	5.0436	5.4909	6.0522	7.5546
辽 宁	3.9455	4.3507	4.8873	5.2781	5.6806	5.9352	6.1444	6.7325	7.1908
吉 林	1.3989	1.4985	1.7462	1.8442	1.9463	2.2005	2.2511	2.5115	2.8735
黑龙江	2.0421	2.2120	2.4951	2.6559	2.8562	3.0290	3.1628	3.4300	3.6786
上 海	2.0443	2.1581	2.2972	2.2856	2.3466	2.4769	2.4659	2.6982	2.7755
江 苏	3.0114	3.7006	4.8027	5.2562	5.6755	5.7588	6.0196	6.7212	7.7460
浙 江	2.1884	2.5700	2.9966	3.3803	3.7759	3.8523	4.0055	4.3016	4.5541
安 徽	1.7924	1.8623	1.9650	2.1105	2.3552	2.6928	2.9636	3.1411	3.4128
福 建	0.9304	1.0925	1.3177	1.4644	1.6518	1.7253	2.0433	2.2702	2.5919
江 西	0.8769	1.0656	1.1721	1.2788	1.3972	1.4198	1.4861	1.7315	1.9088
山 东	4.0662	5.1625	7.1350	8.1826	8.8982	9.4429	9.8328	10.8714	11.4518
河 南	2.4852	3.4916	4.2500	4.8187	5.3362	5.5047	5.6251	6.0832	6.7048
湖 北	1.9622	2.1607	2.4197	2.7107	2.9901	2.9336	3.1504	3.6131	4.1118
湖 南	1.3277	1.6303	2.1597	2.2957	2.6576	2.6276	2.7636	2.9333	3.2735
广 东	3.0348	3.4512	3.8518	4.2743	4.6426	4.8209	5.2011	5.8328	6.2866
广 西	0.6874	0.9010	0.9887	1.0783	1.2530	1.2746	1.4136	1.7201	2.1155
海 南	0.2178	0.1926	0.1628	0.2448	0.4499	0.4667	0.4962	0.5418	0.6386
重 庆	0.6646	0.7528	1.0699	1.1645	1.2670	1.3261	1.4261	1.5750	1.7935
四 川	1.8916	2.1686	2.2963	2.5347	2.8399	2.9807	3.3541	3.4566	3.4872
贵 州	1.4262	1.6657	1.6564	1.9021	2.0552	2.1048	2.3057	2.3239	2.5696
云 南	1.2095	1.5091	1.7671	1.9445	2.0314	2.0901	2.2692	2.3957	2.4734
陕 西	1.2199	1.5403	1.7955	2.1983	2.4003	2.6642	2.8944	3.4284	3.7905
甘 肃	1.0497	1.1903	1.2942	1.3806	1.5382	1.5657	1.5462	1.7218	1.9891
青 海	0.2032	0.2181	0.2695	0.3162	0.3716	0.4064	0.4138	0.4130	0.4881
宁 夏	0.6881	0.6549	0.7375	0.8073	0.8972	1.0004	1.1003	1.3022	1.7336
新 疆	1.1797	1.3459	1.5358	1.7536	1.9092	2.1135	2.4671	2.7633	3.2687

5.3.2.3 变量的描述性统计

2003~2011 年各省区市涉及的投入要素和产出结果的描述性统计如表 5-6 所示。

表 5-6 变量的描述性统计结果

变量	单位	均值	标准差	最小值	最大值
劳动力	万人	2461.81	1651.54	289.80	6485.60
资本存量	亿元	1586.31	1692.61	39.32	11639.77
能源消耗	万吨标准煤	10385.41	7025.08	684.00	37132.00
GDP	亿元	12806.26	12602.44	412.28	73397.91
CO_2 排放量	万吨	29609.45	23462.91	1627.55	193819.80
SO_2 排放量	万吨	77.62	45.81	2.20	200.30
COD 排放量	万吨	41.37	27.51	0.70	111.90
烟尘排放量	万吨	108.43	65.14	1.00	221.00

5.3.3 效率测算与结果评价

5.3.1.1 考虑非期望产出的全要素生产率及其分解

本书计算所得的 GML 生产率指数及分解指标（技术进步和生产效率）如表 5-7 所示。

表 5-7 省域 GML 生产率指数及分解项的均值（2003~2011 年）

省区市	GMLPI	GMLTC	GMLEC	省区市	GMLPI	GMLTC	GMLEC
北京	1.0572	1.0572	1.0000	湖南	1.0435	1.0332	1.0100
天津	1.0586	1.0656	0.9934	广东	1.0341	1.0436	0.9909
河北	1.0161	1.0443	0.9730	广西	1.0492	1.0500	0.9992
山西	1.0065	1.0319	0.9754	海南	1.0329	1.0329	1.0000
内蒙古	1.0496	1.0454	1.0040	重庆	1.0258	1.0427	0.9837
辽宁	1.0441	1.0563	0.9885	四川	1.0472	1.0472	1.0000
吉林	1.0104	1.0335	0.9776	贵州	1.0135	1.0268	0.9870
黑龙江	1.0372	1.0462	0.9914	云南	1.0273	1.0273	1.0000

续表

省区市	GMLPI	GMLTC	GMLEC	省区市	GMLPI	GMLTC	GMLEC
上海	1.0661	1.0661	1.0000	陕西	1.0311	1.0285	1.0026
江苏	1.0247	1.0554	0.9709	甘肃	1.0153	1.0315	0.9843
浙江	1.0515	1.0252	1.0257	青海	1.0204	1.0293	0.9913
安徽	1.0574	1.0423	1.0145	宁夏	1.0374	1.0228	1.0143
福建	1.0292	1.0341	0.9953	新疆	1.0453	1.0335	1.0114
江西	1.0320	1.0403	0.9920	平均	1.0344	1.0399	0.9947
山东	1.0329	1.0470	0.9865	东部	1.0510	1.0519	0.9992
河南	1.0105	1.0330	0.9782	中部	1.0408	1.0426	0.9983
湖北	1.0290	1.0254	1.0035	西部	1.0298	1.0378	0.9923

由 GML 计算结果可以发现：

（1）全国范围绿色全要素生产率（TFP）呈上升趋势。从全国范围来看，2003~2011 年 30 个省区市考虑环境问题的绿色 TFP 指数都大于 1，表明考虑环境因素的情况下生产率仍然呈上升趋势。上海市的绿色 TFP 指数最大，为 1.0661，说明生产率增长最快，年均增长 6.61%，天津、北京紧随其后，分别为 5.86%、5.73%。作为资源大省的山西，绿色 TFP 指数为 1.0065，是最低值，年均增长 0.65%，呈现粗放式发展，环境保护力度不够。2003~2011 年绿色 TFP 年均增长 3.44%，明显小于同期年均实际 GDP 的增长率，反映出中国目前高能源投入、高环境污染、低经济效率的粗放增长方式。较低的 TFP 增长率在一定程度上证实了克鲁格曼提出的"东亚无奇迹"论点。从全国平均水平来看，技术进步指数为 1.0399（大于 1），提升了 3.99 个百分点；技术效率指数为 0.9947（小于 1），下降了 0.53 个百分点。TFP 的提升得益于技术进步水平的提高。

（2）TFP 增长呈现东中西递减特征。东、中、西部地区 GMLPI 分别为 1.0510、1.0408 和 1.0298。东、中、西部地区的绿色全要素生产率近十年分别增长了 5.10%、4.08% 和 2.98%，区域间绿色全要素生产率差异显著。东部地区已经逐步认识到经济社会发展低碳化转型的重要性，并不断通过加快产业结构调整力度、加大技术创新投入降低经济增长的环境代价，强调经济增长与环境资源的相对协调，率先体现了可持续增长的内涵，加快了生态文明建设。然后，中、西部地区经济增长效率和环境技术效率仍存在相当大的改善空间。其中，濒临东部的中部地区，通过与东部地区保持密切和频繁地经济合作关系，环保意识的增强激励中部地区力争实现"又快又好"的发展模式,其经济发展速度和综合实力都优于西部地区,体现出较好的"追赶者"角色;而西部地区经济基础较为薄弱,基础设施建设不足,经济增长是其首要任务,在发展过程中更多地依靠资源优势和政府政策支持,大多呈现粗放型增长模式,通过加大投入追求更大产出,以能源消耗、环境的破坏为代价换取经济利益,阻碍了绿色全要素生产率的增长。

(3) TFP 增长来源存在差异。东、中、西部地区绿色全要素生产率的增长主要依赖于技术进步,东部地区技术进步指数为 1.0519(大于1),表明与前期相比,该区域技术进步水平提高,后期生产前沿面更接近于全局生产前沿面。东部地区的技术进步率最高,中部其次,西部最低。东、中、西部地区的技术效率分别为 0.9992、0.9983 和 0.9923,均小于1,三个地区的技术效率都出现了不同程度的恶化,技术效率依次降低了 0.08%、0.17% 和 0.77%,反映了与较前期相比,后期生产前沿面更远离当期生产前沿面。这与绿色全要素生产率增长存在地区差异是一致的,三个地区的技术效率都存在很大的改善空间,技术效率的提升将成为提高 TFP 的关键。随着时间的推移,省与省之间的差异会越来越大,技术进步依然是东部地区 TFP 增长的主要动力,改进技术效率也成为中部地区 TFP 增长的关键所在,只有全面协调和均衡发展才可以真正转变经济增长方式,实现"又好又快"的发展目标。

5.3.1.2 考虑非期望产出的全要素生产率动态变化

(1) 我国各省区市全要素生产率变化趋势。

为了实证分析考虑非期望产出的情况下,2003~2011 年我国各省区市在环境规制作用下的技术创新效应变化,运用 MaxDEA 软件工具计算全要素生产率指数及分解结果如表 5-8 所示,变动趋势状况如图 5-13 所示。从表 5-8 的计算结果可以看出,2003~2011 年,GML 生产率指数的平均值为 1.0344,表明各省区市的全要素生产率平均增长率为 3.44%,这与当前的研究结论较为一致。从平均意义上来看,技术进步指数变化了 3.99%,而效率指数变化了 -0.53%,说明全要素生产率的增长来源于技术进步而非技术效率推动,技术效率成为经济增长的"瓶颈",因此迫切需要转变经济增长方式,逐步由粗放型发展模式转变为集约型。从整体变化趋势可以看出,除 2008~2009 年 GMLPI(0.9777)小于 1 外,2005 年以来,随着对环境污染和生态破坏进行更严格的管制,各省区市的整体绩效指标都大于 1,处于上升趋势。

表 5-8　各省区市环境规制下技术创新效率的变化趋势 (2003~2011 年)

年　份	GMLPI	GMLTC	GMLEC
2003~2004	1.0214	1.0151	1.0062
2004~2005	0.9992	1.0012	0.9980
2005~2006	1.0258	1.0357	0.9904
2006~2007	1.0440	1.0501	0.9942
2007~2008	1.0719	1.0675	1.0041
2008~2009	0.9775	1.0096	0.9682
2009~2010	1.0604	1.0542	1.0059
2010~2011	1.0792	1.0888	0.9911
平　均	1.0344	1.0399	0.9947

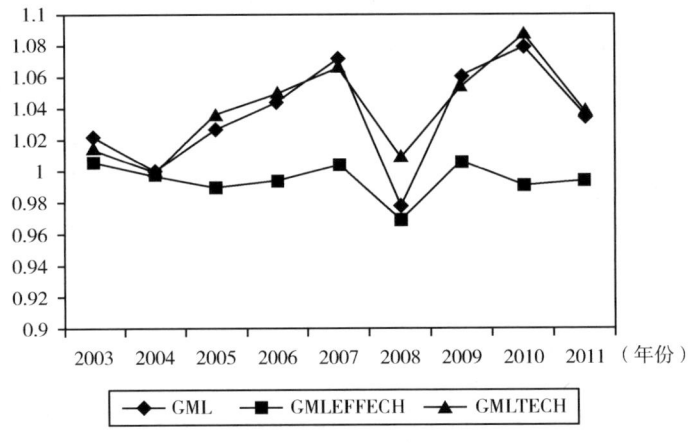

图 5-13　我国全要素生产率的增长及构成趋势

①从技术效率变化来看，除了 2003~2004 年、2007~2008 年、2009~2010 年之外，技术效率指数平均值都低于 1，这已经严重阻碍了经济绩效的增长。表明经济发展和社会进步中长期积累的支撑性、结构性、素质性、体制性矛盾尚未得到根本解决，过分依赖低端产业、资源禀赋、生态环境，增长方式尚未得到根本转变，产业层次低、技术水平不高、要素制约加剧等问题依然突出，因此，综合考虑经济发展阶段、产业特点和资源禀赋，切实抓好龙头企业培育带动特色产业，加快形成以技术、品牌、质量、服务为核心的竞争新优势，以提高质量和效益为中心，促进结构转型升级，这对我国经济发展来说显得尤为重要。

②从技术进步来看，除 2004~2005 年、2008~2009 年技术进步指数接近于 1 之外，其他时期的技术进步指数显示，都有超过 1% 的增长率，技术进步作用较为明显。可能的原因是，2005 年以来大部分省区市积极实施创新驱动发展战略，开展环境治理工作，加强能源消费总量和强度双控管理，提高节能技术水平，制定科技创新评价标准，完善激励和成果转化机制，补贴并支持企业加强关键技术的攻关，推广应用集成制造、清洁生产等先进制造模式，积极引进产业关联度强、低能耗、低污染、高附加值的重大项目，充分发挥以新技术、新工艺和新产品的发明创造与应用为主的"硬"技术进步对提升经济绩效和碳排放绩效的贡献。对于制造企业来说，技术水平内含于生产过程中使用的机器设备，生产前沿面的移动在很大程度上取决于机器设备更新或工艺技术改造。通常，物质技术水平会随着时间的推移而不断提升，然而实证结果恰恰显示，2008~2009 年技术变化呈倒退趋势，这与当时的宏观经济形势（金融危机）、国际贸易、政府出台的各种调控政策等紧密相关。

从总体来看，我国各省区市平均全要素生产率呈现增长趋势，且表现出一定的波动性特点；技术进步指数各期都大于 1，一直是推动生产率增长的主要力量，几乎贡献了 100% 的作用。相比之下，技术效率却未发挥应有的积极作用。

(2) 我国区域全要素生产率变化趋势。

2003~2011 年中国及分部地区在考虑非期望产出情况下，GML 指数的变动趋势，如图 5-14 所示。

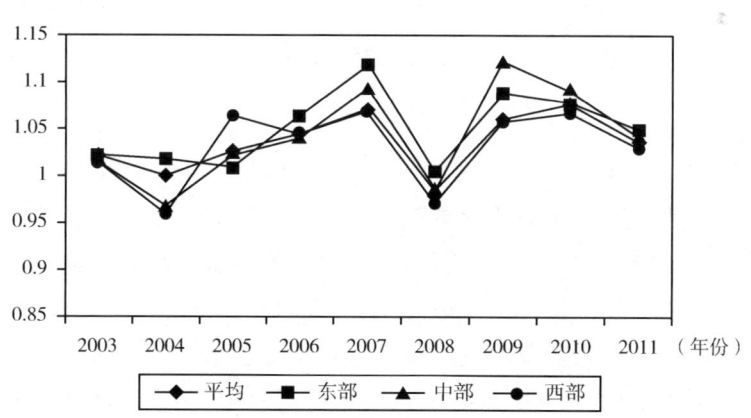

图 5-14 我国全国范围及区域平均全要素生产率指数 (GML)

从图 5-14 可以看出，全国平均及分部地区的绿色全要素生产率变动趋势基本一致。全国平均绿色全要素生产率 2004 年微降之后经历了基本稳定上升的变化态势，2008年出现了较大幅度的下降，2011年也在经历了两年的增长之后出现了下降。从分地区指数来看，东部地区一直维持着较高的绿色全要素生产率，都超过1，高于全国平均水平，变化趋势与全国保持一致，从总体上可以判断出东部地区经济发展与环境保护维持着较高的协调性；中部地区在2006年之前一直低于全国平均水平，近几年增长较快，从2007年开始超过全国水平；西部地区的生产率相对较低，暴露出西部经济发展与生态环境存在较为严重的矛盾关系。

2003~2006年三大区域绿色全要素生产率都呈现平稳上升状态，但2007~2010年波动加剧。这种变化趋势部分源自于高速增长的污染排放。层出不穷的环境问题引发了党和政府的密切关注，制定了一系列旨在改善生态环境的相关规定，例如，2005年年初颁发的《关于落实科学发展观加强环境保护的决定》。"十一五"和"十二五"规划中明确提出了环境保护和生态文明建设的约束性指标，污染排放上升趋势得以缓解。时至2007~2008年爆发了波及全球的金融危机，我国经济增长率明显回落，能源消耗增长率大幅下降。为应对萧条的经济状况，制定了一系列积极的财政政策以刺激经济复苏，表现为该时期三大区域绿色全要素生产率显著波动的特征，特别是中西部地区因经济基础薄弱，绿色全要素生产率更是大起大落，中国经济增长质量出现短暂下滑。污染排放等非期望产出的动态增长，对绿色全要素生产率的波动有很大影响，体现出污染的无效率性。

5.4 本章小结

环境规制对企业技术创新影响的实证研究必须要明确相关指标的选取和度量。本章首先结合不断演化的环境规制政策工具，归纳并比较了多种环境规制强度衡量方法，进而结合指标选取依据构建了命令控制型和市场激励型环境规制指标体系，并以我国2003~2011年30个省区市的面板数据为样本进行了统计分析；其次，结合不同的企业技术创新类别，选取了技术开发和转化、绿色产品创新和绿色工艺创新指标，并进行了测度；最后，为了测度我国环境规制作用下的企业技术创新效率，基于考虑环境因素的方向性距离函数，运用GML指数计算了考虑期望产出和非期望产出的绿色全要素生产率指数及其分解指标。研究表明：(1) 我国命令控制型和市场激励型环境规制强度从总体来看逐年提升，但地区差异明显。(2) 不论是从价值链角度还是技术实施应用对象角度来看，我国不同技术创新能力也都呈现不同程度的增强,但是地区差异较大。(3)省域绿色全要素生产率指数都有了不同程度的上升,而且其主要动力来自技术进步的贡献;东、中、西部的绿色全要素生产率增长呈现依次递减特征,而且增长来源存在地区差异;绿色全要素生产率呈现增长的基本趋势,但是由于受多种因素的影响,导致增长趋势并不平稳。

第6章 环境规制影响企业技术创新的实证研究

6.1 研究与设计说明

由于我国各省区市对环境的敏感性存在较大差异,因此环境规制作用于不同地区的企业会产生差异化的影响效果,各地区环境规制水平对技术创新能力的影响可能也会存在较大差异。为了从实证角度整体考察环境规制政策对企业技术创新的影响效果,本章结合环境规制政策和技术创新类型的异质性,采用面板数据模型对我国2003~2011年30个省区市的数据资料展开实证分析。面板数据资料的信息量大,降低了变量间存在共线性的可能性,可以增加自由度提升估计的有效性,而且有利于考察动态调整并控制个体的异质性。

6.1.1 计量模型的设定

为了避免或者缓解变量的多重共线性,以及总体回归函数中的随机误差项的异方差性,本书对模型中涉及的变量采用对数形式进行转变。由于企业技术创新是一个具有路径依赖性的连续动态调整过程,极易受到前期技术水平的影响,可能存在滞后效应,有必要引入动态模型滞后项以控制滞后效应[1]。为衡量环境规制对企业技术创新的直接作用,构建动态面板数据模型[2]如下所示:

---

[1] 在即期情况下进行了拟合,其回归结果和滞后1期相比并无实质变化;对滞后2期和3期进行回归发现存在2期滞后效应,3期滞后效应不显著,但是基于自由度的考虑,不进行滞后2期及以上的回归分析。

[2] 在回归模型中加入环境规制的三次方进行分析,结果表明并非都存在更复杂的非线性关系,为了同时比较不同技术创新类型的异同,因此该模型只考虑了环境规制的一次方和二次方验证环境规制对技术创新的非线性影响。

$$\ln TI_{i,t} = \alpha_0 + \alpha_1 \ln TI_{i,t-1} + \beta_1 \ln ER_{i,t} + \beta_2 (\ln ER_{i,t})^2 + \theta_m K_{i,t} + V_i + \varphi_{i,t} \quad (6-1)$$

其中，i——各省区市，$i = (1, 2, \cdots, 30)$；

t——年份，$t = (2003, 2004, \cdots, 2011)$；

m——控制变量的个数；

$TI_{i,t}$——企业技术创新指标；

$TI_{i,t-1}$——企业技术创新指标的一阶滞后项；

$ER_{i,t}$——环境规制强度指标；

$K_{i,t}$——其他控制变量；

V_i——不可观测的个体效应；

$\varphi_{i,t}$——随机误差项（复合误差项），$E(\varphi_{i,t}) = 0$，$Var(\varphi_{i,t}) = \sigma^2$；

α、β、θ——待估参数，参数 β 和 θ 的正负和大小说明了解释变量和控制变量对企业技术创新能力的影响程度和方向。

ln——取自然对数。

前面的理论分析指出，环境规制不仅直接作用于企业技术创新，还通过产业集中度、企业环境管理战略、公众环境偏好以及 FDI 四条途径对企业技术创新产生影响。在计量经济学模型中，如果一个解释变量对被解释变量的偏效应受到另外一个解释变量的影响时，需要在模型中加入交互项进行分析，否则会产生遗漏变量偏误而无法获取对被解释变量的无偏估计。为了分析环境规制对企业技术创新的间接影响效应，本书将产业集中度、企业环境管理战略、公众环境偏好以及 FDI 作为中介变量，构建了环境规制与该四个中介变量的交互项作为技术创新的影响因素，验证中介效应的存在。只有满足以下三个条件才表明存在中介效应：其一，未考虑中介变量前，核心解释变量对被解释变量具有显著影响；其二，核心解释变量对中介变量有显著影响；其三，模型中加入中介变量后，中介变量显著影响被解释变量，但核心解释变量对被解释变量的影响被弱化，甚至不显著。本书通过构建三个模型来分别验证中介效应是否存在的三个条件：

$$\ln TI_{i,t} = \alpha_0' + \alpha_1' \ln TI_{i,t-1} + \beta_1' \ln ER_{i,t} + \theta_n' K_{i,t}' + V_i' + \varphi_{i,t}' \quad (6-2)$$

其中，$K_{i,t}'$ 是其他控制变量（不包括中介变量）。

若方程（6-2）中的 β_1' 系数显著，则说明核心解释变量（环境规制指标）显著影响被解释变量（企业技术创新指标），以此作为验证中介效应的第一个条件。

$$\ln Y_{i,t} = \alpha_0' + \beta_1' \ln ER_{i,t} + \theta_n' K_{i,t}' + V_i' + \varphi_{i,t}' \qquad (6-3)$$

若方程 (6-3) 中的 β_1' 系数显著,则说明核心解释变量 (环境规制) 对中介变量影响显著,以此作为验证中介效应的第二个条件。

$$\ln TI_{i,t} = \alpha_0' + \alpha_1' \ln TI_{i,t-1} + \beta_1' \ln ER_{i,t} + \theta_{m-n}' Y_{i,t} + \theta_n' K_{i,t}' + V_i' + \varphi_{i,t}' \qquad (6-4)$$

若方程 (6-4) 中的 β_1' 系数降低或者不显著,但中介变量的系数 θ_{m-n}' 通过显著性检验,则满足中介效应成立的第三个条件。

为了更好地验证环境规制基于中介变量对企业技术创新的影响,构建如下模型:

$$\ln TI_{i,t} = \alpha_0 + \alpha_1 \ln TI_{i,t-1} + \beta_1 \ln ER_{i,t} + \gamma_j \text{Interaction}(j)_{i,t} + \theta_n K_{i,t}' + V_i + \varphi_{i,t} \qquad (6-5)$$

其中,Interaction$(j)_{i,t}$ 是环境规制与中介变量 (j) 的交叉项。

借鉴环境库兹涅茨曲线在分析环境和经济增长问题时的非线性方法,本书将环境规制和企业技术创新效率之间的实证模型设定如下①:

$$\ln TIE_{i,t} = \alpha_0 + \alpha_1 \ln TIE_{i,t-1} + \beta_1 \ln ER_{i,t} + \beta_2 (\ln ER_{i,t})^2 + \beta_3 (\ln ER_{i,t})^3 + \theta_m K_{i,t} + V_i + \varphi_{i,t} \qquad (6-6)$$

其中,i——各省区市,i = (1,2,…,30);

t——年份,t = (2003,2004,…,2011);

$TIE_{i,t}$——技术创新效率指标;

$TIE_{i,t-1}$——技术创新效率指标的一阶滞后项;

$ER_{i,t}$——环境规制强度指标;

$K_{i,t}$——其他控制变量;

V_i——不可观测的个体效应;

$\varphi_{i,t}$——随机误差项 (复合误差项), $E(\varphi_{i,t}) = 0, Var(\varphi_{i,t}) = \sigma^2$;

α、β、θ——待估参数,参数 β 和 θ 的正负和大小说明了解释变量和控制变量对技术创新能力影响的程度和方向。

ln——取自然对数。

---

① 通过回归模型分析验证发现,在回归模型中加入环境规制的三次方,可以得出环境规制与企业技术创新效率存在的复杂非线性关系。另外,加入技术创新效率的一次滞后项以分析技术创新效率指标是否存在连续性。

如果 $\Delta = 4(\beta_2)^2 - 12\beta_1\beta_3 \leq 0, \beta_3 > 0$ 时，为单调递增曲线；$\beta_3 < 0$ 时，为单调递减曲线。如果 $\Delta = 4(\beta_2)^2 - 12\beta_1\beta_3 > 0, \beta_1 > 0, \beta_2 < 0, \beta_3 > 0$，曲线为"N"型，表示企业技术创新效率先随环境规制强度增强而提升，达到一定程度后下降，然后再次上升，经济含义是：在环境规制早期，技术水平会提升，当环境规制强度增加到一定程度时，会抑制企业创新效率的提升，然后技术创新效率又随着环境规制强度的提升而改善；$\beta_1 < 0, \beta_2 > 0, \beta_3 < 0$，曲线为"倒 N"型，表示企业技术创新效率先随着环境规制强度的提升而下降，达到一定程度后上升，然后再次下降。

为了分析环境规制基于中介变量对企业技术创新效率的间接影响，构建了环境规制与产业集中度、企业环境管理战略、公众环境偏好以及 FDI 四个中介变量的交互项作为技术创新效率的影响因素，并构建间接影响模型如下：

$$\ln TIE_{i,t} = \alpha_0 + \alpha_1 \ln TIE_{i,t-1} + \beta_1 \ln ER_{i,t} + \gamma_j \text{Interaction}(j)_{i,t} + \theta_n K_{i,t} + V_i + \varphi_{i,t} \tag{6-7}$$

6.1.2 回归方法选择

由于所用面板数据是大"N"小"T"型，即"大截面维度，小时间维度"，而且模型（6-1）为动态面板数据模型，将被解释变量的一阶滞后项引入模型，致使滞后因变量与误差项相关，产生内生性问题；另外，影响企业技术创新的因素错综复杂，极易受到数据来源及变量遗漏的限制，导致误差项与解释变量相关，其他解释变量之间也可能存在相关性，由此出现内生性问题，进而导致参数估计的非一致性。因此，采用随机效应模型和固定效应模型计算所得的估计量为有偏估计，需要借助工具变量模型解决此问题。动态 GMM 法在使用时引进滞后的弱工具变量，并通过在差分方程中引进一组滞后的解释变量，可以有效地克服回归中的自相关性产生的有偏回归结果。系统广义矩估计（Sys-GMM），可以同时进行变量水平变化和差分变化处理，较好地解决内生性问题，比差分广义矩估计（Diff-GMM）更有效，有限样本性质更好，被广泛应用于经验研究。尤其是在被解释变量存在强烈序列相关特性时，Diff-GMM 估计结果更是欠佳。Sys-GMM 估计方法纳入了所有的矩条件，将解释变量的滞后值、解释变量一阶差分的滞后值分别作为一阶差分方程和水平变量方程的工具变量，因此估计结果在统计上更有效。Sys-GMM 包括 one-step Sys-GMM 估计与 two-step Sys-GMM 估计。在有限样本中，one-step Sys-GMM 估计容易受到异方差的干扰。采用DWH检验判断模型中是否存在异方差，如果存在异方差则选择 two-step Sys-GMM 估计以防止异方差的干扰；如果模型中不存在异方差问题，则采用 two-step Sys-GMM 估计方法可以对模型进行有效估计。综上所述，本书采用 two-step Sys-GMM 估计环境规制对企业技术创新的影响效果。

6.1.3 指标选取与数据来源

6.1.3.1 指标选取[275]

（1）被解释变量。企业技术创新（TI）是被解释变量。结合前面的理论分析和指标测度，包括技术开发阶段（TR）、技术转化阶段（TT）、绿色产品创新（GPD）和绿色工艺创新（GPG）以及绿色全要素生产率指数（GML）。

（2）主要解释变量。环境规制（ER）为主要解释变量，本书测度命令控制型环境规制（ER_1）和市场激励型环境规制（ER_2）对企业技术创新的影响，并将公众参与纳入模型以分析自愿型规制政策影响，以期全面刻画环境规制对企业技术创新的作用潜力。

（3）其他控制变量。新技术的突破与采纳是多因素共同作用的结果，环境规制对企业技术创新的影响效果，也受到其他与技术进步密切相关的一些控制变量因素影响。技术创新活动与企业特征、市场条件以及产业因素有关。我国经济的开放度越来越高，伴随"污染避难所"假说、"向底线（环境标准）赛跑"假说（Taylor & Copeland；Bagwell & Staiger）以及"环境收益"假说（Grossman & Krueger）的提出，贸易对环境的影响成为不可回避的话题，必须要重视环境规制贸易壁垒对我国企业经济和环境行为的影响。因此，综合前面的理论分析，本书主要考察下列控制变量，如表 6-1 所示。

表 6-1　　　　　　　　　主要控制变量说明

变量	代码	指标
产业集中度	CR	大中型企业资产合计和地区总资产的比值
企业环境管理战略	EEMS	SO_2 去除率

续表

变 量	代码	指 标
公众参与	PP	环境信访中的来信总量
外商直接投资	FDI	2000 年为基期的 GDP 平减指数进行调整后的实际 FDI
人力资本投入	EDU	R&D 人员折合全时当量（人年）
物质资本投入	CAP	研究支出占 GDP 的比重
市场化指标	PRI	从政府、经济主体、资源、市场和制度综合考虑
能源消费结构	ECS	煤炭消耗与一次能源消费总量的比值
国有企业比重	SOE	国有资产总计和地区资产总计的比值

产业集中度（CR）：产业集中度可以用来刻画企业所在产业的市场垄断与竞争状况，较高的产业集中度有助于产生规模经济、范围经济，有利于有效整合资源优势，提高企业创新能力。本书以大中型企业资产合计占地区总资产的比值作为衡量指标。

企业环境管理战略（EEMS）：环境战略决定环境行为，企业环境战略实施效果表现为企业的污染排放情况。鉴于 SO_2 是污染大气的主要污染物，也是导致酸雨的主要成因物质，而且 SO_2 排放是"十一五"和"十二五"规划期间及建设生态文明过程中的重点环境监控指标，《中华人民共和国大气污染防治法（2015 修订）》也将 SO_2 作为主要防治和协同控制的污染物。企业环境管理不善是产生 SO_2 的重要原因，因此本书结合数据的可获得性和代表性，选择 SO_2 去除率作为衡量企业环境管理战略的指标。

SO_2 去除率 = 去除量/（去除量 + 排放量）× 100%，SO_2 去除率越大，表明企业越积极开展环境管理工作。

公众参与（PP）：增强公众的环保意识，强化对企业污染治理情况的监督，会在很大程度上影响企业的排污决策。环保部于 2015 年 4 月 14 日公布《环境保护公众参与办法（试行）》（征求意见稿）将公众参与作为环保的重要部分。但由于公众环境意识发展不平衡，参与环保的能力和水平存在很大差异，而且政府规制政策和体制的可参与性受限，公众参与环境规制的形式主要包括政策提案、环境信访、个人来访、环境投诉等。因每年发生的环境起诉等次数较少，难以获取稳定的数据资料，随机性较强，环境信访以成本低和方便性备受青睐，本书选取各个地区环境信访中的来信总量来衡量公众参与型环境规制的强度。

外商直接投资（FDI）：随着经济全球化进程的不断推进，FDI 进入成为常态,FDI 不仅可以改善国内资本要素条件,而且有助于引入先进的生产链和管理经验,影响全球各地技术资源的整合,形成技术、知识和信息共享以及国内外优势互补,通过外溢效应实现协同提升企业技术创新能力的目的。环境规制强度显著影响 FDI 溢出的边际效应,环境规制强度的提升与 FDI 溢出对各个地区的技术进步有显著影响。由于 FDI 以美元标价,本书根据美元对人民币年平均汇价,将 FDI 折算成人民币,并以 2000 年为基期的 GDP 平减指数进行调整后的地区实际利用外商直接投资衡量。

人力资本投入(EDU):Bowlus 和 Rohinson 指出,人力资本对于投资、消费等现代经济学中的很多关键问题具有重要意义。当前,人力资本存量和素质大幅提升,合理有效地利用人力资本,探究人力资本对企业技术创新的影响具有很强的现实意义。但学术界在量化人力资本指标方面存在差异,主要包括产出角度和投入角度两种。涉及的指标有:劳动者报酬、大学生人数(含中专)占总人口的比重、教育经费、人均受教育年限、劳动力再培训、高等教育的总入学率等。本书结合中国的实际情况,为考察人力资本投入对企业技术创新的影响,以 R&D 人员折合全时当量(人年)作为衡量企业研发过程的人力资本投入指标。

物质资本投入(CAP):物质资本投入是开展技术创新的重要财力基础,本书以研究支出占 GDP 的比重测度企业技术创新活动的物质资本投入大小。

市场化指数(PRI):市场条件对环境规制作用的发挥,尤其是对市场激励型环境规制作用的发挥起到重要作用。本书借鉴孙晓华、李明珊(2014)[276]在评价市场化程度时的测算方法,综合考虑政府行为、经济主体、要素资源、产品市场和市场制度五个因素,构建市场化指标体系,计算出 2003~2011 年各个地区的市场化指数。

能源消费结构(ECS):能源消费结构在很大程度上危及能源安全,并影响环境安全问题,尤其是以煤炭为主的能源消费结构产生了较高的碳等污染物排放。能源消费结构的优化有助于节能减排目标的实现和环境规制政策的发挥。本书用一次能源消费中煤炭所占比重来衡量能源消费结构。将各个地区的煤炭消耗总量折算为标准煤除以一次能源消费总量,求得该比值。

6.1.3.2 数据说明

技术创新成果(专利申请数量和新产品销售收入等)、创新要素投入(人力资本和物质资本投入等)相关数据指标来源于《中国科技活动统计年鉴(2004~

2005年)》、《工业企业科技活动统计资料(2006~2012年)》,"三废"排放等环境污染指标来源于《中国环境年鉴(2004~2012年)》、《中国环境统计公报(2004~2012年)》、《中国环境统计年鉴(2005~2012年)》和《中国环境发展公报》。工业总产值、资产投入、外商直接投资、能源消耗等数据资料来源于《中国统计年鉴(2004~2012年)》、《中国经济普查(2004年)》、《中国工业经济统计年鉴(2004~2012年)》、2004~2012年的各省统计年鉴以及《中国能源统计资料(2004~2012年)》。所涉及的大部分数据指标都是通过查阅年鉴等原始数据计算处理所得。

6.2 实证检验与结果分析

6.2.1 关键变量的描述性统计

我国30个省区市的命令控制型和市场激励型环境规制强度指标描述统计量如表6-2和表6-3所示。

表6-2　　命令控制型环境规制($lnER_1$)指标的基本统计量

年份	观测值	均值	中位数	最小值	最大值	标准差
2003	30	1.66	1.50	0.44	3.52	0.73
2004	30	1.92	2.16	-0.17	3.95	0.97
2005	30	1.92	2.10	0.04	3.69	0.96
2006	30	1.96	2.16	0.01	3.76	1.00
2007	30	2.07	2.28	0.06	3.63	1.05
2008	30	2.04	2.26	0.07	3.63	1.01
2009	30	2.08	2.21	0.11	3.44	0.97
2010	30	2.08	2.20	0.18	3.46	0.92
2011	30	2.64	2.67	1.06	3.83	0.79
合计	270	2.04	2.18	-0.17	3.95	0.96

数据来源:作者运用Stata软件计算整理所得(下同)。

表 6-3　　市场激励型环境规制（lnER$_2$）指标的基本统计量

年份	观测值	均值	中位数	最小值	最大值	标准差
2003	30	9.73	9.74	6.82	11.31	1.03
2004	30	10.11	10.11	7.47	11.47	0.97
2005	30	10.42	10.38	7.68	11.89	0.96
2006	30	10.59	10.55	7.70	12.18	0.98
2007	30	10.80	10.81	8.37	12.82	0.97
2008	30	10.86	10.93	8.50	12.84	1.02
2009	30	10.79	10.92	8.34	12.40	1.02
2010	30	10.94	11.06	8.43	12.54	1.01
2011	30	11.13	11.20	8.40	12.69	1.05
合计	270	10.60	10.67	6.82	12.84	1.07

四类技术创新 2011 年总体指标的基本统计量如表 6-4 所示。

表 6-4　　企业技术创新指标的基本统计量

创新类型及代码	指标范围	观测值	均值	中位数	最小值	最大值	标准差
技术开发（lnTR）	2011	30	8.3130	8.5242	2.9957	11.1950	1.7877
	总体	270	7.1458	7.1447	0.0000	11.1950	1.6902
技术转化（lnTT）	2011	30	16.8978	17.2912	11.9031	19.2174	1.5591
	总体	270	15.7701	15.8838	10.6138	19.2174	1.6563
绿色产品创新（lnGPD）	2011	30	1.6240	1.5712	0.1056	5.3923	1.1679
	总体	270	2.3912	2.3663	-0.5470	7.1089	1.2550
绿色工艺创新（lnGPG）	2011	30	0.6772	0.6872	-0.9691	1.6159	0.5348
	总体	270	1.7107	1.6507	-0.9691	4.4558	0.9743

6.2.2　对企业技术创新单一指标影响的实证检验

通过计算变量之间的依赖程度——方差膨胀因子（VIF），考察模型的多重共线性问题。VIF 检验的结果表明最大值小于 10，因此，该模型的多重共线性问题并不严重。动态面板数据模型要求数据必须是平稳序列，否则会出现"伪回归"问题。为保证估计结果的有效性，本书采用 LLC 检验对样本数据进行平稳性检验。检验结果表明,回归模型各样本变量的检验统计量均在1%的水平上显著,各样本变量均不存在单位根,即所有变量均为平稳序列。

6.2.2.1 直接影响效应实证检验[277]

(1) 全国范围环境规制对企业技术创新的倒逼机制。

使用Stata12.0软件对模型(6-1)进行处理,表6-5和表6-6分别报告了基于全国面板数据的命令控制型环境规制和市场激励型环境规制对企业技术创新影响的实证检验回归结果。

表6-5 基于全国面板数据的命令控制型环境规制对四类技术创新的回归结果

变量	(1) 技术开发 (TR)	(2) 技术转化 (TT)	(3) 绿色产品创新 (GPD)	(4) 绿色工艺创新 (GPG)
L.lnTR	0.6517*** (27.61)			
L.lnTT		0.0759*** (4.25)		
L.lnGDP			0.1452*** (7.73)	
L.lnGPG				0.6203*** (15.04)
$\ln(ER_1)$	-0.5520* (-1.81)	-0.4426*** (-3.28)	0.2474 (1.25)	0.2854*** (2.84)
$\ln^2(ER_1)$	0.1820*** (2.90)	0.1068*** (4.67)	-0.0430 (-1.16)	-0.0956*** (-4.90)
lnCR	1.2591*** -7.86	0.5411*** (3.04)	-0.2224** (-2.30)	-0.2269*** (-3.98)
lnEEMS	0.0875*** -4.16	0.2479*** -6.77	-0.2182*** (-7.60)	-0.3756*** (-7.90)
lnPP	-0.0608*** (-3.10)	-0.0992*** (-7.45)	0.0721*** (4.48)	0.0125* (1.92)
lnFDI	0.1841*** (13.91)	0.0362*** (3.46)	-0.0111 (-1.07)	-0.0087 (-0.38)
lnEDU	-0.2099*** (-2.64)	0.7051*** (14.47)	-0.3680*** (-4.78)	-0.1170*** (-2.98)
lnCAP	0.9546*** (3.76)	0.4393*** (3.09)	-0.1236 (-0.71)	0.0244 (0.21)

续表

变量	(1) 技术开发 (TR)	(2) 技术转化 (TT)	(3) 绿色产品创新 (GPD)	(4) 绿色工艺创新 (GPG)
lnPRI	-0.1745*** (-4.25)	-0.4509*** (-12.71)	0.4238*** (7.68)	0.0377*** (3.44)
lnECS	-0.6507 (-1.59)	-0.6520 (-1.61)	0.7607*** (2.60)	0.4157*** (2.90)
_cons	4.6645*** (4.20)	9.6727*** (14.94)	3.8416*** (4.98)	0.9586** (2.25)
曲线类型	"U"	"U"	"倒U"	"倒U"
拐点	1.5165	2.0701	2.8721	1.4906
AR (1)	-3.2340	-2.5840	-2.5381	-1.5608
P-value	0.0012	0.0098	0.0111	0.1186
AR (2)	-0.3558	1.2831	1.5399	1.3291
P-value	0.7220	0.1995	0.1236	0.1838
sargan	27.6707	19.4561	21.7588	27.0991
P-value	0.7700	0.9784	0.9484	0.7936
Wald	9386.20	4766.90	924.82	8738.29
P-value	0.0000	0.0000	0.0000	0.0000

注：(1) ***、**、*分别表示在1%、5%、10%的水平上显著。
(2) 估计系数下面括号中为z统计量。

表6-6 基于全国面板数据的市场激励型环境规制对四类技术创新的回归结果

变量	(1) 技术开发 (TR)	(2) 技术转化 (TT)	(3) 绿色产品创新 (GPD)	(4) 绿色工艺创新 (GPG)
L. lnTR	0.6336*** (13.58)			
L. lnTT		0.0509*** (5.20)		
L. lnGDP			0.0834*** (8.79)	
L. lnGPG				0.5221*** (14.11)
ln(ER$_2$)	-6.1586*** (-2.88)	-3.4934*** (-2.81)	4.7522*** (3.22)	1.5190* (1.79)

续表

变量	(1) 技术开发 (TR)	(2) 技术转化 (TT)	(3) 绿色产品创新 (GPD)	(4) 绿色工艺创新 (GPG)
$\ln^2(ER_2)$	0.3184*** (3.17)	0.2123*** (3.49)	-0.2615*** (-3.81)	-0.0895** (-2.32)
lnCR	3.9630*** (15.89)	0.8488*** (2.99)	-0.6990*** (-3.08)	-1.1871*** (-5.16)
lnEEMS	0.1853* (1.67)	0.1317*** (2.90)	-0.0915* (-1.68)	-0.3414*** (-6.07)
lnPP	-0.0518*** (-2.87)	-0.0326** (-2.23)	0.0157 (1.07)	0.0078 (0.94)
lnFDI	0.1280*** (10.87)	-0.0024 (-0.30)	0.0205** (2.03)	0.0107 (0.66)
lnEDU	-0.4228*** (-4.47)	0.2619*** (3.41)	-0.0258 (-0.50)	-0.0494 (-1.63)
lnCAP	0.9320*** (3.00)	0.6083*** (3.76)	-0.3091* (-1.68)	-0.0547 (-0.64)
lnPRI	-0.1768*** (-5.91)	-0.4068*** (-10.67)	0.4219*** (9.36)	0.0156 (1.46)
lnECS	-1.5989*** (-2.62)	-0.7759** (-2.44)	0.3462 (0.84)	0.6433** (2.33)
_cons	37.7287*** (3.07)	26.5160*** (3.94)	-19.6615** (-2.38)	-5.3891 (-1.12)
曲线类型	"U"	"U"	"倒U"	"倒U"
拐点	9.6840	8.2382	9.0687	8.4860
AR (1)	-2.9467	-2.6315	-2.5222	-1.3985
P-value	0.0032	0.0085	0.0117	0.1620
AR (2)	-0.6101	-0.3838	-0.6520	1.3461
P-value	0.5418	0.7012	0.5144	0.1783
sargan	22.1524	17.2742	16.5716	26.2415
P-value	0.9412	0.9923	0.9948	0.8267
Wald	1681.95	3705.09	3211.64	6048.45
P-value	0.0000	0.0000	0.0000	0.0000

注：(1) ***、**、*分别表示在1%、5%、10%的水平上显著。
(2) 估计系数下面括号中为z统计量。

采用序列相关检验AR判断随机扰动项的序列相关性。一阶AR (1) 和二阶AR (2) 差分残差序列的Arellano-Bond自相关检验结果见表6-5和表6-6，可以发现 AR（2）的结果均在 0.1 以上，因此 Sys-GMM 估计不能拒绝模型（6-1）的原假设——差分后残差项不存在二阶序列相关，说明原模型的误差项不存在序列相关性，即所设定的模型（6-1）是合理的，因此 Sys-GMM 估计量是一致的。计算结果显示，模型（6-1）的过度识别检验——Sargan 检验 P 值均接近 1，Sargan 检验结果表明接受过度识别检验有效的原假设，模型所选择的工具变量是可靠的，Sys-GMM 估计是有效的。Wald 检验用于判断模型整体是否显著，结果显示 P 值均为 0，表明模型（6-1）满足整体显著性检验。

从回归结果发现，前一期的企业技术创新指标与当期指标显著正相关，验证了企业技术创新活动是一个连续累积、动态调整过程的假设，表明了保持政策调整持续、连贯和一致的必要性和重要性。

从表 6-5 的回归结果可以看出，命令控制型环境规制对技术开发和技术转化的一次项系数为负，二次项系数为正，且通过了 1% 和 10% 的显著性水平检验；对绿色产品创新和绿色工艺创新指标的一次项系数为正，二次项系数为负，且对绿色工艺创新的影响系数通过了 1% 的显著性水平检验。结果表明命令控制型环境规制对技术开发和技术转化指标的影响效应呈现先下降后上升的"U"型动态变化，其拐点分别为 1.5165 和 2.0701；与绿色产品创新和绿色工艺创新指标呈现倒"U"型关系，拐点分别为 2.8721 和 1.4906。在拐点左侧，随着命令控制型环境规制的严格性增强，技术开发和技术转化指标值呈下降趋势，而绿色产品创新和绿色工艺创新指标值增加，因此，四类技术创新能力都呈现下降趋势；拐点右侧则反之。即：当低于命令控制型环境规制临界"阈值"时，命令控制型环境规制抑制四类技术创新；一旦超过临界值，则激励企业技术创新。因此，随着命令控制型环境规制强度由弱变强，对企业技术创新的影响效应由"抵消效应"转变为"补偿效应"。从样本数据资料的统计结果看，总体 ER_1 均值为 2.04，中位数为 2.18，最大值为 3.95，结合四类技术创新指标的拐点发现，技术开发和绿色工艺创新指标较早地突破了拐点，大部分地区的 ER_1 强度值已经达到了促进技术开发、技术转化和绿色工艺创新指标的临界值，但是尚未达到激励绿色产品创新的临界值。

从表 6-6 可以发现，市场激励型环境规制对技术开发、技术转化指标的一次项系数显著为负，二次项系数显著为正，这说明市场激励型环境规制与技术开发、技术转化呈现"U"型关系，其拐点分别为 9.6840、8.2382；对绿色产品创新和绿色工艺创新指标的一次项影响系数为正，二次项系数为负，表明市场激励型环境规制与绿色产品创新和绿色工艺创新指标之间呈现倒"U"型变化，其拐点分别为 9.0687、8.4860。市场激励型环境规制对技术开发、技术转化和绿色产品创新的影响系数都在 1% 的显著性水平下通过了检验，对绿色工艺创新的影响通过了 10% 的显著性水平检验。在拐点左侧，市场激励型环境规制与四类技术创新能力呈现负相关变化关系，超过拐点呈现正相关关系，从描述性统计结果来看，总体 ER_2 强度均值为 10.60，中位数为 10.67，最大值为 12.84，目前大部分省份的规制强度都已经超过临界值，说明目前的市场激励型环境规制强度符合"波特假说"中合理的环境规制标准区间，在该范围内，随着规制强度水平的提高，能积极发挥对企业技术创新活动的激励作用。

这说明从总体来看，环境规制对企业技术创新产生了显著的倒逼效应，且规制强度必须达到一定阈值才能激励企业技术创新。该结论与前面理论推导的预期结果相吻合。在规制初期，较弱的市场激励型环境规制强度所引发的环境成本在企业总成本中所占比例较小，难以充分调动企业创新环境管理制度的积极性，不足以驱动开展以节能减排为目的的绿色技术创新活动，污染治理费用表现为企业研究支出的"挤出效应"，因此对企业技术创新产生"负效应"。随着生态环境的恶化，环境规制日益增强，企业必须追加污染防治投入，降低污染排放以满足规制要求，企业不得不考虑通过技术开发、创新技术成果转化、经营绿色产品、工艺创新来达到节能减排的目的，通过提升生产工艺和治污技术水平追求治污成本最小化成为企业强有力的"治污动力"。此时，环境规制强度的提升对企业技术创新表现出"补偿效应"。"挤出效应"和"补偿效应"共同作用产生了命令控制型环境规制对企业技术创新先抑制后促进的"U"型动态特征。

因此，命令控制型和市场激励型两种环境规制政策措施对企业技术创新的影响趋势类似，但是从影响系数来看，市场激励型环境规制对企业技术创新的影响作用大大高于命令控制型环境规制，市场激励型环境规制总体上对企业技术创新活动产生了更为有效的正向驱动效应。

（2）其他控制变量的影响结果分析。

通过分析关键控制变量的回归结果发现，大部分控制变量的系数符号比较稳定，基本符合理论分析预期结果，极个别出现了与理论预期不一致的结论，需要深入探究其原因。

①产业集中度（CR）：通过表 6-5 和表 6-6 可以看出产业集中度对四类技术创新都表现出显著的激励作用，表明实力雄厚的行业和大企业具有充实的资金保障，创新风险承受能力更强，可以发挥规模经济效应和学习效应，因此，更有利于推动企业开展技术创新活动。随着经济的快速发展，很多产业发挥了规模经

济优势,大企业有足够的财力、物力和人力支撑技术创新活动的开展,较高的产业集中度有利于企业技术创新。

②企业环境管理战略(EEMS):通过前面章节的理论分析发现,企业积极开展自愿环境管理,有利于激发企业的技术创新。通过表6-5和表6-6的实证结果可以发现,企业的环境管理战略对企业技术开发和技术转化指标的作用系数为正、对绿色产品创新和绿色工艺创新变量的影响系数为负,积极主动的自愿环境管理战略可以有效地驱动技术创新,企业为了改善生态环境自愿通过研发活动、源头治理、提供绿色产品等方式降低对生态环境的破坏,与理论分析一致。

③公众参与(PP):表6-6中反映出公众参与变量对绿色产品创新具有微弱的正影响,这体现出公众的绿色消费意识对企业产品创新行为的激励作用。但是,目前公众的整体环境意识不强,而且参与环境管理的渠道较少,手段单一,主要依赖于环境信访、媒体曝光等强随机性方式,侧重于恶性污染事件监督;非正式环保组织数量少且规模小,对污染企业的影响力和压力十分有限;监督机制不健全,信息反馈及保障机制不完善,缺乏有效的监督渠道,公众的环境信访和诉求表达存在顾虑,这都弱化了公众参与的作用。前面章节的理论分析所展现的公众在环境保护和技术创新方面的积极作用,是建立在公众环境意识已经大大增强,且环境偏好比较明显的前提条件下。

④外商直接投资(FDI):表6-5中FDI对四类技术创新的影响都为正,且对技术开发和技术转化的影响通过了1%的显著性水平检验,表明引进外资有利于企业的技术创新行为。外商投资带来了先进的技术水平,是一国吸收国外先进技术和管理经验促进本国创新的主要外部渠道,通过示范效应、模仿效应、竞争效应等促进技术水平的提高。而表6-6中FDI与技术转化的系数为负,与其他三类技术创新的系数为正,即FDI对技术开发表现出积极的激励作用,而抑制了另外三类技术创新活动,支持了"污染天堂"假说。原因可能是:在市场经济条件下,我国吸引了更多外资高污染行业,FDI集中在技术落后、出口导向的中低端行业或者向边际产业转移,外商研发中心严格实行技术保密,发达国家对技术含量高的产品实行出口管制,我国企业为了生存并获得竞争优势只得靠加大自主研发,而同时削弱了技术转化和绿色技术创新力量,因此反映出FDI的抑制作用。

⑤人力资本投入(EDU):人力资本投入对技术创新表现出比较明显的促进作用,尤其是表6-5中人力资本的影响比较显著。但是,表6-6中人力资本投入对技术开发表现出不太明显的负作用。可能的原因是:其一,面临市场激励型

环境规制的作用，公众环境消费偏好增强，企业为了争夺市场竞争优势，将人力资本投入大多转向了绿色技术创新，而本书的技术开发以专利申请数量为衡量指标，所以表现出一定的弱化影响；其二，由于技术开发的难度和失败的可能性较大，智力投入尚不能达到大大激发技术开发的程度。

⑥物质资本投入（CAP）：物质资本投入有利于企业开展技术创新活动。但表6-5中物质资本投入对绿色工艺创新表现出弱负相关影响，且通过了1%的显著性水平检验。原因可能是：由于企业的创新资源调整导致物质资本投入总体不足，以及绿色工艺创新的复杂性和长期性所致。

⑦市场化指数（PRI）：市场化指数对技术开发、技术转化、绿色产品创新和绿色工艺创新都表现出负作用。原因可能是：行政命令政策表现出对市场较强的干预色彩，限制了市场机制作用的发挥，导致市场化条件在技术创新活动开展过程中发挥了较小的引导作用，而且缺乏有效性。同时，由于当前的市场机制依然不健全，也难以有效发挥市场机制的调节作用。

⑧能源消费结构（ECS）：能源消费结构对四类技术创新都表现出负作用，且对技术转化、绿色产品创新和绿色工艺创新的负面影响比较显著，这与预期分析结果一致。因为以煤炭为主的能源消耗代表着高能耗高污染的粗放式经济发展模式，虽然企业有技术创新的需求，但却削弱了企业技术创新能力。自然资源禀赋在技术创新活动中发挥了有效的引导作用。

（3）分部环境规制的企业技术创新倒逼机制分析。

为了考察经济发展特征是否影响环境规制的创新效应，各个地区的创新倒逼效应是否存在一致性，各个地区是否应该制定无差异的环境规制政策和强度，本书将30个省区市划分为东、中、西三个区域进行实证检验（见表6-7）。

表6-7　　　　　　　　　　　　样本分组结果

分组	包含的省区	样本容量
东部区域	北京、天津、河北、辽宁、山东、上海、江苏、浙江、福建、广东、海南	11个
中部区域	山西、吉林、黑龙江、安徽、江西、河南、湖北、湖南	8个
西部区域	内蒙古、广西、重庆、四川、贵州、云南、陕西、甘肃、青海、宁夏、新疆	11个

受篇幅所限，只列出部分相关估计结果。有关东、中、西部环境规制的初步描述统计结果见表6-8。由于我国实行分类分层推进、逐步发展壮大的政策，

东、中、西部的区域经济发展水平和社会进步不平衡,为了加快中西部大开发,而且避免"先污染,后治理"的老路,在对中西部进行大力扶持的同时,也从环境规制政策上进行强化,为了同时实现综合经济发展指标与排污达标情况,中西部制定实施比东部更严厉的命令控制型环境规制政策,表6-8 也显示出该结果。但是,由于市场激励型环境规制指标受到市场化程度以及经济发展水平的制约和影响,因此东部和中部要高于西部。

表6-8　　　　　　　　区域环境规制的基本统计量

规制类型/地区			观测值	均值	中位数	最小值	最大值	标准差
命令控制环境规制	东部	2011	11	1.8809	1.6179	1.0562	3.2411	0.6708
		总体	99	1.2216	0.9469	-0.1711	3.2411	0.8139
	中部	2011	8	2.8765	2.7888	2.4821	3.8324	0.4416
		总体	72	2.3854	2.3079	1.1089	3.9493	0.7173
	西部	2011	11	3.2276	3.3057	2.6135	3.7917	0.4204
		总体	99	2.6067	2.6514	0.8785	3.7917	0.6215
市场激励环境规制	东部	2011	11	11.0718	11.7932	8.3977	12.6860	1.4913
		总体	99	10.7301	10.9526	7.1533	12.6860	1.2820
	中部	2011	8	11.5026	11.4018	10.8811	12.6758	0.5679
		总体	72	10.8728	10.8135	9.5492	12.8350	0.7505
	西部	2011	11	10.9173	11.1029	9.1266	12.1502	0.7549
		总体	99	10.2628	10.3839	6.8187	12.1502	0.9525

环境规制对东部地区企业技术创新影响的回归分析结果如表6-9所示。

表6-9　　　　　　基于东部地区面板数据的回归估计结果

变量	(1) 技术开发 (TR)	(2) 技术转化 (TT)	(3) 绿色产品创新 (GPD)	(4) 绿色工艺创新 (GPG)
$\ln(ER_1)$	0.4073 (0.27)	-0.9470*** (-2.70)	-0.5205 (-0.55)	-0.1672 (-0.23)
$\ln^2(ER_1)$	-0.0867 (-0.33)	0.1958* (1.65)	0.0604 (0.32)	0.0322 (0.61)
曲线类型	"倒U"	"U"	"U"	"U"
拐点	2.3489	2.4183	2.8789	2.5963
$\ln(ER_2)$	-1.4376 (-0.71)	-2.8312** (-2.04)	5.0681*** (3.13)	0.6240 (0.84)

续表

变量	(1) 技术开发 (TR)	(2) 技术转化 (TT)	(3) 绿色产品创新 (GPD)	(4) 绿色工艺创新 (GPG)
$\ln^2(ER_2)$	0.1028 (0.99)	0.1784** (2.50)	-0.2225*** (-3.42)	-0.0233 (-1.09)
曲线类型	"U"	"U"	"倒U"	"倒U"
拐点	6.9806	7.9522	11.4146	13.3906

注：(1) ***、**、*分别表示在1%、5%、10%的水平上显著。
　　(2) 估计系数下面括号中为z统计量。

从表6-9可以看出，对于东部地区而言，命令控制型环境规制与技术开发指标呈现倒"U"型关系，拐点为2.3489；与技术转化、绿色产品创新和绿色工艺创新指标呈现"U"型关系，拐点分别为2.4183、2.8789和2.5963。因此，在拐点之前，命令控制型环境规制激励企业技术开发、开展绿色产品创新和工艺创新，继而随着规制强度的提升表现出负面影响，但是影响不够显著；对技术转化指标的影响则相反，且通过了1%的显著性水平检验。从描述性统计结果来看，东部地区总体命令控制型环境规制强度的均值为1.2216，中位数为0.9469；2011年均值为1.8809，中位数为1.6179，说明东部地区大部分省份的命令控制型环境规制强度未超过四类技术创新指标的拐点，为了发挥对技术转化的促进作用，应该提升环境规制强度；且只要不超过其他三类技术创新的拐点，提升规制强度依然可以发挥激励作用。

实证结果与前面的理论分析存在一定出入。原因可能是：由于东部地区经济基础雄厚，市场经济比较发达；有良好的人才发展环境和福利待遇，人才引进机制比较健全，吸引了大批优秀的高科技人才的流入，为技术创新提供了人力资本保障；示范效应也提高了技术创新的扩散程度。但是粗放式经济增长导致污染严重，公众环保意识增强，企业为了满足规制政策，提升竞争力，会积极开发新技术，转向依赖先进的技术生产绿色产品、采纳低污染排放的绿色工艺。但是一旦超过临界值，继续提升环境规制的严厉水平，则会抑制企业技术开发、削弱绿色产品供给和绿色工艺水平提高的能力，目前还未超过拐点，这可能是由于技术开发、绿色产品生产、工艺创新的复杂性、长期性和风险高所决定的。因东部地区市场机制依然有待完善，而技术成果的转化又在很大程度上依赖于市场机制的发挥，所以在初期，环境规制对技术转化起到了抑制作用，随着经济的发展和市场机制的完善，在适当提高环境规制强度之后可以激励技术成果的转化。命令控制型环境规制水平必须与市场条件和经济发展水平相匹配，保持适度的环境规制强度，才可以发挥对企业技术创新的激励作用。

市场激励型环境规制与技术开发、技术转化指标呈现显著的"U"型变化，其拐点分别为 6.9806 和 7.9522；与绿色产品创新、绿色工艺创新指标之间存在倒"U"型关系，拐点分别为 11.4146 和 13.3906。因此，市场激励型环境规制强度在达到拐点之前抑制企业的技术创新；继续提高规制强度水平超过拐点之后，就会发挥对创新的积极驱动作用；对技术转化和绿色产品创新的影响分别在 5% 和 1% 的显著性水平下通过了检验，这与该两类技术创新受到市场条件影响较大有关。从描述性统计结果来看，东部地区总体环境规制强度的均值为 10.7301，中位数为 10.9526，最小值 7.1533；2011 年均值为 11.0718，中位数为 11.7932，最小值 8.3977。说明东部地区大部分省份的市场激励型环境规制强度在目前都已经超过技术开发和技术转化创新指标的拐点，对该两类技术创新起到了促进作用，但是并未达到绿色产品创新和工艺创新的拐点，说明目前东部地区的市场激励型环境规制强度尚未有效激励企业的绿色技术创新行为。可能的解释是：东部区域经济发展水平较高，市场机制相对比较健全，污染排放量大，对环保的重视度高，公众日益表现出强烈的绿色消费和对绿色生存环境的追求，但是在市场激励型环境规制政策实施初期，政策体系不健全，强度较低，企业受到的约束力较小，没有充足的动力驱使企业追加技术创新投入，不足以激发企业的技术创新动机。随着规制强度的提升，被动污染治理措施难以实现理想效果，因此企业面临激烈的市场竞争，开始转向依靠技术创新实现减排目的，符合经济意义上的"波特假说"。若要充分发挥东部地区环境规制对企业技术创新的积极作用，需要进一步完善规制体系和监管机制，并配合其他控制变量因素，而且要适度提高规制强度。

另外，结合理论分析，仍需进一步实证检验环境规制对企业技术创新的影响关系，可能存在"N"型或者倒"W"型关系。

环境规制对中部地区企业技术创新影响的回归分析结果如表 6 - 10 所示。从表 6 - 10 可以看出，对于中部地区而言，环境规制对企业技术创新的影响作用不够显著，只有命令控制型环境规制对绿色工艺创新变量的影响系数（-1.8210）和市场激励型环境规制对技术开发变量的影响系数（11.0606）分别通过了 1% 和 5% 水平的显著性检验，可能是由于样本量过少所致。

表 6 – 10　　　　　　　基于中部地区面板数据的回归估计结果

变量	（1）技术开发（TR）	（2）技术转化（TT）	（3）绿色产品创新（GPD）	（4）绿色工艺创新（GPG）
$\ln(ER_1)$	1.7371 (1.12)	1.3453 (0.89)	-1.9105 (-1.36)	-1.8210* (-1.90)
$\ln^2(ER_1)$	-0.2603 (-0.94)	-0.2490 (-0.92)	0.3169 (1.26)	0.2725 (1.58)
曲线类型	"倒 U"	"倒 U"	"U"	"U"
拐点	3.3367	2.7014	3.0144	3.3413
$\ln(ER_2)$	11.0606** (2.28)	4.8930 (1.07)	-3.0178 (-0.67)	-3.8274 (-1.32)
$\ln^2(ER_2)$	-0.4588** (-2.15)	-0.1815 (-0.90)	0.1137 (0.58)	0.1311 (1.03)
曲线类型	"倒 U"	"U"	"U"	"U"
拐点	12.0538	13.4793	13.2709	14.5973

注：(1) ***、**、* 分别表示在 1%、5%、10% 的水平上显著。
　　(2) 估计系数下面括号中为 z 统计量。

由曲线特点可以看出，命令控制型环境规制和市场激励型环境规制与技术开发、技术转化变量指标呈倒"U"型的曲线关系；与绿色产品创新和绿色工艺创新变量指标呈"U"型的曲线关系，即：在达到临界值之前，可以促进技术开发、技术转化、绿色工艺创新和绿色产品创新；超过临界值则反之。命令控制型环境规制对四类技术创新的非线性影响拐点为 3.3367、2.7014、3.0144 和 3.3413，总体来看中部地区各省区市的平均规制强度 2.3854，中位数 2.3079，因此大部分地区都未超过拐点。市场激励型环境规制对四类技术创新的影响拐点分别为 12.0588、13.4793、13.2709 和 14.5973，中部地区各省区市的总体平均规制强度 10.8728，中位数 10.8135，最大值为 12.8350，几乎所有中部地区的市场激励型环境规制强度都未超过拐点。因此，对于中部地区而言，当前的环境规制强度水平可以刺激企业开展技术创新活动。可能的原因是：中部地区经济发展相对落后，属于资源禀赋区域，大多属于资源密集和劳动密集型行业，在中部崛起、东部地区的示范效应、建设资源节约型和环境友好型"两型社会"的政府政策倾斜下，政府环境规制积极引领了企业技术创新行为；但仍然受中部硬件条件的制约，且公众环保意识不强、企业的承受能力有限，都会导致过高的环境规制强度势必对企业的技术创新行为带来负面影响。因此，为了发挥环境规制对技术创新的激励作用，应该进一步提升规制强度，但必须保持在恰当的范围之内。

环境规制对西部企业技术创新影响的回归分析结果如表 6 – 11 所示。

表 6 – 11　　　　　基于西部地区面板数据的回归估计结果

变量	（1）技术开发（TR）	（2）技术转化（TT）	（3）绿色产品创新（GPD）	（4）绿色工艺创新（GPG）
$\ln(ER_1)$	-0.5173 (-0.39)	-0.2887 (-0.53)	0.5969 (0.36)	1.4773** (2.31)
$\ln^2(ER_1)$	0.1792 (0.72)	0.0842 (0.83)	-0.1049 (-0.34)	-0.2306** (-2.38)
曲线类型	"U"	"U"	"倒U"	"倒U"
拐点	1.4434	1.3761	2.8451	3.2032
$\ln(ER_2)$	-1.9974 (-0.50)	-2.3386 (-1.62)	4.8943 (0.78)	3.9564** (2.24)
$\ln^2(ER_2)$	0.1564 (0.81)	0.1203* (1.83)	-0.2215 (-1.02)	-0.1563** (-2.45)
曲线类型	"U"	"U"	"倒U"	"倒U"
拐点	6.3855	9.7199	11.0481	12.6564

注：（1）***、**、*分别表示在1%、5%、10%的水平上显著。
（2）估计系数下面括号中为z统计量。

从表 6 – 11 可以看出，对于西部地区而言，两类环境规制对技术开发和技术转化指标体现了"U"型关系，与绿色产品创新和绿色工艺创新指标呈倒"U"型关系，表明在环境规制初期抑制企业的技术创新活动，随着规制强度的提升，逐渐表现出积极的促进作用。环境规制对绿色工业创新的影响系数较大，且在5%的水平上通过了显著性检验。命令控制型环境规制对四类技术创新影响的拐点分别为 1.4434、1.3761、2.8451、3.2032，市场激励型环境规制与技术开发、技术转化、绿色产品创新和绿色工艺创新指标的拐点分别为 6.3855、9.7199、11.0481 和 12.6564，目前西部大部分省份的规制强度已经超过技术开发和技术转化的拐点，表现出积极作用，但绿色产品创新和工艺创新面临的拐点较高，尚有大部分地区的规制强度未达到该拐点。比较合理的解释是：西部地区的经济发展比较落后，市场化程度低，对生态环境的破坏小，企业资金支持、人力投入和技术积累薄弱，不仅对先进技术的吸收能力有限，创新能力也不够，企业难以承受较高的环境规制成本。在环境规制实施初期削弱了规制的创新效果，不足以激励企业的技术创新活动；企业对于环境规制加强的首要反映是通过管理制度创新而不是技术创新来达到节能减排的目的。受到西部大开发政策的支持，市场化程度逐步提高，经济发展加快，污染物排放增加，为避免重蹈"先污染，后治理"的覆辙，应该通过环境规制强度的提升，发挥对企业环境行为的积极作用，激励企业采纳创新技术，增强技术创新能力，此时，环境规制对技术创新的作用才符合"波特假说"。

6.2.2.2 对企业技术创新间接影响效应的实证检验

首先验证中介效应存在的三个条件。模型（6-2）的计算结果如表6-12和表6-13所示。两类环境规制对四类技术创新都表现出正向影响作用，且通过了1%水平的显著性检验。中介效应存在的第一个条件成立。

表6-12　　　　不考虑中介变量时命令控制型环境规制对四类技术创新的回归结果

变量	(1) 技术开发 (TR)	(2) 技术转化 (TT)	(3) 绿色产品创新 (GPD)	(4) 绿色工艺创新 (GPG)
L.lnTR	0.7089*** (38.43)			
L.lnTT		0.1399*** (20.65)		
L.lnGDP			0.1202*** (11.10)	
L.lnGPG				0.5850*** (30.72)
$\ln(ER_1)$	0.6187*** (16.05)	0.3735*** (7.93)	-0.3201*** (-11.01)	-0.2508*** (-8.25)
lnEDU	-0.2172*** (-5.42)	0.6992*** (15.12)	-0.4512*** (-16.35)	-0.2596*** (-8.06)
lnCAP	0.9736*** (9.97)	0.7836*** (7.09)	-0.5619*** (-6.69)	-0.2817*** (-4.71)
lnPRI	-0.3167*** (-5.97)	-0.4412*** (-15.38)	0.4359*** (28.10)	0.0375*** (3.59)
lnECS	1.0227*** (6.03)	-2.2807*** (-17.92)	1.3465*** (8.10)	1.3674*** (12.86)
_cons	4.1887*** (8.60)	6.0836*** (14.16)	6.7858*** (21.58)	4.0159*** (12.89)
AR (1)	-3.0392	-2.5359	-2.5654	-1.6016
P-value	0.0024	0.0112	0.0103	0.1092

续表

变量	(1) 技术开发 (TR)	(2) 技术转化 (TT)	(3) 绿色产品创新 (GPD)	(4) 绿色工艺创新 (GPG)
AR (2)	-0.6199	1.1362	0.9505	1.1413
P-value	0.5353	0.2559	0.3418	0.2538
sargan	28.8190	28.5978	23.9062	29.2980
P-value	0.7195	0.7295	0.9012	0.6974
Wald	12348.97	3983.74	9450.32	15499.43
P-value	0.0000	0.0000	0.0000	0.0000

注: (1) ***、**、* 分别表示在1%、5%、10%的水平上显著。
(2) 估计系数下面括号中为 z 统计量。

表6-13　不考虑中介变量时市场激励型环境规制对四类技术创新的回归结果

变量	(1) 技术开发 (TR)	(2) 技术转化 (TT)	(3) 绿色产品创新 (GPD)	(4) 绿色工艺创新 (GPG)
L.lnTR	0.7200*** (72.05)			
L.lnTT		0.0975*** (15.05)		
L.lnGDP			0.1047*** (9.50)	
L.lnGPG				0.4610*** (22.30)
ln(ER$_2$)	0.8852*** (5.97)	1.2287*** (12.39)	-0.6440*** (-7.78)	-0.4426*** (-17.12)
lnEDU	-0.1344*** (-2.79)	0.3042*** (5.51)	-0.1823*** (-3.51)	-0.2565*** (-9.00)
lnCAP	0.7732*** (9.96)	0.6753*** (13.25)	-0.4657*** (-5.32)	-0.2647*** (-3.08)
lnPRI	-0.3217*** (-7.27)	-0.4865*** (-15.52)	0.4561*** (35.64)	0.0101 (0.92)
lnECS	1.5578*** (11.43)	-1.7818*** (-17.19)	1.2294*** (8.19)	1.6965*** (15.41)
_cons	2.2901*** (6.72)	-0.0877 (-0.13)	9.5850*** (22.97)	8.2783*** (17.62)
AR (1)	-2.9173	-2.4839	-2.5502	-1.4568
P-value	0.0035	0.013	0.0108	0.1452

续表

变量	(1) 技术开发 (TR)	(2) 技术转化 (TT)	(3) 绿色产品创新 (GPD)	(4) 绿色工艺创新 (GPG)
AR (2)	-0.7384	-0.1326	-0.1523	0.9526
P-value	0.4603	0.8945	0.8789	0.3408
sargan	28.5199	24.3928	23.8570	27.8404
P-value	0.7330	0.8877	0.9025	0.7628
Wald	43861.68	2121.39	13948.19	4232.07
P-value	0.0000	0.0000	0.0000	0.0000

注：(1) ***、**、* 分别表示在1%、5%、10%的水平上显著。
(2) 估计系数下面括号中为 z 统计量。

模型 (6-3) 的计算结果如表 6-14 和表 6-15 所示，以此验证环境规制对中介变量的作用效果。由表 6-14 可知，命令控制型环境规制对产业集中度、企业环境管理战略、公众参与和 FDI 的回归系数分别为 0.6187、-0.3735、0.3201 和 -0.2508，且都通过了 1% 的显著性水平检验。说明命令控制型环境规制可以显著提高产业集中度，促进公众参与环境保护；但是不利于激励企业开展自愿环境管理，且抑制 FDI 的流入。

表 6-14　　　　命令控制型环境规制对中介变量的回归结果

变量	lnCR	lnEEMS	lnPP	lnFDI
$\ln(ER_1)$	0.6187*** (16.05)	-0.3735*** (-7.93)	0.3201*** (-11.01)	-0.2508*** (-8.25)
lnEDU	0.1705*** (17.43)	0.0112*** (3.11)	-0.9490*** (-9.95)	0.0301 (1.36)
lnCAP	0.1838*** (17.92)	-0.0325*** (-6.74)	-0.5430*** (-7.33)	-0.0089 (-0.48)
lnPRI	0.2468*** (8.56)	-0.0509*** (-3.79)	1.9070*** (15.01)	0.0110 (0.20)
lnECS	0.0318*** (6.00)	-0.0179*** (-4.32)	0.1740*** (3.32)	-0.0669*** (-2.72)
_cons	-2.6550*** (-20.15)	0.1340** (2.35)	17.0300*** (17.29)	0.6130*** (3.23)
AR (1)	-2.2270	2.4500	-3.6395	-1.0870
P-value	0.0259	0.0143	0.0003	0.2770
AR (2)	1.5850	0.30891	0.292	-1.2976

续表

变量	lnCR	lnEEMS	lnPP	lnFDI
P-value	0.1130	0.7574	0.7703	0.1944
sargan	26.6604	28.7736	28.3890	26.4863
P-value	0.8109	0.7216	0.7389	0.8175
Wald	19407.86	1083.46	854.48	625459.1
P-value	0.0000	0.0000	0.0000	0.0000

注：(1) ***、**、*分别表示在1%、5%、10%的水平上显著。
(2) 估计系数下面括号中为z统计量。

表6-15　　　市场激励型环境规制对中介变量的回归结果

变量	lnCR	lnEEMS	lnPP	lnFDI
$\ln(ER_1)$	0.2747*** (-12.59)	-0.1917*** (-25.03)	-1.3571*** (-16.65)	0.1448*** (-7.49)
lnEDU	0.1811*** (-7.89)	0.0443*** (-8.06)	-0.3785*** (-4.15)	-0.0601*** (-3.08)
lnCAP	0.0432 (-0.91)	0.0017 (-0.09)	2.890*** (-15.81)	-0.0322 (-0.52)
lnPRI	0.0372*** (-7.60)	-0.0272*** (-7.28)	0.1293*** (-3.31)	-0.0669*** (-2.86)
lnECS	-0.4319*** (-4.14)	0.3344*** (-21.07)	-1.4605*** (-5.39)	0.1632*** (-2.74)
_cons	-5.3034*** (-18.69)	1.4759*** (-18.68)	28.4762*** (-31.19)	-0.344 (-1.51)
AR(1)	-2.2820	-1.7565	-3.6929	-1.0809
P-value	0.0225	0.0790	0.0002	0.2797
AR(2)	1.2738	1.2194	0.5463	-1.3161
P-value	0.2027	0.2227	0.5848	0.1881
sargan	27.8817	27.1432	29.6311	24.2781
P-value	0.7610	0.7918	0.6817	0.8910
Wald	144157.60	2772.13	1152.60	1294458.21
P-value	0.0000	0.0000	0.0000	0.0000

注：(1) ***、**、*分别表示在1%、5%、10%的水平上显著。
(2) 估计系数下面括号中为z统计量。

由表6-15可知，市场激励型环境规制对中介变量的影响通过了1%的显著性水平检验，可以鼓励企业加强环境管理并采取自愿环境管理战略，增强公众的环保意识并激发公众参与环保的积极性,但并未促使恰当的产业集中度出现,且减少 FDI。环境规制作为核心解释变量对中介变量都表现出显著的影响作用。中介效应存在的第二个条件成立。

根据模型(6-4),计算考虑中介变量时命令控制型环境规制对四类技术创新指标影响的回归结果如表 6-16 ~ 表 6-19 所示,以此检验中介效应的第三个条件。由表 6-16 可以发现,产业集中度、公众参与和 FDI 对技术开发的作用均通过 1% 的显著性检验,但只有公众参与和 FDI 满足中介效应的第三个条件,因为加入公众参与和 FDI 之后,环境规制对技术开发的影响程度降低;而加入市场集中度和企业环境管理战略之后,环境规制对技术开发的影响程度增加。同理由分析表 6-17 ~ 表 6-19 可以得到,公众参与和 FDI 对技术转化和绿色产品创新存在中介效应;企业环境管理战略、公众参与和 FDI 对绿色产品创新存在中介效应。

表 6-16 考虑中介变量时命令控制型环境规制对技术开发的回归结果

变量	TR (1)	TR (2)	TR (3)	TR (4)
L. lnTR	0.7582 *** (-79.04)	0.7227 *** (-30.49)	0.7180 *** (-48.27)	0.6255 *** (-55.31)
$\ln(ER_1)$	0.6790 *** (-8.78)	0.6781 *** (-9.22)	0.5460 *** (-9.65)	0.5969 *** (-10.01)
lnCR	2.7992 *** (-17.71)			
lnEEMS		-0.1705 (-1.85)		
lnPP			-0.0522 *** (-5.09)	
lnFDI				0.1623 *** (-22.05)
lnEDU	-0.2470 *** (-3.68)	-0.2060 (-4.14)	-0.2220 (-5.70)	-0.1578 (-3.33)
lnCAP	1.1022 *** (-7.85)	1.1419 *** (-6.79)	1.0530 *** (-13.75)	0.8235 *** (-12.77)
lnPRI	-0.2661 (-5.26)	-0.3257 (-4.93)	-0.3070 *** (-8.06)	-0.2730 *** (-7.47)
lnECS	0.1453 (-0.51)	0.8481 * (-1.95)	1.1000 *** (-3.81)	1.2295 *** (-4.46)
_cons	4.3425 *** (-7.49)	3.6799 *** (-5.70)	4.8300 *** (-8.48)	2.7354 *** (-5.33)

续表

变量	TR（1）	TR（2）	TR（3）	TR（4）
AR（1）	-3.1085	-3.0223	-3.1986	-3.1535
P-value	0.0019	0.0025	0.0014	0.0016
AR（2）	-0.60475	-0.5865	-0.3860	-0.5805
P-value	0.5453	0.5575	0.6995	0.5616
sargan	28.9792	29.4113	29.0280	28.8861
P-value	0.7122	0.6921	0.7099	0.7164
Wald	15169.57	16974.74	5391.20	29696.47
P-value	0.0000	0.0000	0.0000	0.0000

注：（1）***、**、*分别表示在1%、5%、10%的水平上显著。
（2）估计系数下面括号中为z统计量。

表6-17　考虑中介变量时命令控制型环境规制对技术转化的回归结果

变量	TR（1）	TR（2）	TR（3）	TR（4）
L.lnTR	0.1119 *** （-12.11）	0.0854 *** （-14.27）	0.1148 *** （-8.47）	0.1298 *** （-17.35）
$\ln(ER_1)$	0.3704 *** （-8.60）	0.2650 *** （-6.34）	0.2548 *** （-4.49）	0.3462 *** （-6.96）
lnCR	-1.3614 （-10.52）			
lnEEMS		-0.3463 （-9.58）		
lnPP			-0.0755 *** （-6.48）	
lnFDI				0.0619 *** （-4.74）
lnEDU	0.7426 *** （-19.50）	0.6037 *** （-11.44）	0.7255 *** （-22.37）	0.7419 *** （-21.40）
lnCAP	0.6055 *** （-6.04）	0.6249 *** （-4.24）	0.8649 *** （-13.24）	0.6268 *** （-6.22）
lnPRI	-0.4920 （-30.42）	-0.4452 （-22.04）	-0.4318 （-20.88）	-0.4577 （-26.31）
lnECS	-2.0760 *** （-16.57）	-1.5050 （-8.27）	-1.9511 （-9.52）	-2.1826 （-13.87）

续表

变量	TR（1）	TR（2）	TR（3）	TR（4）
_cons	5.8898*** （-14.38）	8.8506*** （-14.83）	7.2776*** （-24.10）	5.3639*** （-13.58）
AR（1）	-2.5298	-2.5087	-2.5433	-2.5376
P-value	0.0114	0.0121	0.011	0.0112
AR（2）	0.4297	-0.1777	2.2742	1.9515
P-value	0.6674	0.8590	0.5230	0.7510
sargan	28.0371	26.3548	26.9858	27.9620
P-value	0.7543	0.8225	0.7981	0.7576
Wald	5289.59	4359.49	3903.8	6324.79
P-value	0.0000	0.0000	0.0000	0.0000

注：（1）***、**、*分别表示在1%、5%、10%的水平上显著。
（2）估计系数下面括号中为 z 统计量。

表 6-18 考虑中介变量时命令控制型环境规制对绿色产品创新的回归结果

变量	TR（1）	TR（2）	TR（3）	TR（4）
L.lnTR	0.1158*** （-10.29）	0.0998*** （-10.03）	0.1101*** （-9.63）	0.0878*** （-7.99）
$\ln(ER_1)$	-0.3211 （-10.06）	-0.2351 （-8.29）	-0.1909 （-4.35）	-0.3163 （-13.50）
lnCR	0.3642 （-3.00）			
lnEEMS		-0.1966 （-4.47）		
lnPP			0.0778*** （-7.23）	
lnFDI				-0.0945*** （-9.72）
lnEDU	-0.4507 （-10.11）	-0.4401 （-10.70）	-0.4726 （-11.58）	-0.4195 （-12.29）
lnCAP	-0.5081 （-4.37）	-0.4634 （-4.54）	-0.7328 （-9.28）	-0.5998 （-5.31）
lnPRI	0.4341*** （-22.89）	0.4398*** （-26.41）	0.4177*** （-16.96）	0.4393*** （-27.98）

续表

变量	TR (1)	TR (2)	TR (3)	TR (4)
lnECS	1.3764*** (-8.86)	1.0750*** (-5.79)	1.2986*** (-5.33)	1.2672*** (-8.68)
_cons	6.8949*** -15.63	6.2315*** -12.58	6.0198*** -15.22	7.3863*** -19.83
AR (1)	-2.5848	-2.5618	-2.5595	-2.5159
P-value	0.0097	0.0104	0.0105	0.0119
AR (2)	0.8236	0.4090	2.1931	1.2945
P-value	0.4102	0.6825	0.1283	0.1955
sargan	23.8967	22.7525	24.1585	23.8015
P-value	0.9015	0.9291	0.8944	0.9040
Wald	2949.12	14406.17	3306.32	2062.92
P-value	0.0000	0.0000	0.0000	0.0000

注：(1) ***、**、* 分别表示在1%、5%、10%的水平上显著。
(2) 估计系数下面括号中为 z 统计量。

表6-19　考虑中介变量时命令控制型环境规制对绿色工艺创新的回归结果

变量	TR (1)	TR (2)	TR (3)	TR (4)
L.lnTR	0.6767*** (-39.57)	0.4875*** (-21.37)	0.5825*** (-30.72)	0.5750*** (-50.53)
$\ln(ER_1)$	-0.2362 (-9.92)	-0.1413 (-8.07)	-0.2487 (-8.95)	-0.2628 (-11.94)
lnCR	-0.7101 (-9.90)			
lnEEMS		0.4387*** (-8.38)		
lnPP			0.0156*** -2.73	
lnFDI				-0.0396*** (-2.74)
lnEDU	-0.1849 (-5.32)	-0.2266 (-5.06)	-0.2650 (-7.45)	-0.2511 (-5.46)
lnCAP	-0.2563 (-3.98)	-0.1232 (-1.51)	-0.2832 (-3.90)	-0.2522 (-3.24)

续表

变量	TR (1)	TR (2)	TR (3)	TR (4)
lnPRI	0.0299*** (-2.68)	0.0324*** (-2.73)	0.0367*** (-3.31)	0.0317*** (-2.76)
lnECS	1.3345*** (-9.01)	1.1525*** (-6.15)	1.3653*** (-11.54)	1.3987*** (-10.24)
_cons	2.9067*** (-6.91)	3.2530*** (-6.26)	4.0297*** (-11.37)	4.3812*** (-9.16)
AR (1)	-1.5553	-1.5485	-1.6218	-1.6039
P-value	0.1199	0.1215	0.1048	0.1087
AR (2)	1.2050	0.91221	1.2505	1.2046
P-value	0.2282	0.3617	0.2111	0.2284
sargan	29.3466	28.57172	29.25995	28.83044
P-value	0.6951	0.7307	0.6992	0.7190
Wald	62532.97	7315.77	22761.26	61179.50
P-value	0.0000	0.0000	0.0000	0.0000

注：(1) ***、**、* 分别表示在1%、5%、10%的水平上显著。
(2) 估计系数下面括号中为z统计量。

同理，根据模型（6-4），可以估计考虑中介效应时市场激励型环境规制影响四类技术创新变量指标的回归结果（由于篇幅有限，本书没有列出相关结果）。分析得到，除了FDI对技术开发、企业环境管理战略对四类技术创新不存在明显中介效应之外，其他中介变量对不同的技术创新都存在明显的中介效应。

对模型（6-5）进行GMM回归的结果如表6-20和表6-21所示。

表6-20 命令控制型环境规制基于中介变量对四类技术创新交互影响的回归结果

变量	(1) 技术开发 (TR)	(2) 技术转化 (TT)	(3) 绿色产品创新 (GPD)	(4) 绿色工艺创新 (GPG)
L.lnTR	0.5804*** (23.63)			
L.lnTT		0.0654*** (4.99)		

续表

变量	（1）技术开发（TR）	（2）技术转化（TT）	（3）绿色产品创新（GPD）	（4）绿色工艺创新（GPG）
L.lnGDP			0.1117***	
			(6.86)	
L.lnGPG				0.5944***
				(26.65)
Interaction1	3.0610***	0.3163***	-0.5410***	-0.7940***
	-12.67	(3.80)	(-3.04)	(-6.00)
Interaction2	0.1450**	0.4770***	-0.3680***	0.1678***
	-1.99	-7.82	(-7.92)	(5.51)
Interaction3	0.0463*	0.0215**	-0.0257***	-0.0090**
	(1.91)	(2.13)	(-4.28)	(-2.53)
Interaction4	-0.0793***	-0.0232***	0.0128***	0.0210***
	(-14.42)	(-9.25)	(3.83)	(3.96)
lnEDU	-0.1466**	0.6799***	-0.3157***	-0.1764***
	(-2.45)	(12.05)	(-4.78)	(-3.64)
lnCAP	0.9133***	0.4061**	-0.1006	0.0756
	(5.41)	(2.16)	(-0.69)	(0.83)
lnPRI	-0.1881***	-0.4756***	0.4384***	0.0362***
	(-8.25)	(-16.58)	(11.46)	(2.91)
lnECS	0.6455**	-0.7728**	0.4471	0.5855***
	(1.96)	(-2.15)	(1.33)	(4.80)
_cons	4.6185***	8.9309***	4.1438***	2.4622***
	(6.58)	(13.36)	(5.86)	(5.35)
AR（1）	-3.1898	-2.4510	-2.5125	-1.5660
P-value	-0.0014	0.0142	0.0120	0.1173
AR（2）	-0.6268	0.2010	0.6872	1.3318
P-value	0.5308	0.8407	0.4919	0.1829
sargan	29.0556	23.7535	21.6086	27.5895
P-value	0.7086	0.9053	0.9509	0.7734
Wald	7701.78	7965.68	3095.31	28950.32
P-value	0.0000	0.0000	0.0000	0.0000

注：（1）***、**、*分别表示在1%、5%、10%的水平上显著。
（2）估计系数下面括号中为z统计量。

表 6-21　市场激励型环境规制基于中介变量对四类技术创新交互影响的回归结果

变量	(1) 技术开发 (TR)	(2) 技术转化 (TT)	(3) 绿色产品创新 (GPD)	(4) 绿色工艺创新 (GPG)
L.lnTR	0.6423 *** (19.19)			
L.lnTT		0.0354 *** (5.03)		
L.lnGDP			0.1089 *** (6.23)	
L.lnGPG				0.5783 *** (12.34)
Interaction1	-0.2809 *** (-30.59)	-0.0781 *** (-6.93)	0.1080 *** (6.10)	0.0634 *** (6.33)
Interaction2	0.0233 *** (3.79)	0.0533 *** (11.59)	-0.0285 *** (-4.65)	-0.0420 *** (-8.49)
Interaction3	0.0054 *** (3.06)	0.0044 *** (4.22)	-0.0025 * (-1.72)	-0.0006 (-0.83)
Interaction4	0.0188 *** (15.81)	0.0114 *** (9.84)	-0.0080 *** (-8.50)	-0.0069 *** (-4.19)
lnEDU	-0.0348 (-0.42)	0.6772 *** (13.46)	-0.3472 *** (-4.71)	-0.1211 *** (-4.40)
lnCAP	0.5690 *** (2.77)	0.1410 (1.11)	-0.0474 (-0.29)	0.0410 (0.55)
lnPRI	-0.1809 *** (-7.42)	-0.4505 *** (-17.15)	0.4355 *** (16.99)	0.0394 ** (2.53)
lnECS	0.5253 * (1.67)	-0.0535 (-0.25)	0.1359 (0.39)	0.2336 (1.53)
_cons	3.4150 *** (2.76)	9.2720 *** (15.37)	4.9790 *** (6.00)	1.7320 *** (5.79)
AR (1)	-3.0324	-2.4783	-2.5084	-1.4951
P-value	0.0024	0.0132	0.0121	0.1349
AR (2)	-0.4714	0.6810	1.3898	1.1469
P-value	0.6373	0.4902	0.1646	0.2514
sargan	24.4518	25.7970	19.6587	26.5957

续表

变量	(1) 技术开发 (TR)	(2) 技术转化 (TT)	(3) 绿色产品创新 (GPD)	(4) 绿色工艺创新 (GPG)
P-value	0.8860	0.8427	0.9765	0.8134
Wald	6911.89	6479.82	1368.76	15723.99
P-value	0.0000	0.0000	0.0000	0.0000

注：(1) ***、**、* 分别表示在1%、5%、10%的水平上显著。
(2) 估计系数下面括号中为z统计量。

表6-20和表6-21的结果可以更好地分析环境规制基于产业集中度、企业环境管理战略、公众环境参与和FDI对企业技术创新的影响。表6-20和表6-21中的AR (2) 的检验结果均在0.1以上，表明样本的残差序列不存在二阶以上的序列相关性。Sagan检验P值大于0.7，说明模型中所选择的工具变量是合理的，模型能够有效识别。

通过对环境规制与产业集中度、企业环境管理战略、公众参与和FDI的交互项与企业技术创新变量之间关系的回归结果进行分析，对照表6-5和表6-20发现，命令控制型环境规制对技术开发、技术转化和绿色产品创新的回归结果表明，产业集中度、企业环境管理战略的系数未发生明显变化，而公众环境参与和FDI的影响系数出现较大变动，符号发生反向变化，表明命令控制型环境规制显著改变了公众参与和FDI对企业技术创新的影响；对绿色产品创新来说，企业环境管理战略、公众环境参与和FDI的影响系数都出现反向变动。

对比表6-6和表6-21的结果发现，在市场激励型环境规制的约束下企业环境管理战略的影响系数未发生明显变化；而除了FDI对技术开发的影响系数方向未发生变化外，其他FDI系数以及产业集中度、公众参与的系数都发生了较大变化。

正如第3章的理论分析，环境规制对产业集中度、企业环境管理战略影响存在不确定性，在目前命令控制型环境规制约束性下，该两个中介变量对企业技术开发、技术转化以及绿色产品创新的作用效果并未发生显著变化，说明此时环境规制与产业集中度和企业环境管理战略存在互补性。但是，在命令控制型环境规制的约束下，企业环境管理战略并没有促使企业积极开展绿色工艺创新，原因可能在于：目前的命令控制型环境规制强度过低，不足以激发企业的自愿环境管理，而且绿色工艺创新的难度大、周期长，企业的环境管理战略暂时倾向于将有限的资源用于末端治理以满足环境规制要求，并不能促使企业积极开展绿色工艺创新。

市场激励型环境规制也并未改变企业管理管理战略对企业技术创新的影响作用，总体来看依然起到正向激励作用。在市场激励型环境规制的作用下，产业集中度对企业的四类技术创新都表现出负面影响，可能的原因是：在传统生产模式下，虽然企业技术创新具有规模效应，产业集中度提高可以增强研发投入资金优势，较高的市场集中度有利于发挥资源优势和成本优势的规模效应。但是，由于市场激励型环境规制影响企业竞争优势，目前的规制强度并不能促使产业集中度提高到适度水平，进而发挥技术创新的规模效应，以获取相应的成本优势。此外，严厉的市场激励型环境规制迫使大企业承担更多的环境治理等社会责任，可能首先成为政府监管的重点对象，而大企业为了保持市场优势，通过寻租方式或是增加污染支出来应对严格的环境规制，导致创新资金优势和规模优势被弱化。

环境规制改变了公众参与对企业技术创新的影响，公众参与在环境规制的约束下发挥了积极的技术创新效应，可能的原因：一是环境规制政策提升了公众的绿色消费和绿色生存意识，环境保护倾向增强；二是公众参与环境保护的途径增加，手段更加多样化，对企业污染行为的监督得以强化。因此，环境规制约束下公众参与有利于促使企业选择技术创新行为。

环境规制与 FDI 的交叉项也因规制政策不同表现出不同的效应。命令控制型环境规制与 FDI 的交互项对企业技术创新表现出抑制作用。可能的原因：其一，环境规制对 FDI 投资决策区位的影响，正如"污染避难所假说"理论，命令控制型环境规制影响了企业的投资区位决策，规制程度的严格化减少了 FDI 的引进规模；其二，提高环境规制强度将增加已经进入外资企业的生产成本，因为我国承接的大部分都是劳动密集型产业，技术含量低，在环境规制约束下首先考虑通过调整管理制度或组织机构降低成本，挤占了技术引进和学习的投入，弱化了 FDI 的技术溢出效应；其三，治污投入的增加提升了本土企业的生产成本，削弱了技术吸收和创新能力，因此，在命令控制型环境规制作用下，FDI 对企业技术创新表现出综合负效应。在市场激励型环境规制作用下，企业面临环境规制和外资的双重压力，考虑到技术开发的高投入和高风险，失去了技术开发动力，而将有限的创新资源转向技术转化、绿色产品创新和绿色工艺创新，促进创新成果的市场化，增加绿色产品供给，提高清洁生产工艺水平。我国目前的市场激励型环境规制政策吸引了更多的 FDI，而且受到环境规制政策的制约，外资的进入带来了更为先进的清洁技术，发挥了技术的外溢效应，加上本土企业具备了较强的学习和吸收能力，有效地促进了我国企业的绿色技术创新行为，因此，FDI 对后三类技术创新都起到了激励作用，发挥了"污染光环"的作用。

6.2.3 对企业技术创新效率影响的实证检验

结合前面的研究方法和面板数据资料，使用 Stata12.0 软件对模型（6-6）进行处理，结果如表 6-22 所示。AR（2）的结果均在 0.1 以上，因此原模型的误差项不存在序列相关性，所设定的回归模型是合理的，Sys-GMM 估计量满足一致性要求。另外，Sargan 检验结果表明，不能拒绝过度识别检验是有效的原假设，模型中选择的工具变量是可靠的，Sys-GMM 估计有效。Wald 检验的 P 值均为 0，表明模型整体通过了显著性检验。

表 6-22　　环境规制对企业技术创新效率影响的回归结果

变量	（1）命令控制型环境规制	（2）市场激励型环境规制
L.lnTIE	0.2750 *** (3.65)	0.3390 *** (6.27)
ln(ER)	0.3430 *** (9.67)	-2.8950 ** (-2.03)
$\ln^2(ER)$	-0.2110 *** (-10.09)	0.2590 * (1.94)
$\ln^3(ER)$	0.0377 *** (11.22)	-0.0075 * (-1.82)
lnCR	0.0883 (1.36)	0.1410 ** (2.42)
lnEEMS	-0.0183 *** (-3.55)	-0.0154 ** (-2.44)
lnPP	-0.0085 *** (-6.60)	-0.0053 *** (-4.57)
lnFDI	-0.0037 (-0.65)	-0.0037 (-0.37)
lnEDU	0.0176 *** (2.71)	-0.0196 *** (-3.92)
lnCAP	-0.00613 (-0.84)	-0.0113 ** (-2.26)
lnPRI	-0.0178 *** (-2.65)	-0.0110 *** (-3.15)
lnECS	-0.0268 (-1.48)	-0.0577 *** (-2.99)

续表

变量	（1）命令控制型环境规制	（2）市场激励型环境规制
_cons	-0.1050 (-1.19)	10.6100 ** (2.10)
曲线类型	"N"	"∽"或"倒N"
拐点	1.1964 2.5348	9.5833 13.4083
AR（1）	-2.4014	-2.9452
P-value	0.0163	0.0032
AR（2）	0.9218	0.3491
P-value	0.3566	0.7270
sargan	27.1569	22.8926
P-value	0.9983	0.9998
Wald	741.31	957.39
P-value	0.0000	0.0000

注：（1） ***、**、*分别表示在1%、5%、10%的水平上显著。
（2） 估计系数下面括号中为 z 统计量。

从回归结果看，前一期的企业技术创新效率指标与当期指标显著正相关，验证了企业技术创新效率提升是连续、动态累积调整的过程。

对于命令控制型环境规制，$\Delta = 4(\beta_2)^2 - 12\beta_1\beta_3 > 0, \beta_1 > 0, \beta_2 < 0, \beta_3 > 0$，且在1%的显著性水平下通过了检验，表明环境规制与企业技术创新效率呈现"N"型，拐点分别为1.1964、2.5348。表示企业技术创新效率先随命令控制型环境规制强度增强而提升，达到临界点1.1964后下降，然后随着环境规制严厉程度增强至2.5348再次提高创新效率。总体环境规制强度均值为2.04，中位数为2.18，最大值为3.95，总体来看，我国的命令控制型环境规制强度处于抑制技术创新效率提升的区域，大部分地区的环境规制水平不足以激励企业提升创新效率，应该继续强化。原因可能是：命令控制型环境规制直接作用于企业，当规制水平较低时，在激励企业关注环境绩效的同时施加给企业的规制成本较低，不会挤占过多的创新资源，因此，企业在注重技术创新的同时提升了创新效率；随着规制水平的提升导致规制成本增加，进而挤占企业更多的创新资源，不利于企业开展技术创新，技术创新效率随着规制水平的增强而下降；随着生态环境的日益恶化，政府制定了更为严格的命令控制型环境规制政策，企业在经历了一段时期的调整之后，意识到提升市场竞争力的唯一可靠手段就是先进的技术水平，技术创新效率随着环境规制的增强而提高。但是，企业不可能承担过高的规制成本，因此环境规制强度提升到一定程度之后，势必会抑制企业开展技术创新活动和创新效率的进一步提升。

对于市场激励型环境规制，$\Delta = 4(\beta_2)^2 - 12\beta_1\beta_3 > 0$，$\beta_1 < 0$，$\beta_2 > 0$，$\beta_3 < 0$，且在5%和10%的显著性水平下通过了检验，表明市场激励型规制与企业技术创新效率呈现"∽"型或倒"N"型，拐点分别为9.5833、13.4083。随着市场激励型环境规制强度的增加，对企业技术创新效率表现为"抑制—激励—抑制"的作用，即：当市场激励型环境规制强度较低时，环境规制与企业技术创新效率呈现负相关关系，抑制技术创新并降低创新效率；随着环境规制强度由弱变强，当达到适度水平足以突破"创新阈值"时，环境规制对企业技术创新效率的"抵消效应"转变为"补偿效应"，提高技术创新效率水平；继续提升规制强度，一旦超过临界值（拐点），则过于严厉的环境规制强度又会抑制企业的技术创新活动，不利于技术创新水平的提高。目前总体市场激励型环境规制强度均值为10.60，中位数为10.67，最小值为6.82，最大值为12.84，说明目前大部分省区市的市场激励型环境规制强度符合波特假说中合理的环境规制标准，最高强度未超过激励区域的拐点。

至于本书考虑的其他关键控制变量，回归结果显示两类环境规制的结论类似，CR与企业技术创新效率正相关，EEMS、PP、FDI都抑制了企业技术创新效率的提升，且CR、EEMS、PP都通过了显著性检验。

通过检验发现：企业环境管理战略、公众参与和FDI通过了中介效应检验，因此，有必要分析环境规制基于中介变量对企业技术创新效率的影响作用，回归估计结果如表6-23所示。

表6-23　　　　环境规制基于中介变量对企业技术创新效率交互影响的回归结果

变量	(1) 命令控制型环境规制	(2) 市场激励型环境规制
L. lnT	0.3300*** (14.98)	0.3480*** (15.94)
Interaction1	0.0942 (-1.64)	0.2229*** (-6.09)
Interaction2	0.0046*** (2.63)	0.0091** (2.40)
Interaction3	0.0009** (2.44)	0.0003*** (4.77)

续表

变量	(1) 命令控制型环境规制	(2) 市场激励型环境规制
Interaction4	0.0015 * (1.95)	0.0011 *** (4.50)
lnEDU	0.0627 *** (8.09)	0.1100 *** (9.05)
lnCAP	-0.0955 *** (-6.01)	-0.2110 *** (-9.13)
lnPRI	-0.0080 (-1.56)	-0.0112 ** (-2.54)
lnECS	0.0855 *** (3.40)	0.1400 *** (4.58)
_cons	-1.1440 *** (-9.54)	-1.1320 *** (-9.59)
AR (1)	-3.3285	-3.3516
P-value	0.0009	0.0008
AR (2)	0.8533	0.3244
P-value	0.3935	0.7456
sargan	22.4876	23.3805
P-value	0.6617	0.6113
Wald	374.02	7965.68
P-value	0.0000	0.0000

注：(1) ***、**、* 分别表示在1%、5%、10%的水平上显著。
(2) 估计系数下面括号中为 z 统计量。

AR (2) 的检验结果表明样本的残差序列不存在二阶以上的序列相关性。Sagan 检验 P 值大于 0.6，说明模型中所选取的工具变量是合理的，模型能够有效识别。对照表 6-22 和表 6-23 的结果发现，在两类环境规制的约束下企业环境管理战略、公众参与和 FDI 的影响系数符号发生反向变化，表明环境规制显著改变了该三类变量对技术创新效率的影响，但是产业集中度的系数方向未改变，依然为正。环境规制有助于提高产业集中度，进一步强化了较高市场集中度的规模效应以及高风险承受能力，因此有利于技术创新效率的提升。环境规制强度的提升驱动企业开展自愿环境管理，增强了公众的环保意识和绿色消费偏好，促使 FDI "污染光环" 作用的发挥，因此环境规制作用下，企业环境管理战略、公众参与和 FDI 都有利于企业技术创新效率的提升。

6.3 实证研究结论及对策建议

6.3.1 实证研究结论

我国面临着促经济增长并逆转生态环境服务功能下降的严峻挑战，解决这一"两难"局面的关键路径亟须发挥先进技术的作用。通过对环境规制与企业技术创新关系的实证检验发现：（1）从长期来看，随着环境规制政策体系的逐步完善，对企业技术创新的诱导方向更加明确，有利于降低创新风险，提升企业技术创新能力，提高技术创新水平和效率。环境规制对企业技术创新的影响存在一定的滞后效应。（2）环境规制对不同地区、不同类型技术创新都具有或显性或隐性的影响作用，呈现出显著的倒"U"型、"U"型及无显著影响三种关系，说明环境规制对企业技术创新的影响存在区域差异，且受创新类型的影响。大部分地区的环境规制在适当的强度下有效驱动了技术创新水平的提高。但是环境规制对技术创新的倒逼效应并非是线性关系，环境规制强度的倒逼弹性系数存在地区异质性，且存在拐点。环境规制强度水平需要适度，过于严厉的规制政策可能会抑制技术创新。（3）不同环境规制政策对企业技术创新的直接影响效应和间接交互影响存在差异。随着市场机制的日益完善，以及经济社会发展水平的提高，市场激励型环境规制的创新激励作用更为明显。（4）环境规制强度对不同技术创新类型的影响效果存在差异。但只有在与特定条件相符合的合理环境规制强度标准区间内，才能发挥对企业技术创新的正效应。由于不同的企业技术创新类型和模式所需的驱动机制存在差异，因此，在面对同样的外部条件时，会基于不同的创新动机而表现出不同的创新效果。（5）作为考察自愿型环境规制作用的公众参与指标，由于公众环保意识不强，衡量指标数据缺乏等原因，尚未在实证分析中充分检验出环境规制基于公众参与对企业技术创新的正面影响。（6）不同经济发展水平和污染程度的地区，环境规制政策和强度水平的创新效应存在差异，而且受到污染程度、企业环境管理、市场集中度、资源禀赋、市场化水平等条件的影响。经济发展初期，提高生产力是第一要务，"波特假说"通常难以实现，实施环境规制存在较大阻力，企业缺乏创新动力。"波特假说"需要在经济水平发展到特定程度、生态环境破坏空前严重等条件下才成立。（7）命令控制型环境规制与企业技术创新效率呈现"N"型关系，市场激励型规制与企业技术创新效率呈现"∽"型或倒"N"型关系,并且环境规制与产业集中度、企业环境管理战略、公众参与和 FDI 对技术创新效率产生交互效应。工业企业的技术创新效率不仅是所在产业技术创新水平的重要决定因素,而且在很大程度上衡量了整个国家技术创新的效率状况,本章从区域角度研究环境规制约束下的工业企业技术创新效率及影响因素,有利于设计出符合区域实际的优化环境规制政策和创新战略,强化对企业技术创新的正向影响效果,进而提升环境全要素生产率。

6.3.2 对策建议

基于企业技术创新的复杂性与风险性,以及"波特假说"成立的条件性,客观要求政策制定者要注重政策的全面性和实效性,合理选择和优化配置各种规制政策必须要结合制度、技术和经济发展水平的特点进行。环境经济的核心是技术创新,绿色技术创新是建设生态文明的唯一途径。因此,为使环境规制诱导技术创新综合绩效最大化,提出以下对策建议。

6.3.2.1 协调优化各类环境规制政策

不同的环境规制工具手段对企业技术创新的影响具有显著差异,各有利弊,这就要求政策制定者应采取适宜的方式,注重协同效应,最大限度地激发企业的技术创新行为。命令控制型环境规制侧重于统一标准的制定,具有强制性,对企业技术创新的激发作用有限。市场激励型环境规制主要通过市场信号发挥作用,虽然财政补贴、税收优惠和排污收费政策等市场激励型环境规制已经显现出较为明显的创新激励优势,但是由于补贴效率低、税收优惠落实难、排污费率不合理等问题,导致市场激励型环境规制政策并未发挥应有的作用。因此,未来很长的一段时间内,在继续提高命令控制型环境规制政策实施效果的同时,应积极向柔性的市场化环境规制手段转变,这就迫切需要强化管理、提高技术管理手段、健全市场平台建设,积极进行排污税(环境税)、排污权交易、碳交易的试点探索,有条件的地区先行先试,吸收试点地区的成功经验之后在全国范围进行推广。另外,应该创造条件鼓励环境信息公开等自愿型环境规制政策的实施,以进一步完善环境规制政策体系,赋予企业更大的灵活空间,带动企业环境保护的主动性,开展以企业为主的"源头治理",调动企业技术创新的积极性。

6.3.2.2 因地制宜地制定差异化环境规制政策

我国环境规制政策要与经济增长相匹配,根据经济发展水平制订最优规制政策。虽然环境规制政策法规具有统一的规范性，但是我国地区差异明显，环境规制政策的制定不能搞"一刀切"，各地区要考虑政策的实施条件，适宜地建立健全环境规制政策体系，细化环境规制标准。环境污染严重的地区应侧重命令控制型环境规制，降低污染排放强度；污染度相对较低的地区应灵活运用环境税等市场激励型环境规制政策，提高治污能力。对于经济较发达的东部地区，随着环境意识的提高，一些污染密集型行业正逐步发生转移，绿色产业比重不断提高，要考虑技术难度系数和创新成本，避免环境规制强度过高带来的无效负担，政府可以考虑谨慎放松市场激励型环境规制强度，以免过于严厉的规制手段超过企业承载力，对企业技术创新产生负面影响，但是单纯依靠环境规制难以实现淘汰污染产业的目的，同时要强化政府监管和公众监督以防止机会主义发生；而对于经济社会发展较落后的中西部地区，经济发展为第一要务，环境规制的弹性系数相对较小，为实现"又快又好"的发展模式，应当在缩小区域经济差距的同时，考虑当地企业的经济实力和技术基础，避免环境规制的成本效应，完善公众监督和参与环保的相关制度，并在产业集聚地区加大环境规制的执法力度，逐步淘汰落后产能以实现产业结构升级，采取稳步加强的环境规制政策，进一步完善环境规制体系、优化环境工具结构。对于西部地区，各个地区间的政策也需要协调配合，否则由于环境标准的不统一和政策执行的不一致，造成地区间的"污染转移"。此外，滞后效应的存在强调各项政策还需要兼顾稳定性和灵活性。

6.3.2.3 适度提高环境规制强度

环境规制政策对企业技术创新的影响不仅与环境规制政策工具类型有关，还受环境规制措施松紧的影响。通过理论分析和实证检验发现，环境规制强度需要与特定的条件匹配，否则不利于企业开展技术创新活动。目前我国的环境规制强度尚未与经济发展水平、污染程度、技术创新类型等结合。对于过低的规制强度应适当强化以突破企业技术创新的"阈值"，但切忌盲目提高规制水平，环境规制对技术创新效率的影响有"度"的限制；对于过于严厉的规制强度应适当降低以保障规制成本不突破企业的承载能力。规制强度需要根据条件的变化及时调整，既要有足够的严厉性也要适度，只有严格并设计合理的环境规制才能对持消极环保态度甚至不遵守相应法规的企业施加必要的重惩，而在环境问题先行的企业才能够获得相应的成本优势和差异化优势，从而吸引更多企业采取积极的自愿环境管理战略，依靠技术水平提升应对环境规制。

6.3.2.4 实施差异化的技术创新政策

环境规制对技术创新的影响因技术创新类型、区域特征不同而表现出差异化特征。对于经济较发达的东部地区更要注重经济发展质量，充分发挥现有基础设施和人力资本条件，大力开展研发活动，积极促进科技成果的转化，提高绿色产品和工艺创新绩效，增加清洁原料和能源投入，严格控制高能耗产业的发展，改变单一的能源消费结构，实现节能减排，将环境成本控制在环境承载能力范围之内；对于经济欠发达的中部地区来说起到"承东启西"的重要作用，要抓住"两型社会"建设过程中的有利政策，加大研发人力资本和物质资本投入，提高研发资金使用效率和研发人员产出效率，加快技术改造和创新步伐，促进产品更新换代以满足绿色消费需求，提高治污工艺效率以降低污染排放量；而对于经济较落后的西部地区则应充分利用对西部的帮扶政策，积极改善投资和创业环境，强化基础设施建设，提供优质高效的公共服务，加大教育及科技投入，制定有效的人才引进机制，扩大创新融资渠道，为环境的创新效应提供良好的土壤，引进先进的技术快速实现创新的追赶效应。通过东、中、西三大区域的协同发展，选择恰当的绿色产品创新和工艺创新模式组合，从整体上提升我国技术创新水平。

6.3.2.5 积极完善相关配套设施建设

环境规制创新效应的发挥需要依靠其他配套设施建设，并发挥与其他控制变量的交互作用，如产业集中度、企业环境管理战略、公众参与、FDI、人力和物力投入、市场条件等。提升产业集中度有利于该产业内的企业发挥技术创新的规模效应，应该积极进行产业结构调整，发展清洁产业，发挥绿色产业的创新激励作用；促使企业自愿开展环境管理工作，积极依靠绿色创新以转变粗放的经济发展模式；合理利用 FDI 可以发挥"污染光环"作用，因此需要制定合适的招商引资政策，优化外商投资结构，转变"重规模轻质量"的引资思路，注重与当地产业配套，重视环境规制对外资企业技术外溢效应的影响；通过加大教育投入，同时注重量的提高和质的提升，提高人力资源质量，为创新活动提供人力支撑。通过财税政策改革、价格补贴等措施，为企业的技术创新提供资金支持。《环境保护公众参与办法（2015）》的施行促进了公众环保参与依法有序发展，通过环保教育提高公众的环境意识，不断建立健全行政诉讼制度、执法责任制、环境听证、环境信访和环境信息披露制度，丰富公众环保参与途径，强化公众对污染行为的监督，充分发挥公众在绿色技术创新方面的推动作用。

6.4 本章小结

本章通过构建环境规制对企业技术创新直接影响效应和间接影响效应的回归方程，运用两步法系统 GMM 对 2003～2011 年 30 个省区市的规模以上工业企业面板数据进行回归分析，研究比较命令控制型环境规制和市场激励型环境规制对技术开发和技术转化、绿色产品创新和绿色工艺创新的直接和间接效应，实证检验环境规制与企业技术创新及创新效率的关系。实证结果表明：（1）总体来看，环境规制存在技术创新的"倒逼效应"。我国环境规制存在"鳗鱼效应"，在环保初期，环境规制加大企业成本负担，挤占创新投入；经过磨合调整之后，会激发企业的创新动力，随着环境规制强度的提高，企业为突破环境约束，积极开展创新活动，提高创新效率。我国应适应不同的宏观经济发展阶段，根据企业承受力，分阶段、分层次地实施实现环境规制政策，放大"补偿效应"。（2）不同地区的环境规制政策、强度对不同技术创新类型的影响存在差异，存在显著的"U"型、倒"U"型和不显著关系三种情况。因此，应该针对不同地区的禀赋特征制定差异化的环境规制政策。对物质资本雄厚、人力资本优质、吸收能力较强的地区，政府可以适度强化环境规制力度，"倒逼"企业绿色技术的研发与创新；反之，应该在考虑企业适应能力基础上做到循序渐进、趋利避害，通过帮扶、技术支持等手段帮助企业更好地突破环境规制的约束。（3）命令控制型环境规制和市场激励型环境规制与企业技术创新效率分别呈现出"N"型和倒"N"型曲线关系。（4）环境规制的创新补偿效应受到产业集中度、企业环境管理战略、公众参与、FDI 等控制变量的影响。通过中介效应检验发现，公众参与、FDI 在环境规制对企业技术创新影响的关系中发挥了明显的中介作用，而产业集中度和企业环境管理战略则存在不确定性。最后，给出了促进企业技术创新并提升技术创新效率、完善环境规制政策措施的对策建议。

第7章 结 论

环境规制和技术创新的关系研究是生态文明建设的重要内容。研究环境规制对企业技术创新的影响不仅能为完善环境规制政策和企业技术创新策略提供建议，还有助于丰富环境规制和技术创新的相关理论。本书收集整理了大量相关文献资料，在梳理了环境规制对技术创新影响的相关研究基础上，通过综合运用多学科理论，以企业技术创新为研究对象，从分析环境规制对企业技术创新的影响机理和政策影响差异化入手，实证检验了环境规制对企业技术创新及创新效率的影响，本书的主要研究成果和创新之处体现在以下几个方面：

（1）揭示出环境规制对企业技术创新行为存在非线性影响关系，驱动技术创新的动态演化。环境规制通过影响企业技术创新的关键动力机制、成本—效益及"进入—退出"壁垒效应，促使企业作出相应的技术创新策略反应。环境规制作用于企业技术创新的价值链，强调开发阶段和转化阶段的整合，并基于生命周期理论推动绿色产品创新和绿色工艺创新模式的动态选择，因此，环境规制作用下的企业技术创新是一个不断调整的动态过程。

（2）重塑经济学供需均衡模型并结合动态演化博弈，丰富了环境规制对企业技术创新的影响机理研究。环境规制既同时发挥直接的"补偿效应"和"抵消效应"影响企业技术创新行为，也通过关键中介变量发挥间接的创新影响效应。本书重点将公众环境偏好与排污税相结合丰富了间接交互效应的理论研究，并为自愿性环境规制的创新效应研究提供了新思路。从经济学角度来看，环境规制通过有效整合递增 MU 和递减 MC 的特殊定律发挥价值提升作用；打破了原有的供求定律，重塑向上倾斜的需求曲线和向下倾斜的供给曲线，通过供求均衡影响企业技术创新的变动路径。基于动态演化博弈理论构建政府与企业的两方博弈以及政府、企业和公众三方博弈，论证了其均衡策略调整，并运用 Matlab 进行数值模拟演绎了动态策略演化路径，结果表明：政府环境规制与企业技术创新以及政府环境规制、企业技术创新和公众环保监督是一场混合均衡策略关系，具体均衡决策受到相应成本和收益的影响。

（3）拓展了生产效用函数等数理模型，通过优化决策分析发现，不同的环境规制政策和强度对企业技术创新的非线性影响存在差异。通过设定完全竞争市场条件下的一系列前提假设条件，尝试性地结合环境污染、减排成本、技术创新及扩散成本、污染损害成本等构建生产函数、效用函数等，依托普遍意义上的社会福利最大化决策条件，并根据具体的环境规制类型，结合效用最大化和成本最小化，进行优化均衡决策分析，结果表明：不同环境规制政策并无绝对优劣之分，对技术创新作用的发挥取决于政策实施背景和适用条件。同属命令控制型环境规制政策的环境质量标准、污染物排放标准和强制性技术标准，因实施条件不同导致其对企业技术创新或环境绩效所产生的效果迥异；排污税和排污权交易是目前比较典型的市场激励型环境规制政策，但因市场结构、适用条件、规制强度等存在差异，导致两者对企业技术创新的作用途径存在差异，对于排污税而言，税率过高不利于激励企业的技术创新活动，而对于排污权交易来说，环境规制强度与企业技术创新呈倒"N"型关系，在复杂的市场结构下排污权交易比排污税的实施难度更大、对技术创新的影响也更复杂。通过与污染物排放标准相比，排污权交易环境规制政策更有利于激励企业技术创新，进行拓展分析后发现，通常情况下，市场激励型环境规制政策比命令控制型环境规制政策对企业技术创新的促进作用效果更好，环境规制的松紧度必须恰当才能推动企业的技术创新活动。

（4）设计不同的环境规制政策工具和企业技术创新指标，测度了环境规制强度和企业技术创新能力。摒弃原有的单一指标度量方法，结合环境规制的分类分别采用综合指标法和排污收费衡量了命令控制型和市场激励型环境规制指标。分别以专利申请数、新产品销售收入、万元新产品产值综合能耗和万元工业产值废水排放量测度了技术开发、技术转化、绿色产品创新和绿色工艺创新。运用MaxDEA软件计算了基于DDF的GML生产率指数，以包括环境非期望产出在内的绿色全要素生产率测度了环境规制下的企业技术创新效率。初步统计结果发现：我国环境规制、技术创新和整体绿色全要素生产率指数都有了不同程度的增加，技术创新效率有了提升，且呈现东中西部依次递减特征趋势，区域差异明显。

（5）构建了考虑滞后效应的动态面板回归模型，实证检验了环境规制对企业技术创新的直接和间接影响效果。采用两步系统GMM方法，对我国省际面板数据资料进行总体及分区回归，将命令控制型环境规制和市场激励型环境规制对技术开发、技术转化、绿色产品创新、绿色工艺创新以及技术创新效率的直接和间接交互影响效应分别纳入二次曲线和三次曲线模型进行实证比较，弥补了单一指标检验存在的不足，克服了线性和简单非线性分析的偏差。结果发现环境规制政策和强度与四类技术创新呈现出显著的"U"型、倒"U"型及不显著影响三种关系，与技术创新效率呈现"N"型和倒"N"型曲线关系，其非线性关系受规制政策类型、技术创新类型、区域特征、经济发展水平等影响，市场激励型环境规制发挥更有效的激励作用。而且受到产业集中度、资源禀赋、市场化水平等控制变量的影响。环境规制改变并作用于"产业集中度、企业环境管理战略、公众环境偏好、外商直接投资（FDI）"四个中介变量对企业技术创新的影响。最后，从政策导向、工具优化和动态实施等方面提出了相关对策建议。

尽管本书在环境规制对企业技术创新的影响研究方面进行了一定的创新性研究，取得了一些有价值的理论研究成果和实证检验探索，但在以下几个方面还需进一步研究：

（1）结合污染异质性进行理论分析和实证检验。环境规制对企业技术创新的影响受企业及所在行业的污染异质性影响。本书在进行理论分析时依据大量假设从普遍意义展开，实证检验部分选择以30个省区市的规模以上工业企业的总体数据资料，而且分区研究时简单分成东中西三部，都未结合典型企业及不同的企业类型和行业特征聚类展开差别化的理论分析和实证检验。由于难度较大且资料难以获取，本书尚未突破该方面的不足。

（2）提高指标的选取质量和数据的准确性。由于数据缺失和统计口径的不一致，本书在进行实证检验时选用了替代指标、转换数据等，无法进行更加细致的研究，例如，本书以排污收费衡量市场激励型环境规制指标，而排污收费未划分为排污税、排污权交易、排污违法处罚等，自愿型环境规制政策尚未涉及，这都在一定程度上影响了结论的准确性。在后续的研究中，应尽可能地改进指标的选取和丰富数据资料的收集。

（3）进一步开展协同研究。本书侧重于环境规制对企业技术创新的影响作用，而没有过多展开政府环境规制与企业技术创新的协同；在比较不同规制政策的影响差异时，也并未考虑多种环境规制政策共同作用下的复杂影响机理。事实上，从长期来看，不同规制政策同时发挥各自的优势，政府也可以根据企业的技术创新决策做出政策调整，因此协同影响就显得尤为重要，这也将是未来的研究方向之一。

参 考 文 献

[1] Zhang Qian, Qu Shiyou. Ecological value assessment and compensation in the Process of Coal Resources Development [C]. International Conference on Management Science & Engineering, 2012, 6: 1658 – 1665. (EI 检索)

[2] 张倩, 谭旭红, 薛艳. 基于生态补偿效应的我国环境税改革方向 [J]. 北京邮电大学学报 (社会科学版), 2014, 16 (02): 76 – 82.

[3] Gray W B. The cost of regulation: OSHA, EPA and the productivity slowdown [J]. American Economic Review, 1987, 77: 998 – 1006

[4] Denison, E. F., Accounting for Slower Economic Growth: the United States in the 1970s [J]. Southern Economic Journal, 1981 (47): 1191 – 1193.

[5] Conrad K, Wastl D. The impact of environmental regulation on productivity in German industrials [J]. Empirical Economics, 1995, 20: 615 – 633.

[6] Leonard J. Pollution and the struggle for the world product [M]. Cambridge: Cambridge University Press, 1998 (5): 223 – 251.

[7] Gray W B, Shadbegian R J. Plant vintage, technology and environment regulation [J]. Journal of Environmental Economics and Management, 2003, 46: 384 – 402.

[8] Rhoades, J. D. Methods of Soil Analysis Part 2 Chemical and Microbiological Properties [M]. Academic Press, New York, USA, 1985: 167 – 178.

[9] Fisher, K. and Johan, S., Environmental Strategies for Industry [M]. Washington D. C., Island Press, 1993.

[10] Slater J. and Angel IT. The Impact and Implications of Environmentally Linked Strategies on Competitive Advantage: A Study of Malaysian Companies Research [J]. Journal of Business, 2000, 47 (1): 75 – 89.

[11] Jaffe, A. B., S. R. Peterson, P. R. Portney and P. N. Stavins, Environ-

mental regulation and the Competitiveness of US Manufacturing: What Does the Evidence tell us? [J]. Journal of Economic Literature, 1995, 33 (1): 132 – 163.

[12] Nakano M. Can Environmental Regulation Improve Technology and Efficiency: An Empirical Analysis Using the Malmquist Productivity Index [J]. Eaere 2003, 2003 (6): 28 – 30.

[13] Wagner M. On the relationship between environmental management, environmental innovation and patenting: evidence from German manufact-uring firms [J]. Research Policy, 2007 (10): 1587 – 1602.

[14] Chintrakarn P. Environmental regulation and U. S. states' technical inefficiency [J]. Economics Letters, 2008 (3): 363 – 365.

[15] Ramanathan R., Black A., et al. Impact of Environmental Regulations on Innovation and Performance in the UK Industrial Sector [J]. Management Decision 2010, 48 (10): 1493 – 1513.

[16] Kneller R., Manderson E. Environmental Regulations and Innovation Activity in UK Manufacturing Industries [J]. Resource and Energy Econo-mics, 2012, 34 (2): 211 – 235.

[17] 赵细康. 环境保护与产业国际竞争力: 理论与实证分析 [M]. 中国社会科学出版社, 2003.5: 110 – 113.

[18] 解垩. 环境规制与中国工业生产率增长 [J]. 产业经济研究, 2008 (1): 22 – 28.

[19] Berman E, Bui L. Environmental regulation and productivity: Evidence from oil refineries [J]. Review of Economics and Statistics, 2001, 83: 498 – 510.

[20] Brunnermeier S B., Cohen M A. Determinants of environmental innovation of Environmental [J]. Economicss and Management, 2003, 45 (2): 278 – 293.

[21] Hanamoto M. Environmental regulation and the productivity of Japanese manufacturing industries [J]. Resource and Energy Economics, 2006, 28: 299 – 312.

[22] Rubashkina Y, Galeotti M, Verdolin E. Environmental Regulation and Competitiveness: Empirical Evidence on the Porter Hypothesis from Euro-pean Manufacturing Sectors [J]. Energy Policy, 2015, 83, (8): 288 – 300.

[23] Ramanathan R, He Q, Black A, Ghobadian A, Gallear D. EnvironmentalRegulations, Innovation and Firm Performance: A Revisit of the Por-

ter Hypothesis [J/OL]. Journal of Cleaner Production, 2016. 8. 24.

[24] 黄德春, 刘志彪. 环境规制与企业自主创新——基于波特假设的企业竞争优势构建 [J]. 中国工业经济, 2006 (3): 100 – 106.

[25] 赵红. 环境规制对产业技术创新的影响——基于中国面板数据的实证分析 [J]. 产业经济研究, 2008 (3): 35 – 40.

[26] 黄平, 胡日东. 环境规制与企业技术创新相互促进的机理与实证研究 [J]. 财经理论与实践, 2010 (1): 99 – 103.

[27] 张成, 陆旸, 郭路等. 环境规制强度和生产技术进步 [J]. 经济研究, 2011 (2): 113 – 124.

[28] 李斌, 彭星, 陈柱华. 环境规制、FDI 与中国治污技术创新 [J]. 财经研究, 2011, 37 (10): 92 – 102.

[29] 李拓晨, 丁莹莹. 控制机制对环境规制与高新技术企业技术创新关系影响研究 [J]. 情报杂志, 2012, 31 (8): 198 – 203.

[30] 童伟伟, 张建民. 环境规制能促进技术创新吗 [J]. 财经科学, 2012 (11): 66 – 74.

[31] 张倩. 环境管制与煤炭企业竞争力关系的理论研究 [J]. 资源开发与市场, 2013, 29 (3): 303 – 306.

[32] 张倩等. 环境规制下技术创新导向的黑龙江省生态补偿机制研究 [J]. 资源开发与市场, 2015. 31 (4): 438 – 440.

[33] 张同斌. 提高环境规制强度能否"利当前"并"惠长远" [J]. 财贸经济, 2017, 03: 116 – 130.

[34] T. Requate, W. Unold, Environmental policy incentives to adopt advanced abatement technology: will the true ranking please stand up? [J]. European Economic Review, 2003 (47): 125 – 146.

[35] T. Requate, Timing and commitment of environmental policy, adoption of new technologies and repercussions on R&D [J]. Environmental and Resource Economics, 2005, 31 (2): 175 – 199.

[36] 余伟, 陈强, 陈华. 环境规制、技术创新与经营绩效——基于 37 个工业行业的实证分析 [J]. 科研管理, 2017, 02: 18 – 25.

[37] Porter, M. E. America's green Strategy [J]. Scientific American, 1991, 264 (4): 1 – 5, 68.

[38] Porter, M. E. and C. van der Linde. Toward a New Conception of the Envi-

ronment-Competitiveness Relationship [J]. Journal of Economic Persp-ectives, 1995, 9 (4): 97 – 118.

[39] Xepapadeas, A. and A. De Zeeuw. Environmental Policy and Competiveness: The Porter hypothesis and the Composition of Capital [J]. Journal of Environmental Economics and Management, 1999, 37: 265 – 182.

[40] Ambec, S. and P. Barla, A Theoretical Foundation of the Porter Hypothesis [J]. Economics Letters, 2002, 75: 355 – 360.

[41] Warhurst, M., Environmental regulation, innovation and competitiveness-making the link [D]. Lowell Center for Sustainable Production, University of Massachusetts, Lowell, USA. 2005.

[42] Lanjouw, J. O., Mody, A., Innovation and the international diffusion of environmentally responsive technology. Research Policy, 1996 (25): 549 – 571.

[43] Jaffe, A. B., Palmer, K., Environmental regulation and innovation: a panel data study. Review of Economics and Statistics, 1997 (79): 610 – 619.

[44] Yang C. H. Tseng Y. H., Chen C. P. Environmental Regulations, Induced R&D, and Productivity: Evidence from Tainwan's Manufacturing Industries [J]. Resource and Energy Economic, 2012, 34 (4) : 514 – 532.

[45] Jaegul L, Francisco M. V., David A. H. Linking Induced Technological Change and Environmental Regulation: Evidence from Patenting in the U. S. Auto Industry [J]. Research Policy, 2011, 40 (9): 1240 – 1252.

[46] Greenstone M, List J, Syverson C. The effects of environmental regulation on the competiveness of U. S. manufacturing [R]. NBER Working Paper, 2012.

[47] Horbach J. Determinants of environmental innovation new evidence from German panel data sources [J]. Research Policy, 2008 (1): 163 – 173.

[48] Johnstone N, Hascic I, Popp D. Renewable Energy Policies and Technological Innovation: Evidence Based on Patent Counts [J]. Environmental and Resource Economic, 2010, 45 (1): 133 – 155.

[49] Cesaroni, F. and R. Arduini. Environmental Technologies in the European Chemical Industry [C]. LEM Working Paper Series, Via Carducci, PISA, Italy. 2001.

[50] Francesco T, Fabio I, Marco F. The effect of environmental regulation on Firms' competitive performance: The case of the building & construction sector in some

EU regions [J]. Journal of Environmental Management, 2011, (92): 2136 – 2144.

[51] Johnstone N. Environmental Policy and Corporate Behaviour [M]. Elgar: Cheltmenham, 2007: 142 – 173.

[52] Frondel, M., Horbach, J., Rennings, K., End-of-pipe or cleaner production? An empirical comparison of environmental innovation decisions across OECD countries [J]. Business Strategy and the Environment, 2007, 16 (8): 571 – 584.

[53] Murty MN and Kumar S. Win-win Opportunities and Environmental Regulation: Testing of Porter hypothesis for Indian Manufacturing Industries [J]. Journal of Environmental Management, 2003, 67: 139 – 144.

[54] Daron A, Philippe A, Leonardo B, David H. The environment and directed technical change [J]. American Economic Review, 2012, 102 (1): 131 – 166.

[55] Greaker, M. New Hope for the Porter-Hypothesis? [C]. Paper Presented at EAERE, Uropian Association of Environmental and Resource Economics, Bilbal, 12th Annual Conference, 2003. 6: 28 – 30.

[56] Meier B, Cohen M A. Determinants of environmental innovation in US manufacturing industries [J]. Journal of Environmental Economics and Management, 2003, 45 (2): 278 – 293.

[57] Domazlicky BR, Weber WL. Does Environmental Protection Lead Slower Productivity Growth in the Chemical Industry [J]. Environmental and Resource Economics, 2004, 28 (3): 301 – 324.

[58] Carriōn-Flores C. E., Innes R.. Environmental innovation and environmental performance [J]. Journal of Environmental Economics and Management, 2010 (59): 27 – 42.

[59] Johnstone, N., Hascic, I., Popp, D.. Renewable energy policies and technolo-gical innovation: evidence based on patent counts [J]. Environmental and Resource Economics, 2010 (45): 133 – 155.

[60] Lanoie, P., Laurent-Lucchetti, J., Johnstone, N., Ambec, S. Environmental policy, innovation and performance: new insights on the Porter Hypothesis [J]. Journal of Economics and Management Strategy, 2011 (20): 803 – 842.

[61] Lee, J., Veloso, F. M., Hounshell, D. A.. Linking induced technological change, and environmental regulation: evidence from patenting in the U. S. auto in-

dustry [J]. Research Policy, 2011 (40): 1240 - 1252.

[62] Kneller, R., Manderson, E.. Environmental regulations and innovation activity in UK manufacturing industries [J]. Resour. Energy Econ., 2012 (34): 211 - 235.

[63] YanaRubashkina, MarzioGaleotti, ElenaVerdolini. Environmental regulation and competitiveness: Empirical evidence on the Porter Hypothesis from European manufacturing sectors [J]. Energy Policy, 2015 (83): 288 - 300.

[64] Lanoie P. Patry M, Lajeunesse R. Environmental regulation and productivity: testing the porter hypothesis [J]. Journal of Productivity Analysis, 2008, 30: 121 - 128.

[65] Hascic I, De Vries, F, Johnstone N. Effect of Environmental policy on the type of innovation: The case of automotive emission-control technologies [J]. OECD Journal: Economic: Studies, 2009 (1): 1 - 18.

[66] 曲如晓. 环境保护与国际竞争力关系的新视角 [J]. 中国工业经济, 2001 (09): 59 - 63.

[67] 张嫚. 环境规制对企业竞争力的影响 [J]. 中国人口·资源与环境, 2004, 14 (4): 126 - 130.

[68] 王斌义. 环境管制对技术创新的影响新探 [J]. 技术经济与管理研究, 2006. 4: 79 - 80.

[69] 赵红. 环境规制对中国企业技术创新影响的实证分析 [J]. 管理现代化, 2008 (3): 3 - 5.

[70] 黄平, 胡日东. 环境规制与企业技术创新相互促进的机理与实证研究 [J]. 财经理论与实践, 2010, 31 (163): 99 - 103.

[71] 张中元, 赵国庆. FDI、环境规制与技术进步——基于中国省级数据的实证分析 [J]. 数量经济技术经济研究, 2012 (4): 19 - 32.

[72] 李强, 聂锐. 环境规制与区域技术创新——基于中国省际面板数据的实证分析 [J]. 中南财经政法大学学报, 2009 (4): 18 - 23.

[73] 王动, 王国印. 环境规制对企业技术创新影响的实证研究——基于波特假说的区域比较分析 [J]. 中国经济问题, 2011. 1: 72 - 79.

[74] 沈能, 刘凤朝. 高强度的环境规制真能促进技术创新吗?——基于"波特假说"的再检验 [J]. 中国软科学, 2012 (4): 49 - 59.

[75] 李旭颖. 企业创新与环境规制互动影响分析 [J]. 科学学与科学技术

管理, 2008. 6: 61 - 65.

[76] 江珂. 环境规制对中国技术创新能力影响及区域差异分析——基于中国 1995 - 2007 年省际面板数据分析 [J]. 中国科技论坛, 2009. 10: 28 - 33.

[77] 马海良, 黄德春, 姚惠泽. 环境规制能刺激生产率增长吗?——来自中国三大经济区域的实证研究 [J]. 中国科技论坛, 2011 (12): 105 - 110.

[78] 李树, 陈刚. 环境管制与生产率增长——以 APPCL2000 的修订为例 [J]. 经济研究, 2013 (01): 17 - 31.

[79] 白嘉, 韩先锋, 宋文飞. FDI 溢出效应、环境规制与双环节 R&D 创新——基于工业分行业的经验研究 [J]. 科学学与科学技术管理, 2013, 34 (1): 56 - 66.

[80] 陈强, 余伟. 环境规制与工业技术创新 [J]. 同济大学学报 (自然科学版), 2014, 42 (12): 1935 - 1940.

[81] 景维民, 张璐. 环境管制、对外开放与中国工业的绿色技术进步 [J]. 经济研究, 2014 (499): 34 - 47.

[82] 余东华, 胡亚男. 环境规制趋紧阻碍中国制造业创新能力提升吗?——基于"彼特假说"的再检验 [J]. 产业经济研究, 20162 (2): 11 - 20.

[83] 张旭, 王宇. 环境规制与研发投入对绿色技术创新的影响效应 [J]. 科技进步与对策, 2017, 7: 1 - 9.

[84] 蒋为. 环境规制是否影响了中国制造业企业研发创新?——基于微观数据的实证研究 [J]. 财经研究, 2015, 41 (2): 76 - 89.

[85] 陶长琪, 周璇. 环境规制与技术溢出耦联下的省域技术创新能力评价研究 [J]. 科研管理, 2016, 09: 28 - 38.

[86] 郑晖智. 环境规制下的企业绿色技术创新与扩散动力研究 [J]. 科学管理研究, 2016, 05: 77 - 80 + 88.

[87] 刘萍萍. 环境规制与技术创新——基于世行中国企业调查数据 [J]. 中国人口·资源与环境, 2016, S1: 118 - 120.

[88] 任胜钢, 胡兴, 袁宝龙. 中国制造业环境规制对技术创新影响的阶段性差异与行业异质性研究 [J]. 科技进步与对策, 2016 (33): 59 - 66.

[89] 曹霞, 张路蓬. 环境规制下企业绿色技术创新的演化博弈分析——基于利益相关者视角 [J]. 系统工程, 2017, 02: 103 - 108.

[90] Calel, R. Market-based instruments and technology choices: a synthesis, Grantham Research Institution Climate Change and the Environment [J]. Working Pa-

per, 2011 (57).

[91] Brechet, T. and Meunier, G. Are clean technology and environmental quality conflicting policy goals? [J]. CORE Discussion Paper, 2012.6: 1-29.

[92] Lanoie P, Patry M, Lajeunesse R. Environmental regulation and productivity: New findings on the Porter Hypothesis [R]. Working Paper, 2001.

[93] 蒋伏心, 王竹君, 白俊红. 环境规制对技术创新影响的双重效应——基于江苏制造业动态面板数据的实证研究 [J]. 中国工业经济, 2013 (7): 44-55.

[94] 涂红星, 肖序. 环境管制对自主创新影响的实证研究——基于负二项分布模型 [J]. 管理评论, 2014, 26 (1): 57-65.

[95] 刘金林, 冉茂盛. 环境规制对行业生产技术进步的影响研究 [J]. 科研管理, 2015, 36 (2): 107-114.

[96] 董直庆, 焦翠红. 环境规制能有效激励清洁技术创新吗?——源于非线性门槛面板模型的新解释 [J]. 东南大学学报 (哲学社会科学版), 2015, 7 (2): 64-74.

[97] 张成, 郭炳南, 于同申. 污染异质性、最优环境规制强度与生产技术进步 [J]. 科研管理, 2015, 36 (3): 138-144.

[98] 王杰, 刘斌. 环境规制与企业全要素生产率——基于中国工业企业数据的经验分析 [J]. 中国工业经济, 2014 (3): 44-56.

[99] 陶长琪, 琚泽霞. 金融发展视角下环境规制对技术创新的门槛效应——基于价值链理论的两阶段分析 [J]. 研究与发展管理, 2016.28 (1): 95-102.

[100] 杜威剑, 李梦洁. 环境规制对企业产品创新的非线性影响 [J]. 科学学研究, 2016, 34 (3): 462-470.

[101] 李巍, 郗永勤. 创新驱动低碳发展了吗?——基础异质和环境规制双重视角下的实证研究 [J]. 科学学与科学技术管理, 2017, 05: 14-26.

[102] 李璇. 供给侧改革背景下环境规制的最优跨期决策研究 [J]. 科学学与科学技术管理, 2017, 01: 44-51.

[103] 刘伟, 童健, 薛景. 行业异质性、环境规制与工业技术创新 [J]. 科研管理, 2017, 05: 1-11.

[104] 李玲. 环境规制程度与企业绿色技术创新绩效——基于结构方程模型的实证研究 [J]. 经济论坛, 2017, 04: 97-102.

[105] Nakano M. Can environmental regulation improve technology and efficien-

cy? An empirical analysis using the Malmquist Productivity Index [R]. Spain: Eaere, 2003 (6): 28 – 30.

[106] Aiken D V, Fare R, Grosskopf S, etal. Pollution abatement and productivity growth: Evidence from Germany, Japan, the Netherlands, and the United States [J]. Environmental and Resource Economics, 2009 (44): 11 – 28.

[107] Jaffe, A. B. and K. Palmer. Environmental Regulation and Innovation: A Panel Data Study [J]. The Review of Economics and Statistics, 1997 (4): 610 – 619.

[108] Boyd G A, Mc Clelland J D. The impact of environmental constraints on productivity improvement in integrated paper plants [J]. Journal of Environmental Economics and Management, 1999, 38 (2): 121 – 142.

[109] Domazlicky B R, Weber W L. Does environmental protection lead to slower productivity growth in the chemical industry [J]. Environmental and Resource Economics, 2004 (28): 301 – 324.

[110] Schmutzler A. Environmental Regulations and Managerial Myopia [J]. Environmental and Resource Economics, 2001 (18): 87 – 100.

[111] 赵细康. 引导绿色创新——技术创新导向的环境政策研究 [M]. 北京: 经济科学出版社, 2006: 20 – 26.

[112] 江珂, 卢现祥. 环境规制与技术创新——基于中国1997 – 2007 年省际面板数据分析 [J]. 科研管理, 2011, 32 (7): 60 – 65.

[113] LIN L. Enforcement of pollution levies in China [J]. Journal of Public Economics, 2013, 98 (2): 32 – 43.

[114] Weitzman, M. L. Prices vs. Quantities [J]. Review of Economic Studies, 1974, 41 (4): 477 – 491.

[115] Magat, W. A. The effects of environmental regulation on innovation [J]. Law and Contemporary Problems, 1979, 43 (1): 4 – 25.

[116] Downing, P. B. and L. J. White. Innovation in pollution control [J]. Journal of Environmental Economics and Management, 1986 (13): 18 – 29.

[117] Jaffe A. B., R. G. Newell & R. N. Stavins. Technological Change and the Environment [J]. Environmental and Resources Economics, 2002 (22): 41 – 69.

[118] Requate T. Dynamic incentives by environmental policy instruments: a survey [J]. Ecological Economics, 2005 (54): 175 – 195.

[119] Van den Bergh, J. C. J. M., Truffer, B., Kallis, G., Environmental innovation and societal transitions: introduction and overview [J]. Environmental Innovation and Societal Transitions, 2011, 1 (1): 1 – 23.

[120] Nordberg – Bohm V. Stimulating 'green' technological innovation: An analysis of alternative policy mechanisms [J]. Policy Sciences, 1999, 32 (1): 13 – 38.

[121] Jaffe, A. B. and R. N. Stavins. Dynamic incentives of environmental regulations: The effects of alternative policy instruments on technology diffusion [J]. Journal of Environmental Economics and Management, 1995 (29): 43 – 63.

[122] Milliman, S. R. and R. Prince, Firm Incentives to Promote Technological Change in Pollution Control [J]. Journal of Environmental Economics and Management, 1989, 17: 247 – 265.

[123] Jung, C., K. Krutilla and R. Boyd. Incentives for Advanced Pollution Abatement Technology at the Industry Level: An Evaluation of Policy Alternatives [J]. Journal of Environmental Economics and Management, 1996 (30): 95 – 111.

[124] Montero J P. Market Structure and Environmental Innovation [J]. Journal of Applied Economics, 2002 (2): 293 – 325.

[125] Alessio D'Amato, Bouwe Dijkstra. Technology Choice and Environmental Regulation under Asymmetric Information [J]. Resource and Energy Economics, 2015 (41): 224 – 247.

[126] Mendelsohn, R. Endogenous technical change and environmental regulation [J]. Journal of Environmental Economics and Management, 1984. 11: 202 – 207.

[127] Krysiak, Franz. Prices vs. quantities: The e¤ects on technology choice [J]. Journal of Public Economics, 2008 (92): 1275 – 1287.

[128] Storrøsten, Halvor Briseid. Prices versus quantities: Technology choice, uncertainty and welfare. Environmental and Resource Economics, 2014 (59): 275 – 293.

[129] Malueg, D. A. Emission Credit Trading and the Incentive to Adopt New Pollution Abatement Technology [J]. Journal of Environmental Economics and Management, 1989 (16): 52 – 57.

[130] Parry, I. W. H., The Choice between Emission Taxes and Tradable Permits when Technological Innovation is Endogenous, Resources for the Future [J]. Dis-

cussion Paper, 1996: 96 – 131.

[131] Kemp, R., Environmental Policy and Technical Change: A Comparison of the technological Impact of Policy Instrument [M]. Edward Elgar Publishing, 1998.

[132] WalzR., J. Schleich & M. Ragwitz. Regulation, Innovation and Wind Power Technologies: An empirical analysis for OECD countries [J]. DIME Working paper, 2011: 11 – 4.

[133] Fisher C, Parry I W H, Pizer W A. Instrument choice for environmental protection technological innovation is endogenous [J]. Journal of Environ-mental Economics and Management, 2003, 45 (3): 523 – 545.

[134] Mickwitz, P.,, H. Hyvättinen and P. Kivimaa. The role of Policy Instruments for the Innovation and Diffusion of Environmentally Friendlier Technologies, paper presented at GIN2003: Innovating for Sustainability [C]. The 11th International Conference of the Greening of Industry Network, Hotel Nikko, San Francisco, 2003. 10: 12 – 15.

[135] JohnstoneN, I. Hascic & D. Popp. Renewable Energy Policies And Technological Innovation: Evidence Based On Patent Counts [J]. NBER Working Paper, No. 13760, 2008.

[136] BLIND K. The Influence of Regulations on Innovation: A Quantitative Assessment for OECD Countries [J]. Research Policy, 2012, 41 (2): 319 – 400.

[137] Stranlund, John K. A note on correlated uncertainty and hybrid environmental policies [J]. Environmental and Resource Economics, 2015 (61): 463 – 476.

[138] 马士国. 环境规制工具的选择与实施——一个述评 [J]. 世界经济文汇, 2008 (3): 76 – 90.

[139] 聂爱云, 何小钢. 企业绿色技术创新发凡: 环境规制与政策组合 [J]. 改革, 2012 (4): 102 – 108.

[140] 马富萍, 郭晓川, 茶娜. 环境规制对技术创新绩效影响的研究——基于资源型企业的实证检验 [J]. 科学学与科学技术管理, 2011, 32 (8): 87 – 92.

[141] 贾瑞跃, 魏玖长, 赵定涛. 环境规制和生产技术进步: 基于规制工具视角的实证分析 [J]. 中国科学技术大学学报, 2013, 43 (3): 217 – 222.

[142] 周华, 崔秋勇, 郑雪皎. 基于企业技术创新激励的环境工具的最优选择——利用排序多元 Logit 模型及离散计数数据模型的实证分析 [J]. 科学学研

究，2011，29（9）：1415-1424.

[143] 周华，郑雪娇，崔秋勇. 基于中小企业技术创新激励的环境工具设计[J]. 科研管理，2012，33（5）：8-18.

[144] 许士春，何正霞，龙如银. 环境规制对企业绿色技术创新的影响[J]. 科研管理，2012.6：67-74.

[145] 原毅军，刘柳. 环境规制与经济增长：基于经济型规制分类的研究[J]. 经济评论，2013（1）：27-33.

[146] 曾世宏，王小艳. 环境政策工具与技术吸收激励：差异性、适应性与协同性[J]. 产业经济评论，2014，13（1）：105-118.

[147] 李停. 市场结构、环境规制工具与 R&D 激励[J]. 中国经济问题，2016，（4）：109-122.

[148] 娄昌龙，冉茂盛. 融资约束下环境规制对企业技术创新的影响[J]. 系统工程，2016，12：62-69.

[149] 王红梅. 中国环境规制政策工具的比较与选择——基于贝叶斯模型平均（BMA）方法的实证研究[J]. 中国人口·资源与环境，2016，09：132-138.

[150] 周海华，王双龙. 正式与非正式的环境规制对企业绿色创新的影响机制研究[J]. 软科学，2016，08：47-51.

[151] 潘宏亮. 环境规制与协同创新耦合作用下高新技术企业的创新能力演化[J]. 中国科技论坛，2017，05：87-93+100.

[152] 孟凡生，韩冰. 政府环境规制对企业低碳技术创新行为的影响机制研究[J]. 预测，2017，01：74-80.

[153] 植草益. 微观规制经济学（中译本）[M]. 中国发展出版社，1992：1.

[154] 施蒂格勒. 产业组织与政府管制（中译本）[M]. 上海人民出版社，1996：158-160.

[155] 潘家华. 持续发展途径的经济学分析[M]. 社会科学文献出版社，1993：101.

[156] 李康. 环境政策学[M]. 北京：清华大学出版社，2000：168

[157] 沈芳. 环境规制的工具选择：成本与收益的不确定性及诱发性技术革新的影响[J]. 当代财经，2004（06）：10-12.

[158] 傅京燕. 环境规制与产业国际竞争力[M]. 经济科学出版社，

2006.1: 52.

[159] 李旭颖. 企业创新与环境规制互动影响分析 [J]. 科学学与科学技术管理, 2008 (6): 61-65.

[160] 熊鹰, 徐翔. 政府环境监管与企业污染治理的博弈分析及对策研究 [J]. 云南社会科学, 2007 (4): 60-63.

[161] 赵红. 环境规制对中国产业绩效影响的实证研究 [M]. 经济科学出版社, 2011: 35.

[162] 张红凤, 张细松. 环境规制理论研究 [M]. 北京大学出版社, 2012.5: 13.

[163] 赵玉民, 朱方明, 贺立龙. 环境规制的界定、分类与演进研究 [J]. 中国人口·资源与环境, 2009, 19 (6): 85-90.

[164] 肖璐. FDI与发展中东道国环境规制的关系研究 [D]. 江西财经大学, 2010: 33.

[165] 董敏杰. 环境规制对中国产业国际竞争力的影响 [D]. 中国社会科学院研究生院, 2011: 7.

[166] 刘伟明. 中国的环境规制与地区经济增长 [M]. 社会科学文献出版社, 2013.6: 6.

[167] 徐盈之, 杨英超, 郭进. 环境规制对碳减排的作用路径及效应——基于中国省级数据的实证分析 [J]. 科学学与科学技术管理, 2015, 36 (10): 135-146.

[168] 彭星, 李斌. 不同类型环境规制下中国工业绿色转型问题研究 [J]. 财经研究, 2016, 42 (7): 134-143.

[169] 张江雪, 蔡宁, 杨陈. 环境规制对中国工业绿色增长指数的影响 [J]. 中国人口·资源与环境, 2015, 25 (1): 24-31.

[170] 王小宁, 周晓唯. 西部地区环境规制与技术创新——基于环境规制工具视角的分析 [J]. 技术经济与管理研究, 2014 (5): 114-118.

[171] 张平, 张鹏鹏, 蔡国庆. 不同类型环境规制对企业技术创新影响比较研究 [J]. 中国人口·资源与环境, 2016, 26 (4): 8-13.

[172] 熊彼特·约瑟夫. 经济发展理论 [M]. 北京: 商务印书馆, 1991: 53-84.

[173] Freeman C. The Economics of Industrial Innovation [M]. The MIT Press, 1982.

[174] Mueser R. Indentifying Technical Innovations [J]. IEEE Trans on Management, 1985 (11): 98 – 101.

[175] 项保华, 许庆瑞. 试论制订技术创新政策的理论基础 [J]. 数量经济技术经济研究, 1989 (7): 52 – 55.

[176] 傅家骥等. 技术创新——中国企业发展之路 [M]. 企业管理出版社, 1992: 15.

[177] 傅家骥. 技术创新学 [M]. 北京: 清华大学出版社, 1998: 74.

[178] 吴贵生, 王毅. 技术创新管理 [M]. 北京: 清华大学出版社, 2000.2: 2.

[179] 雷家骕, 洪军. 技术创新管理 [M]. 北京: 机械工业出版社, 2012.5: 21 – 22.

[180] Afriat S. N. Efficiency Estimation of Production Function [J]. International Economic Review, 1972 (13): 568 – 598.

[181] 柳卸林. 企业技术创新管理 [M]. 北京: 科学技术文献出版社. 1997: 21 – 53.

[182] 虞晓芬, 李正卫, 池仁勇, 施鸣炜. 我国区域技术创新效率: 现状与原因 [J]. 科学学研究, 2005, 23 (2): 258 – 264.

[183] 潘雄锋, 刘凤朝. 中国区域工业企业技术创新效率变动及其收敛性研究 [J]. 管理评论, 2010, 22 (2): 59 – 64.

[184] 池仁勇. 企业技术创新效率及其影响因素研究 [J]. 数量经济技术经济研究, 2003 (6): 105 – 108.

[185] Rennings, K. Redefining innovation-eco-innovation research and the contribution from ecological economics [J]. Ecological Economics, 2000, 32 (2): 319 – 332.

[186] Pavitt K. Sectoral patterns of technical change: towards taxonomy and a theory [J]. Research Policy, 1984, 14 (4): 182 – 188.

[187] Faucheux S, Nicolai I. Environmental technological change and governance in sustainable development policy [J]. Ecological Economics, 1998, 27 (3): 243 – 256.

[188] Robert H. Hayes, Steven C. Wheelwright. Link manufacturing process and product life cycle [J]. Harvard Business Review, 1979, 57 (1): 133 – 140, 127 – 136.

[189] Utterback, J. M., and W. J. Abernathy. A dynamic model of process and product innovation [J]. Omega, 1975, 3 (6): 639-656.

[190] William J. Abernathy, James M. Utterback. Patterns of industrial innovation [J]. Technology Review, 1978, 80 (7): 40-47.

[191] 吴晓波. 二次创新的进化过程 [J]. 科研管理, 1995, 16 (2): 27-35.

[192] 姚志坚. 技术创新 A-U 模型模型研究进展及展望 [J]. 科研管理, 1999, 20 (4): 8-14.

[193] 古利平, 张宗益. 中国制造业的产业发展和创新模式 [J]. 科学学研究, 2006, 24 (2): 202-206.

[194] Catlois J M. The two sides of proximity in industrial clusters: The trade-off between process and product innovation [J]. Journal of Urban Economics, 2008, 63 (1): 146-162.

[195] 钱争鸣, 刘晓晨. 环境管制、产业结构调整与地区经济发展 [J]. 经济学家, 2014, (7): 73-81.

[196] 杨德锋, 杨建华. 企业环境战略研究前沿探析 [J]. 外国经济与管理, 2009 (9): 29-37.

[197] Henriques, I., Sadorsky, P. The determinants of an environmentally responsive firm: An empirical approach [J]. Journal of Environmental Economics and Management, 1996, 30 (3): 381-395.

[198] Kagan, A. R., Gunningham, N., Thornton, D. Explaining corporate environ-mental performance: How does regulation matter [J]. Law & Society Review, 2003, 37 (1): 51-89.

[199] Gangadharan, L. Environmental compliance by firms in the manufacturing sector in Mexico [J]. Ecological Economics, 2006, 59: 477-486.

[200] HEYES A, KAPUR S. Community pressure for green behavior [J]. Journal of Environmental Economics and Management, 2012, 64 (3): 427-441.

[201] 张倩, 曲世友. 环境偏好和环境税对企业技术决策的影响分析 [J]. 管理现代化, 2014 (2): 74-77.

[202] 张倩等. 环境偏好和环境税视角下企业技术决策博弈分析 [J]. 技术经济, 2014, 33 (9): 66-73

[203] 许和连, 邓玉萍. 外商直接投资、产业集聚与策略性减排 [J]. 数量

经济技术经济研究, 2016, (9): 112-128.

[204] 许和连, 邓玉萍. 外商直接投资导致了中国的环境污染吗？——基于中国省际面板数据的空间计量研究 [J]. 管理世界, 2012, (2): 30-42.

[205] 姬晓辉, 魏婵. FDI 和环境规制对技术创新的影响——基于中国省际面板数据分析 [J]. 科技管理研究, 2017, 03: 35-41.

[206] 刘斌斌, 黄吉焱. FDI 进入方式对地区绿色技术创新效率影响研究——基于环境规制强度差异视角 [J]. 当代财经, 2017, 04: 89-98.

[207] 张晓莹. 环境规制对直接投资影响机理研究——基于制度差异的视角 [J]. 经济问题, 2014. 4: 29-34.

[208] 傅京燕, 李丽莎. FDI、环境规制与污染避难所效应: 基于中国省级数据的经验分析 [J]. 公共管理学报, 2010 (7): 65-74.

[209] 李国平, 杨佩刚, 宋文飞, 韩先锋. 环境规制、FDI 与 "污染避难所" 效应——中国工业行业异质性视角的经验分析 [J]. 科学学与科学技术管理, 2013, 34 (10): 122-129.

[210] Friedman J. What attracts foreign multinational corporations? Evidence from branch plant location in the United States [J]. Journal of Regional Science, 1992 (32): 403-418.

[211] 史青. 外商直接投资、环境规制与环境污染基于政府廉洁度的视角 [J]. 财贸经济, 2013 (1): 93-103.

[212] Spatareanu M. Searching for Pollution Havens The Impact of Environmental Regulations on Foreign Direct Investment [J]. Journal of Environment & Development, 2007, 16, (2): 161-182.

[213] Cai X Q, Lu Y, Wu M Q, Yu L H. Does Environmental Regulation Drive away Inbound Foreign Direct Investment? Evidence from a Quasi-natural Experiment in China [J]. Journal of Development Economics, 2016, 123, (11): 73-85.

[214] Xingle Long, Keunyeob Oh, Gang Cheng. Are stronger environmental regulations effective in practice? The case of China's accession to the WTO [J]. Journal of Cleaner Production, 2013 (39): 161-167.

[215] 刘建民, 陈果. 环境管制对 FDI 区位分布影响的实证分析 [J]. 中国软科学, 2008 (1): 102-124.

[216] Li W. H., Liu, J. Q., Ding D. S., et al. Environmental Regulations and the Location Choice of FDI in Pollution Intensive Industries: Evidence from China [C].

International Forum on Energy, Environment Science and Materials. 2015. 10: 1082 – 1087.

[217] Kim Y. H., Yang L, . M. Environmental Protection versus lncentives for FDI lnflows: Abatenlent Technologles Matter [J]. International Joumal of Economic Sciences, 2015 (4): 25 – 44.

[218] Javorcik B S. Does foreign direct investment increase the productivity of domestic firms? In search of spillovers through backward [J]. The American Economic Review, 2004 (94): 605 – 627.

[219] 綦建红, 鞠磊. 环境管制与外资区位分布的实证分析——基于中国1985 – 2004 年数据的协整分析与格兰杰因果检验 [J]. 财贸研究, 2007 (3): 10 – 31.

[220] 曾贤刚. 环境规制、外商直接投资与污染避难所假说: 基于中国30 个省份面板数据的实证研究 [J]. 经济理论与经济管理, 2010 (11): 65 – 71.

[221] BLOMSTROM M, KOKKO A. Multinational corporations and spillovers [J]. Journal of Economic Surveys, 1998, 12 (2): 1 – 31.

[222] 王红领, 李稻葵, 冯俊新. FDI 与自主研发: 基于行业数据的经验研究 [J]. 经济研究, 200 (2): 44 – 56.

[223] 范承泽, 胡一帆, 郑红亮. FDI 对国内企业技术创新影响的理论与实证研究 [J]. 经济研究, 2008 (1): 89 – 102.

[224] 姚佐文, 陈信伟. 滞后效应视角下的 FDI, R & D 对我国技术创新能力的影响及演变 [J]. 顶测, 2012, 31 (2): 44 – 49.

[225] 贾军. 外商直接投资与东道国绿色技术创新能力关联测度分析 [J]. 科技进步与对策, 2015, 32 (9): 121 – 127.

[226] 胡立君, 郑玉. 知识产权保护、FDI 技术溢出与企业创新绩效 [J]. 审计与经济研究, 2014 (5): 105 – 112.

[227] 薄文广, 马先标, 冼国明. 外国直接投资对于中国技术创新作用的影响分析 [J]. 中国软科学, 2005 (11): 45 – 51.

[228] 潘申彪, 余妙志. 外商直接投资促进我国企业技术创新了么? [J]. 科研管理, 2009, 30 (5): 124 – 131.

[229] 叶娇, 王佳林. FDI 对本土技术创新的影响研究——基于江苏省面板数据的实证 [J]. 国际贸易问题, 2014 (1): 131 – 138.

[230] 李梅, 谭力文. FDI 对我国技术创新能力溢出的地区差异和门槛效应

检验 [J]. 世界经济研究, 2009 (3): 68-74.

[231] Crossman G M, E Helpman. Innovation and Growth in the Global Economy [M]. Cambridge Mass. The MTT Press, 1991.

[232] Romer, P. M. Endogenous Technical Change [J]. Journal of Political Economy, 1990, 98 (5): 71-102.

[233] 张倩, 曲世友. 矿产资源开发生态补偿博弈分析 [J]. 中国矿业, 2013, 22 (8): 40-43.

[234] 张倩. 基于演化博弈视角的矿产资源开发生态补偿问题研究 [J]. 资源开发与市场, 2016, 32 (2): 165-169.

[235] 张倩. 基于动态演化博弈的企业技术创新均衡策略 [J]. 科技管理研究, 2016 (21): 19-24, 33.

[236] Swann, P. The Economics of Standardization: Final Report for Standards and Technical Regulations Directorate Department of Trade and Industry [R]. Manchester Business School, 2000. 11: 24-28.

[237] Baker, E., Shittu, E. Profit-maximizing R&D in response to a random carbon tax [J]. Resource and Energy Economics, 2006 (28): 160-180.

[238] Perino, G., Requate, T. Does more stringent environmental regulation induce or reduce technology adoption? When the rate of technology adoption is inverted u-shaped [J]. Journal of Environmental Economics and Management, 2012 (64): 456-467.

[239] 张倩, 曲世友. 环境规制对企业绿色技术创新的影响研究及政策启示 [J]. 中国科技论坛, 2013 (7): 11-17.

[240] 张倩, 曲世友. 环境规制下政府与企业环境行为的动态博弈与最优策略研究 [J]. 预测, 2013, 32 (4): 35-40.

[241] 张倩, 曲世友. 环境规制强度与企业绿色技术采纳程度关系的研究 [J]. 科技管理研究, 2014 (5): 30-34.

[242] 金碚. 资源与增长 [M]. 北京: 经济管理出版社, 2014.1: 272.

[243] 刘建民, 陈果. 环境管制对 FDI 区位分布影响的实证分析 [J]. 中国软科学, 2008 (1): 102-124.

[244] 张中元, 赵国庆. FDI、环境规制与技术进步——基于中国省级数据的实证分析 [J]. 数量经济技术经济研究, 2012 (4): 19-32.

[245] Yana Rubashkina, MarzioGaleotti, ElenaVerdolini. Environmental regula-

tion and competitiveness: Empirical evidence on the Porter Hypothesis from European manufacturing sectors [J]. Energy Policy, 2015 (83): 288 – 300.

[246] 王国印, 王动. 波特假说、环境规制与企业技术创新——对中东部地区的比较分析 [J]. 中国软科学, 2011 (1): 100 – 112.

[247] 张先锋, 王瑞, 张庆彩. 环境规制、产业变动的双重效应与就业 [J]. 经济经纬, 2015, 32 (4): 67 – 72.

[248] 钱争鸣, 刘晓晨. 环境管制、产业结构调整与地区经济发展 [J]. 经济学家, 2014 (07): 73 – 81.

[249] 李真, 黄达, 刘文波. 中国工业部门外商投资的环境规制约束度分析——基于1995 – 2011 年数据分析 [J]. 南开经济研究, 2013 (5): 21 – 32.

[250] 傅京燕, 赵春梅. 环境规制会影响污染密集型行业出口贸易吗——基于中国面板数据和贸易引力模型的分析 [J]. 经济学家, 2014 (2): 47 – 58.

[251] ME, Kahn, ET Mansur. Do Local Energy Prices and Regulation Affect the Geographic Concentration of Employment [J]. Journal of Public Economy, 2013, 101 (5): 105 – 114.

[252] 汤韵, 梁若冰. 两控区政策与二氧化硫减排——基于倍差法的经验研究 [J]. 山西财经大学学报, 2012 (6): 9 – 16.

[253] 李昭华, 蒋冰冰. 欧盟玩具业环境规制对我国玩具出口的绿色壁垒效应 [J]. 经济学 (季刊), 2009, 8 (3): 813 – 828.

[254] 赵晓丽, 赵越, 姚进. 环境管制政策与企业行为——来自高耗能企业的证据 [J]. 科研管理, 2015, 36 (10): 130 – 138.

[255] 傅京燕, 李丽莎. 环境规制、要素禀赋与产业国际竞争力的实证研究——基于中国制造业的面板数据 [J]. 管理世界, 2010 (10): 87 – 98.

[256] 唐国平, 李龙会, 吴德军. 环境管制、行业属性与企业环保投资 [J]. 会计研究, 2013. 6: 83 – 89.

[257] 原毅军, 谢荣辉. 环境规制的产业结构效应研究 [J]. 中国工业经济, 2014. 8: 57 – 69.

[258] 李玲, 陶锋. 中国制造业最优环境规制强度的选择——基于绿色全要素生产率的视角 [J]. 中国工业经济, 2012 (5): 70 – 82.

[259] 孙学敏, 王杰. 环境规制对中国企业规模分布的影响 [J]. 中国工业经济, 2014 (12): 44 – 56.

[260] 张倩. 市场激励型环境规制对不同类型技术创新的影响及区域异质性

[J]. 产经评论, 2015 (2): 36-48.

[261] 毕克新, 杨朝均, 黄平. FDI 对我国制造业绿色工艺创新的影响研究——基于行业面板数据的实证分析 [J]. 中国软科学, 2011 (9): 172-180.

[262] Pittman, R. W. Multilateral Productivity Comparisons with Undesirable Outputs [J]. Economic Journal, 1983, 93: 883-891.

[263] Chambers R. G., Chung Y, Färe R. Benefit and Distance Functions [J]. Journal of Economic Theory, 1996 70 (2): 407-419.

[264] Chung, Y H, Färe R, Grosskopf S. Productivity and Undesirable Outputs: A Directional Distance Function Approach [J]. Journal of Environmental Management, 1997, 51 (3): 229-240.

[265] 刘勇, 李志祥, 李静. 环境效率评价方法的比较研究 [J]. 数学的实践与认识, 2010, 40 (1): 84-92.

[266] Kumar S. Environmentally sensitive productivity growth: A global analysis using Malmquist-Luenberger index [J]. Ecological Economics, 2006, 56 (2): 280-293.

[267] Oh D H. A Global Malmquist-Luenberger Productivity Index: An Application to DECD Countries 1990-2004 [R]. Stockholm: The Royal Institute of technology, 2009.

[268] Oh D. H. A global Malmquist-Luenberger productivity index [J]. Journal of Productivity Analysis, 2010, 34 (3): 183-197

[269] 任若恩, 刘晓生. 关于中国资本存量估计的一些问题 [J]. 数量经济技术经济研究, 1997 (1): 19.

[270] 单豪杰. 中国资本存量 K 的再估算: 1952-2006 年 [J]. 数量经济技术经济研究, 2008, 25 (10): 17-31.

[271] Robert E Hall, Charles Jones. Why do some countries produce so much more output per worker than others Quarterly Journal of Economics, 1999 (1): 28.

[272] 涂正革. 环境、资源与工业增长的协调性 [J]. 经济研究, 2008 (2): 93-105.

[273] 胡鞍钢. 考虑环境因素的省级技术效率排名 (1999-2005) [J]. 经济学 (季刊), 2008 (3): 933-960.

[274] 王兵, 吴延瑞, 颜鹏飞. 中国区域环境效率与环境全要素生产率增长 [J]. 经济研究, 2010 (5): 95-109.

[275] 孙晓华,李明珊. 我国市场化进程的地区差异: 2001-2011 年 [J]. 改革, 2014 (6): 59-66.

[276] 张倩. 环境规制对绿色技术创新影响的实证研究——基于政策差异化视角的省级面板数据分析 [J]. 工业技术经济, 2015 (2): 10-18.

[277] 张倩. 环境规制对技术创新的非线性影响研究——基于中国 2003-2011 年省际面板数据分析 [J]. 北京交通大学学报, 2016.2.: 65-73.

后 记

在本书完稿之际，对给予我莫大关心、支持和帮助的各方表达最真诚的感谢！

特别感谢国家社会科学基金项目"'环境规制、技术创新、产业结构'三位一体的绿色转型机制研究"（编号：15CJY035）、中国博士后基金面上资助项目"环境规制对产业结构生态化转型的倒逼传导机制研究"（编号：2016M600868）和黑龙江省普通本科高等学校青年创新人才项目"基于'环境规制—创新驱动—绩效提升'视角的生态环境协同治理框架与机制研究"（编号：UNPYSCT-2017145）的资助。同时也感谢黑龙江科技大学基本科研业务费专项资金的资助。

感谢哈尔滨工业大学的曲世友教授、于渤教授、惠晓峰教授、吴冲教授、冯玉强教授、胡珑瑛教授、王久云教授、孙佰清教授、马涛教授、艾文国教授和周燕教授等在本书写作各环节的热心指导和宝贵意见。向他们致以最崇高的敬意和衷心的感谢。感谢北京大学的王立彦教授、南京财经大学的张成博士、东北财经大学的李少林博士、哈尔滨理工大学的张路蓬博士以及黑龙江科技大学的鞠耀绩教授、谭旭红教授、孙永波教授、郭红教授、刘华利教授、薛艳教授、章金霞博士等在著书过程中的引导和帮助。

感谢好朋友和家人的理解和支持。感谢崔莹、刘通、富茜楠、李渊、董妍、矫萍、陈浩、刘丹等在本书写作过程中的鼓励、支持和帮助。感谢父母和爱人在生活上的关心和包容。

本书的出版也得益于中国财政经济出版社编审老师的热情帮助、高效工作和全力支持，在此表示深深的谢意！

由于作者研究时间和学识水平有限，本书不免存在一些疏漏，若有不当之处，敬请学界同仁及广大读者批评指正。

作者

2017 年 8 月